KB146163

남자다움이 만드는 이상한 거리감

남자다움이 만드는
이상한 거리감

페미니스트가 말하는
남성, 남성성, 그리고 사랑

벨 훅스 지음

이순영 옮김
김고연주 해제

 책담

"벨 훅스가 내놓는 책은 하나같이 중요한 사건이다.
그녀는 우리에게 줄 것이 아주 많다."

마야 안젤루
(1928~2014, 미국의 시인이자 소설가)

Contents

남자에 대하여

10년도 더 이전에 필리스 체슬러Phyllis Chesler의 《남자에 대하여About Men》가 처음 출간되었을 때 나는 흥분했다. 드디어 페미니스트 사상가가 이 수수께끼 같은 존재, 그러니까 남자라는 존재를 설명해줄 거라고 당시 나는 생각했다. 그때까지 나는 남자에 대해 내가 느끼는 바를 누구와도 이야기해본 적이 없었다. 내가 남자를 이해하지 못할 뿐만 아니라 두려워하고 있다는 사실을 고백할 수가 없었다. 평상시 '절대 타협하지 않는' 대담성을 지닌 체슬러였으므로 이 두려움을 한마디로 정의하고 설명하는 정도에 그치지 않고 그 이상을 이야기하리라고 나는 확신했다. 분명 내가 남성이라는 존재를 있는 그대로 인식하게 해줄 거라고 믿었다. 남자들이 내가 이야기를 나누고 함께 일하고 사랑할 수 있는 사람이 되리라고 생각했다.

하지만 그녀의 책은 실망스러웠다. 수많은 자료에서 인용한 문장과 폭력성에 관한 신문 기사에서 발췌한 내용으로 가득한 그 책은 이런저런 잡동사니 같은 정보나 제공할 뿐이었다. 설명이 거의 없었으며 해석도 전혀 없었다. 그때부터 나는 여성들이 남성에 관해 공개적으로 말하기를 두려워하고, 우리 여성들과 남성들의 관계—우리가 딸, 누이, 할머니, 엄마, 아주머니, 연인, 그리고 때로는 성적 대상으로 목격해온 관계—를 깊이 있게 탐구하기를 두려워하며, 심지어 우리의 무지, 그러니까 우리가 남성에 대해 사실은 얼마나 모르고 있는지를 인정하는 것조차 두려워한다는 생각을 하게 되었다. 무엇이든 제대로 알지 못할 때 두려움과 불안감이 더 커진다. 그리고 또 한 가지 분명한 사실은 남성을 남성 폭력, 즉 그들이 여성과 아이에게 가하는 폭력과 관련해서만 아는 것은 불완전하며 적절하지도 않다는 것이다.

요즘 나는 페미니스트 정책을 옹호하는 여성들이 남성과 남성성에 대해 지금까지 거의 아무 말도 하지 않았다는 사실이 놀랍다. 일찍이 급진적 페미니즘을 다룬 저술들에서 남성에 대한 분노와 격분, 심지어 그들에 대한 증오가 표현되긴 했

남자다움이 만드는 이상한 거리감

지만, 그 정서를 해결하고 여성과 남성이 만나 공통점을 찾을 수 있는 화해의 문화를 생각해볼 방법을 제시하려는 의미 있는 시도는 없었다. 공격적 페미니즘으로 여성들은 남성들에 대한 격분과 증오를 표현할 수는 있었지만, 가부장 문화에서 남성을 사랑하는 것이 무엇을 의미하는지 서로 이야기하고 착취와 억압에 대한 두려움 없이 그 사랑을 표현하는 방법을 알지는 못했다.

페미니스트 사상가로 세상을 떠나기 전까지 누구보다 거침없이 이야기했던 바버라 데밍Barbara Deming은 여성들이 남성들에 대해 어떤 느낌을 갖는지 공개적으로 말할 수 있는 공간을 만들고 싶어 했다. 바버라 데밍은 여성들이 남성들에게 느끼는 분노의 원천 때문에 "남자들은 어쩔 수가 없어"라는 감정 말고 다른 느낌을 표현하지 못한다고 우려하면서 이렇게 말했다. "이런 식으로, 그러니까 하나의 완전한 성으로서 남성들에게 전혀 가망이 없다고 느끼는 여성이 점점 더 많아진다는 사실이 나는 몹시 두렵다." 데밍 자신은 남성들이 변할 수 없다거나 남성중심주의에서 벗어나지 못한다고 생각하지 않았지만, 그렇다 해도 우리 여성들이 남성들에 대해 어떻게 생각하는지 진실 그대로 말할 수 있어야 한다고 생각했다. "나는 우리가 이르고자 하는 곳에 닿을 수 있는 유일한 방법은 어떤 느낌이 마음속에서 일 때 그것을 진실 그대로 마주하는 일을 거부하지 않는 것이라고 생각한다. 그것이 진실이 아니길 바랄 때라도 마찬가지다. 그러므로 때때로 우리가 우리의 아버지, 아들, 형제, 연인이 없어지기를 바란다는 사실을 인정해야 한다. 하지만 이런 사실과 늘 함께 존재하는 또 하나의 진실이 있다. 이런 바람이 우리에게 괴로움을 안겨준다는 것이다." 적극적으로 페미니스트 운동을 하는 여성들 중 일부가 많은 남성들의 사고를 페미니스트 사고로 바꾸지 못하는 우리의 집단 무능력에 분노한 반면, 대부분의 여성들은 페미니즘으로 자신이 남성들에게 무관심하며 그들의 요구를 거절할 수 있게 되었다고 느꼈을 뿐이다.

현대 페미니즘이 가장 큰 영향력을 발휘하고 있을 때, 많은 여성들은 남성들에게 에너지를 쏟는 일에 싫증이 났으며 모든 페미니스트 논의의 중심에는 여성들이 있어야 한다고 주장했다. 나를 비롯해 그 논의에 남성들도 참여시키고 싶어 했던 페미니스트 사상가들은 대부분 남성의 편에 서는 사람들이라는 이름표가 붙은 채 묵살됐다. 우리는 '적과의 동침'을 하는 사람들이었다. 우리는 남성들의 운명에 관심을 가진다는 이유로 신뢰받지 못하는 페미니스트였다. 그리고 남성의 우월성을 믿지 않는 것처럼 여성의 우월성 또한 믿지 않는 페미니스트였다. 페미니스트 운동이 전개되면서, 페미니스트 저항에 남성도 함께 깊숙이 참여하지 않는 한 성차별, 성착취, 성적 억압은 달라지지 않을 거라는 사실이 명확해졌는데도 대부분의 여성들은 남성다움에 관한 논의를 활발히 벌이는 일에 여전히 제대로 된 관심을 보이지 않았다.

페미니스트가 남성에게 더 큰 관심을 기울여야 함을 인정한다고 해서 남성을 다룬 여성들의 저술이 늘어난 건 아니었다. 이런 현상을 보면서 나는 가부장 문화에서 우리 여성들이 남성이라는 주제에 침묵하도록 철저히 길들여진 나머지 그 주제에 대해 제대로 이야기하지 못하고 있다는 느낌을 더 강하게 받는다. 아니, 그저 침묵만 하는 정도가 아니다. 여성들은 중대하고 심각한 비밀—특히 남성중심주의라는 일상의 전략을 드러낼 수 있는 비밀, 그러니까 우리 개인의 삶에서 남성의 힘이 어떤 식으로 발휘되고 유지되는지에 관한 일상의 전략을 드러낼 수 있는 비밀—을 절대 말하지 않도록 길들여져왔다.

사실, 모든 남성을 압제자로, 그리고 모든 여성을 피해자로 이름 붙이는 급진적 페미니즘은 남성들의 실체와 그들에 대한 여성의 무지로부터 관심을 돌리는 하나의 방법이었다. 남성들에게 간단히 압제자라는 이름을 붙이고 그들을 묵살해버리는 것은 우리 자신이 제대로 이해하지 못하는 부분을 드러내거나 혹은 남성다움이라는 문제에 대해 복잡한 방식으로 이야기할 필요가 전혀 없다는 것을 의미했다. 우리 여성들은 남성에 대한 두려움 때문에 어떻게 우리의 시각이 왜곡되었으며 어떻게 남성들을 제대로 이해할 수 없었는지에 대해 이야기할 필요가 없었다. 남성들을 증오하는 것은 남성과 남성성을 심각하게 받아들이지 않는 또 하나의 방법일 뿐이었다. 페미니스트 여성들에게는 남성에 대해—여성이 남성에 관해 무엇을 알고 알지 못하는지, 그리고 남성들이 어떤 식으로 변하길 바라는지에 대해—이야기하기보다 가부장제에 도전하고 그것을 바꾸는 문제를 이야기하는 편이 더 쉬웠을 뿐이다. 그저 남자들이 사라졌으면 좋겠다는 바람, 그들이 죽어 없어지는 걸 보고 싶다는 바람을 표현하는 편이 더 나았다.

바버라 데밍은 아버지의 죽음에 관한 글에서 이런 갈망을 실감나게 표현한다. "지금으로부터 몇 년 전의 일이다. 그날은 주말이었고, 시골에 살던 아버지는 곡괭이와 삽을 들고 정원을 새로 만들기 위해 땅을 일구고 있었다. 그러다 아버지는 심장마비가 일어나 푸석푸석한 땅 위에 쓰러졌다. 우리는 구조대를 불렀다. 구조대원들은 아버지를 다시 살리려고 애썼지만 결국 그렇게 하지 못했다. 나는 땅에 쓰러진 아버지 옆에서 반쯤 눕다시피 한 자세로 그의 몸을 끌어안았다. 살아오면서 아버지를 정말로 만져볼 수 있다고 느낀 게 그때가 처음이었음을 그 순간 깨달았다. 나는 사랑과 슬픔을 마음에 담고 아버지에게 꼭 매달렸다. 내 슬픔의 일부는 사랑했던 아버지가 죽어가고 있다는 사실 때문이었다. 하지만 아버지의 죽음으로 내가 더 자유로워질 거라는 것 또한 이미 알고 있었다. 그렇게 될 수밖에 없다는 사실에 나는 슬퍼하고 있었다. 그건 내가 뭐라고 말하기 어려운 슬픔이었다. 아버지가 내게 힘을 휘두를 거라는 두려움 없이 그를 마음대로 만질 수 있는 유일한 때가 아버지가 죽어서 누워 있는 그 순간이라는 사실이 견디기 힘들었다. 아마도 이 비슷한 슬픔을 느껴보지 않은 여성은 거의 없을 거라고 생각한다. 그러므로 여성들이 때때로 남자가 죽길 바란다는 진실을 말하는 일은, 아마도 우리 여성들이 마주하기 훨씬 더 어려운 진실(여성들이 자신의 힘을 찾기 위해, 그리고 그 자신의 모습이 되기 위해 애쓸 때), 그러니까 이런 바람이 여성들에게 견디기 어려운 고통을 준다는 진실까지 함께 말하지 않는다면 지나치게 단순화하는 것이다. 이런 상황이 우리 여성들을 분열시킨다."

내가 스스로의 힘을 아직 알지 못했던 20대 젊은 여성이었을 때, 나는 내 인생의 남자들이 죽었으면 좋겠다는 생각을 자주 했다. 아버지가 죽었으면 좋겠다는 바람은 어린 시절에 시작되었다. 그런 식으로 아버지의 격렬한 분노와 폭력에 대응했다. 나는 아버지가 사라지는, 죽어서 없어지는 꿈을 꾸곤 했다.

죽음은 "아버지가 집에 올 때까지 기다려"라는 선포에서 비롯되는 두려움에서 벗어나는 길이었다. 벌을 받을지도 모른다는 두려움이 너무 강렬했고, 내게 가해지는 아버지의 힘은 너무도 생생했다. 어린 시절 내 방 침대에 누워 극심한 분노가 담긴 아버지의 목소리, 집 안을 울리는 아버지의 호통 소리가 언제 들려올지 몰라 가슴을 졸이면서 나는 생각하곤 했다. '아버지가 죽는다면, 우리는 살 수 있을 텐데.' 나중에 어른이 되고 나서 내 인생의 남자(같이 사는 그 남자는 보통 때에는 세심하게 배려하다가 이따금씩 분노를 터뜨리면서 폭력적으로 변했다)를 기다리며 나는 또 생각했다. '그가 사고를 당해 죽는다면, 그래서 집에 오지 않는다면 난 자유롭게 살 수 있을 텐데.'

전 세계의 여성들과 아이들은 남자들이 죽어서 자신들이 살 수 있기를 바란다. 남자들이 일상생활에서 여성과 아이의 생명을 위협할 만큼 무시무시하게 가부장적인 힘을 휘두르고, 여성과 아이는 두려움과 다양한 형태의 무력감으로 움츠리고 살면서 자신들이 괴로움에서 벗어나는 유일한 길, 자신들에게 남은 단 하나의 희망은 남자들이 죽는 거라고, 가부장적인 아버지가 집에 오지 않는 거라고 믿는다. 이것이 남성중심주의에 존재하는 가장 고통스러운 진실이다. 남성의 지배를 받는 여성, 그리고 여자아이, 남자아이는 그 남자들이 죽기를 바란다.

그 남자들이 바뀌려 하지 않을 거라고 믿기 때문이다. 그들은 남자들이 지배자가 되지 않으면 그들을 보호하지 않을 거라고 생각한다. 그리고 남자들은 희망이 없다고 생각한다.

집을 떠나 대학에 들어간 뒤 나는 집에 전화를 했다가 아버지가 받으면 그냥 끊었다. 아버지에게 할 말이 없었다. 내 말을 듣지 않고, 내게 아무 관심이 없는 것 같고, 다정하거나 사랑이 담긴 말을 하지 않는 아버지와 나눌 말이 없었다. 내게 가부장적인 아버지는 필요 없었다. 그리고 페미니즘은 내가 아버지를 잊을 수 있다고, 아버지를 거부할 수 있다고 가르쳐줬다. 아버지를 외면하면서 나는 나 자신의 일부를 외면했다. 남자들이 없는 세상, 여성과 남성이 서로 연결되어 있음을 우리 여성들이 부정하는 세상에서 우리가 우리의 힘을 찾을 수 있다는 것은 잘못된 페미니즘이 만든 허구다. 여성들의 삶에는 남성들이 필요하다는 진실, 여성들이 원하든 아니든 남성은 여성의 삶에 존재한다는 진실, 여성들에게는 남성들이 가부장제에 도전하는 일이 필요하다는 진실, 그리고 여성들에게는 남성이 변화할 필요가 있다는 진실을 말할 수 있을 때, 비로소 우리 여성들은 자신의 힘을 온전히 주장할 수 있다.

내가 페미니스트 사고 덕분에 가부장제가 정해놓은 경계를 넘을 수 있었다면, 아버지에게 돌아갈 수 있었던 것은 완전함과 자기 회복을 찾으려 한 덕분이었다. 내가 아버지의 사랑을 원하고 필요로 한다는 것을 인식하면서, 그리고 아버지의 사랑을 얻을 수 없다면 적어도 아버지의 폭력으로 생긴 내 마음의 상처를 치유할 필요는 있다는 것을 인식하면서 아버지와 나의 화해가 시작되었다. 나는 아버지와 이야기를 해야 했고, 아버지에게 내 진실을 말해야 했으며, 아버지를 붙잡고 내게는 아버지가 중요하다는 사실을 알려야 했다. 요즘 집에 전화를 하면 나는 아버지의 그 목소리, 친숙하고 발음이 다 틀리는 남부 말투를 아주 기분 좋게 듣는다. 아버지의 목소리를 영원히 듣고 싶다. 아버지, 내가 품에 안을 수 있으며 내 사랑을 받고 또 나를 사랑해주는 아버지가 죽지 않았으면 좋겠다. 그를 이해하면서 나는 나 자신을 더 잘 이해하게 된다. 한 여성으로서 내 힘을 주장하려 한다면 나는 그를 주장해야 한다. 우리는 하나로 묶여 있다.

이 책은 우리가 사는 세상이 여성과 남성이 한데 어울려 살 수 있는 세상이어야 한다는 내용을 담고 있다. 가부장제가 남성들과 그들의 삶에 지속적으로 힘을 미칠 수 있었던 이유를 살펴보면서 나는 오늘날 우리가 남성성의 위기를 제대로 다룰 수 있는 유일한 방법이 페미니스트 사고와 실천인 이유를 밝히고 우리 여성들이 남성들도 함께 참여하는 페미니즘을 만들자

남자다움이 만드는 이상한 거리감

고 주장하려 한다. 각 장의 가장 중요한 핵심 내용을 전달하기 위해 이 책 전반에서 여러 요점을 반복해 설명했다. 변화에 대한 청사진이 없다면 남성들은 바뀔 수 없다. 사랑의 기술을 배우지 못한다면 남성들은 사랑하지 못한다.

남성들이 변하지 않으려 한다는 것은 진실이 아니다. 진실을 말하자면, 대부분의 남성들은 변하기를 두려워한다. 또한 대부분의 남성들은 어떤 식으로 가부장제가 그들 자신을 제대로 알지 못하게 하고, 자기 느낌을 그대로 느끼지 못하고 또 사랑하지 못하게 했는지를 알아볼 생각도 하지 않고 있다. 사랑을 알기 위해 남성들은 지배 의지를 놓아버릴 수 있어야 한다. 죽음이 아닌, 삶을 선택할 수 있어야 한다. 그리고 기꺼이 변화해야 한다.

1

사랑할 줄 아는
남성 구함

여자라면 누구나 남자에게 사랑받고 싶어 한다. 여자라면 누구나 살아가면서 남자들을 사랑하고 그들에게 사랑받고 싶어 한다. 동성애자든 이성애자든, 혹은 양성애자든 독신주의자든 여성은 아버지, 할아버지, 삼촌, 오빠, 남자 친구의 사랑을 느끼고 싶어 한다. 이성애자 여성이라면 남성 파트너의 사랑을 받고 싶어 한다. 감정을 전혀 보이지 않고 나누어 주지 않는 남성들에게 여성들이 사랑을 절박하게 갈구하는 문화에서 우리는 살고 있다. 우리 여성들의 갈구는 너무도 강렬해서 여성들을 분열시킨다. 하지만 여성들은 조롱과 동정과 수모를 받을지도 모른다는 두려움 때문에 그 감정을 감히 말하지 못한다. 여

사랑할 줄 아는 남성 구함

성들이 남성의 사랑을 얼마나 갈구하는지 말하려면 자신의 결핍과 상실이 얼마나 강렬한지를 말해야 한다. 30년도 더 이전에 현대 페미니즘이 처음 표면에 드러났을 때 여성들이 남성들을 그처럼 맹비난했던 이유에는 남성들이 자신의 힘을 나누려 하지 않아서가 아니라 우리 여성들이 남성들에게 감정을 나누자고, 그러니까 우리를 사랑해달라고 유혹하고 회유하고 유인할 수 없었기 때문에 그 수치심을 분노로 가린 이유도 어느 정도 있었다.

　　남성을 혐오하는 페미니스트들(결코 다수가 아니었다)은 겉으로는 남성이 가진 힘을 나누어 갖길 원한다고 주장하면서도 마음속으로는 자신의 느낌을 외면해야 하는 것, 사랑할 수 없는 것에 대해 보상받기를 또한 원했다. 가부장 문화에서 남성들은 일과 성의 세계에서 더 공평해지자고 요구하는 페미니스트들에게 일자리를 만들어주고 힘의 영역을 나누어 주는 것으로 응답했다. 하지만 대부분의 남성들이 변화를 거부했던 부분, 그들 스스로 변화를 거부했던 부분은 바로 그들의 감정이었다. 자유로워진 여성들과 동등한 파트너가 되어 사랑이라는 식탁에 앉아 함께 연회를 즐기며 상대의 사랑과 존경을 받는 일조차 그들은 마다하려 했다.

　　남성의 사랑을 가장 갈구하는 사람이라면, 아버지의 사

남자다움이 만드는 이상한 거리감

랑이 당연히 필요하고 그 사랑을 얻으려 하는 어린 여자아이나 남자아이다. 아버지는 부재할 수도 있고 죽었을 수도 있으며 몸은 함께 있어도 감정적으로는 곁에 없을 수 있다. 하지만 여자아이 혹은 남자아이는 아버지가 자신을 인정하고 알아봐주고 존중해주고 보살펴주기를 간절히 바란다. 이 나라 곳곳의 광고판은 이런 메시지를 전한다. "매일 밤 수백만 명의 아이들이 아버지의 관심을 간절히 바라면서 잠자리에 든다."

가부장 문화에서 여자아이들과 남자아이들에게 아버지의 사랑은 엄마의 사랑보다 더 귀중하다고 이미 가르쳤으므로, 아버지의 사랑을 제대로 받지 못한 상처를 어머니의 애정으로 치유하기는 어려울 것이다. 이 여자아이들과 남자아이들이 자라면서 남성들에게 분노하는 것, 자신이 완전하고 가치 있으며 인정받았다고 느끼기 위해 필요한 사랑을 거부당했다는 사실에 분노하는 것은 당연하다. 이성애자인 여자아이들과 동성애자인 남자아이들이 여성과 남성으로 성장해 연애를 할 때 이들은 남성의 사랑을 찾고 알려고 한다. 하지만 이 과정에서 좀처럼 만족감을 느끼지 못한다. 대개는 격한 분노, 슬픔, 그리고 끊임없는 실망을 느끼며, 이런 이유 때문에 남성의 사랑으로 감동과 치유를 받길 원하던 자신의 일부를 차단해버린다. 그런 다음 남성들이 줄 수 있는 긍정적인 관심이라면 그게 무엇이든 만족하는 법을 배운다. 그들은 그 관심을 과대평가하는 법을 배운다. 그것이 사랑인 척 가장하는 법을 배운다. 남성과 사랑에 관해 진실을 말하지 않는 법을 배운다. 그들은 거짓으로 사는 법을 배운다.

어릴 적 나는 아버지의 사랑을 갈구했다. 아버지가 나를 눈여겨봐주고 내게 관심과 애정을 주길 바랐다. 하지만 착하고 순종적인 아이가 되어 아버지의 관심을 얻는 일이 제대로 되지 않았을 때, 나는 나쁜 아이가 되어 벌을 받는 위험을 감수하는 방법으로 아버지의 시선을 끌고, 그 시선이 내게 머물게 하고, 아버지의 억센 손이 내게 가하는 힘을 견뎌냈다. 나는 그 두 손이 나를 붙잡고, 지켜주고, 보호하고, 다정하고 조심스럽게 만져주기를 간절히 원했지만 그런 일은 절대 일어나지 않을 거라는 사실을 받아들였다. 다섯 살 때 나는 아버지의 그 손은 내게 고통을 줄 때에만 나를 알아볼 것임을, 내가 그 고통을 받아들이고 거기에서 떠나지 않는다면 아버지의 딸이 될 수 있음을 알았다. 그렇게 하면서 나는 아버지가 자부심을 느끼게 해줄 수 있었다.

나만 이런 게 아니다. 그러니까 우리 여성들 대부분은 자신이 기꺼이 고통을 감내할 것임을 보여줄 때 남성의 사랑을 얻을 수 있다고 느꼈다. 또한 감정을 억누르고 피하고 거부하는 남성다움이야말로 여성들이 정말로 남자답다고 여기는 남성다움이라고 확신하면서 살아가고 있다고 느꼈다. 여성들은 남성들이 그들을 사랑하려 하지 않기 때문에 더욱 남성들을 사랑하는 법을 배운다. 만일 남성들이 드러내놓고 여성들을 사랑한다면, 가부장 문화에서 그 남성들은 더는 진짜 '남자'가 되지 못할 것이다.

얀 월드론Jan Waldron은 감동적인 회고록《남자들의 나라에서In the Country of Men》에서 비슷한 갈망을 이야기한다. 그녀는 이렇게 고백한다. "내가 몹시도 그리워하는 모습의 아버지를 나는 내 마음대로 만든 상상 속 이미지에서만 얼핏 봤을 뿐이다." 얀 월드론은 우리가 갈망하는 다정한 아버지와 실제 아버지를 비교하면서 그 갈구를 이렇게 표현한다.

아버지. 자상한 아버지는 그런 것은 없다는 수많은 증거가 있을 때에도 부르는 이름이다. 아버지. 아버지의 사랑은 엄마 혹은 어머니의 사랑처럼 우리 삶에 늘 있는 것이 아니다. 아버지는 그래도 발라드의 후렴구처럼 불리는 이름이다. 다정한 아버지는 역사적으로 그 반대의 증거가 끊임없이 명백하게 드러나고 실례가 드물 때에도 마음으로 부르는 이름이다. 어머니의 사랑은 여기저기에서 넘쳐나며 눈에 분명하게 보인다. 우리는 그 사랑을 너무 많이 받는다며 불평한다. 하지만 아버지의 사랑은 흔하지 않은 보석이어서 우리가 찾아내고 윤을 내고 간직해야 한다. 아버지의 사랑은 희소성 때문에 가치가 더 커진다.

우리 문화 속에서 우리는 아버지의 사랑을 얼마나 갈망하는지에 대해 좀처럼 말하지 않는다.

개혁적 페미니스트들은 남성과 사랑의 본성에 관한 훌륭한 지혜를 알려주기보다는 남성의 힘에 관심을 집중하면서 어쨌든 남성은 강하며 모든 걸 가지고 있다는 개념을 확고히 했다. 페미니스트 관련 저술들은 남성들의 내면 깊은 곳에 자리 잡은 고통을 우리에게 말해주지 않았다. 한 인간이 사랑할 수 없을 때 그 영혼을 좀먹는 끔찍한 공포를 말해주지 않았다. 그 냉담함 때문에 남성들을 부러워하는 여성들은 남성들이 느끼는 괴로움의 깊이를 우리에게 이야기하려 하지 않았다. 그래서 선구적인 페미니스트들이 남성과 사랑에 관한 진실을 세상에 소리 내어 이야기하기까지 30년이 넘는 세월이 흘렀다. 바버라 데밍은 이런 진실을 알려주었다.

나는 남성들이 그처럼 폭력적인 이유가 자신이 거짓으로 행동하고 있다는 걸 내면 깊숙이 알고 있고, 그래서 그처럼 거짓에 사로

남자다움이 만드는 이상한 거리감

잡혀 있다는 사실에 몹시 화가 나기 때문이라고 생각한다. 하지만 그들은 거짓에서 어떻게 벗어나야 하는지 알지 못한다. (……) 그들은 자신이 거짓으로 행동하기 때문에 분노를 느끼는데, 이는 마음 깊숙한 어딘가에서는 그 거짓에서 구조되기를 바라며 진실을 그리워한다는 의미다.

우리가 말하지 않는 진실은 남성들이 사랑을 갈망하고 있다는 것이다. 이것은 페미니스트 사상가들이 용기를 내어 조사하고 탐구하고 이야기해야 하는 갈망이다. 아직 드물긴 하지만 선구적인 페미니스트들—이제 이 중에는 남성도 있다—은 남성, 남성성, 사랑이라는 문제를 공개적으로 다루는 것을 더는 두려워하지 않는다. 이 과정에 열린 생각과 너그러운 마음을 가진 남성들도 참여했다. 사랑을 하는 남성들, 가부장 문화에서 사랑이라는 기술을 실천하기가 얼마나 어려운지를 아는 남성들이 여성들과 뜻을 같이했다.

내가 사랑에 관한 책을 몇 권 쓰게 된 것은 전 남자 친구 앤서니와 끊임없이 싸웠기 때문이기도 하다. 우리는 서로에게 중요한 사람이었다(그리고 이 책을 쓰고 있는 지금도 마찬가지다). 우리 둘은 함께 지내면서 사랑을 이루고 싶었지만 결국 우리 자신이 갈등을 만든다는 걸 알게 되었다. 그래서 헤어지기로 결심했다.

하지만 그렇게 해서도 갈등을 끝내지는 못했다. 우리 싸움의 주된 이유는 사랑을 행동으로 옮기는 문제 때문이었다. 여자들은 살아가면서 남자들에게 사랑의 맹세를 듣고 싶어 한다는 것을 대부분의 남성들이 아는데, 앤서니 역시 그런 남성들처럼 내게 사랑의 맹세를 했다. "당신을 사랑해"라는 말이 정확히 무슨 뜻인지 말하고 행동으로 옮겨보라는 요구를 받고서 앤서니는 할 말이 없다는 걸 알았다. 그리고 감정을 설명하라는 요구를 받을 때 기본적으로 마음이 불편해진다는 것도 알았다.

　　많은 남성들이 그렇듯 앤서니도 그가 선택한 관계들 대부분에서 행복하지 않았다. 남성들이 관계에서 느끼는 불행, 사랑에 실패했을 때 느끼는 슬픔은 우리 사회에서 드러나지 않는 경우가 많은데, 그 이유는 바로 가부장 문화에서는 남성들이 불행한지 아닌지에 진심으로 관심을 기울이지 않기 때문이다. 여성들이 감정의 고통을 느낄 때, 여성에게 감정은 당연히 중요하며 중요할 수 있다고 주장하는 성차별주의 사고 덕에 여성들 대부분은 적어도 자신의 마음을 표현할 수 있다. 그러니까, 그 마음을 친한 친구에게든 치료사에게든 혹은 비행기나 버스에서 옆에 앉은 낯선 이에게든 말할 수 있다. 남성들은 가부장적 관습에 따라 일종의 감정적 금욕을 배운다. 이 가부장적 관습에서는, 아무 느낌도 갖지 않는다면 더 남자다운 것이겠지만 혹여 무엇을 느끼고 그 때문에 마음의 상처를 받는다 해도 그 느낌을 틀어막고 그 느낌을 잊고 그 느낌이 사라지게 하는 것이 남자다운 태도라고 가르친다. 조지 와인버그George Weinberg는 《왜 남자들은 자신을 던지려 하지 않는가Why Men Won't Commit》에서 이렇게 설명한다. "대부분의 남성들은 이미 완벽한 상태에 있는 여성을 찾는데, 관계 속에서 문제를 해결할 수는 없다고 기본적으로 느끼기 때문이다. 어떤 일이 조금이라도 잘못되면 그 문제에 대해 말하기보다 빗장을 지르는 편이 더 쉬워 보인다." 남자다운 척한다는 것이 말하는 바는 진짜 남자라면 고통을 전혀 느끼지 않는다는 것이다.

사실 그대로를 말하면, 남성들도 상처를 받으며 그런 그들에게 우리 문화 전체는 "당신이 어떻게 느끼는지 우리에게 말하지 말라"고 한다는 것이다. 나는 오래전부터 만화 《실비아Sylvia》의 팬이었다. 이 만화에는 두 여성이 등장하는데, 한 여성이 수정 구슬을 보고 있을 때 다른 여성이 말한다. "그 남자는 자기 느낌이 어떤지 절대 말 안 해." 그러자 미래를 볼 수 있는 여성이 말한다. "오후 두 시에 전 세계에서 남자들이 자기 느낌에 대해 말할 거야. 그리고 전 세계 여자들이 미안해할 거야."

뭔가를 느끼지 못할 때 그것을 치유할 수도 없다고 한다면, 자신의 느낌을 부정하도록 남성을 사회화하는 가부장 문화를 우리 여성들이 지지할 때 그것은 곧 남성들에게 감정적 마비 상태에서 살아야 하는 운명을 지우는 것이다. 우리는 남성들이 고통을 소리 내어 말하지 못하고 상처를 알리거나 치유받지 못하는 문화를 만든다. 그들의 고통을 있는 그대로 진지하게 받아들이지 않는 사람은 남성들만이 아니다. 대부분의 여성들이 남성의 고통을 해결하는 것이 여성의 욕구를 충족하는 데 지장을 준다면 굳이 문제 해결을 원하지 않는다. 페미니스트 운동이 남성의 '느낌'을 탐구하는 것을 비롯해 남성 해방으로 이어졌을 때, 일부 여성들은 남성의 감정 표현을 성차별주의자 남성들이 하는 것과 똑같이 혐오하고 경멸하면서 조롱했다. 페미니스트들은 남성들이 감정을 느끼기를 그처럼 바란다고 했으면서도, 정작 남성들이 느낌에 닿으려고 노력할 때에는 아무도 진정으로 돕고 싶어 하지 않았다. 변하고 싶어 하는 남성들에게 페미니스트 사회는 자기도취증에 빠졌다거나 혹은 자신감이 없는 사람이라는 이름표를 붙이곤 했다. 느낌을 표현하는 남성들은 흔히 관심을 바라는 사람들, 자신의 드라마로 무대를 차지하려고 애쓰는 가부장적 조종자들로 여겼다.

이십 대 시절 커플 상담을 받으러 다닌 적이 있는데, 십 년 넘게 내 짝이었던 사람이 그때 이런 이야기를 했다. 내가 그에게 자기 느낌을 이야기해보라고 요구하고는 정작 그가 말을 하면 몹시 흥분하곤 했다는 것이다. 그의 말이 맞았다. 그의 느낌이 고통스럽거나 부정적일 때에는 내가 그 이야기를 듣고 싶어 하지 않는다는 사실을, 그리고 내가 그의 나약함과 약점을 알게 되어서 그때까지 내 마음속에 간직하고 있던 강한 남성의 모습이 심각하게 일그러져버리는 것을 원하지 않는다는 사실을 인정하기가 힘들었다. 그때 나는 각성한 페미니스트 여성이었으면서도 약한 감정을 드러내는 게 싫다는 이유로 내 남자가 자신의 고통을 이야기하는 것을 듣지 않으려 했다. 그러니 대다수 여성들이 남성이 자신의 느낌을 표현하는 것은 나약한 것이라는 성차별적 원칙을 굳게 믿으면서 남성들의 말을 제대로 듣지 않으려 하는 것, 특히 상처받고 사랑받지 못하는 것 같다는 말을 듣지 않으려 하는 것은 당연하다. 대다수 여성들은 남성이 사랑 때문에 고통스러워한다는 이야기를 제대로 듣지 못하는데, 그 말은 곧 여성이 잘못했다고 비난하는 말처럼 들리기 때문이다. 성차별적 규범은 엄마든 연인이든 친구든 어떤 역할에서든 사랑하는 것은 여성의 의무이며, 만일 남성이 사랑받지 못한다고 말하면 그것은 여성의 잘못이고 따라서 여성이 비난받아야 한다고 가르쳤기 때문이다.

가부장제 사회에서 남성들이 표현해도 된다고 인정해주는 딱 한 가지 감정이 있다. 바로 분노라는 감정이다. 진짜 남자는 화를 낸다. 남자가 아무리 난폭하게 화를 내고 상대에게 해를 미친다 해도, 그 행동은 자연스러운 것이며 가부장적 남성성을 긍정적으로 표현하는 것으로 여겨진다. 어떤 사람이 고통이나 영혼의 괴로움을 감추려 할 때, 분노는 그것을 숨기기에 가장 좋은 장소다.

내 아버지는 화를 잘 내는 남자였다. 그리고 여든이 넘은 지금까지도 때때로 화를 낸다. 얼마 전 집에 전화를 했더니, 아버지는 나와 내 여동생 이야기를 하며 이렇게 말했다. "너희 둘 다 정말로 사랑한단다." 아버지가 사랑이라는 말을 하는 것이 너무 놀라워서 나는 뭐라고 대답하려 했지만 적당한 말을 찾을 수가 없었다. 두려움 때문에 말문이 막혔다. 가장인 아버지, 말 없고 걸핏하면 화를 내는 남자에게 오랫동안 품어온 두려움이었으며, 다정함이 배인 관계는 허술해서 언제든 깨질 수도 있다는 새로운 두려움이었다. 그래서 나는 "아버지, 나를 정말로 사랑한다는 게 무슨 뜻이에요?"라고 묻지 못했다. 《사랑은 사치일까? Communion: The Female Search for Love》 중 여성들이 다정한 남성을 찾는 현상을 집중적으로 다룬 장에서 나는 이렇게 썼다. "많은 여성들이 남성을 두려워한다. 그리고 이 두려움에서 경멸과 증오가 생긴다. 두려움은 억압되고 억눌린 커다란 분노를 가리는 것일 수 있다." 두려움이 있을 때 우리는 사랑에서 멀

남자다움이 만드는 이상한 거리감

어진다. 그렇지만 여성들은 자신이 남성들을 얼마나 두려워하는지 그들에게 좀처럼 말하지 않는다. 나와 형제자매들은 아버지가 우리를 인질로 잡고 있던 시절에 대해, 아버지의 가부장적 테러리즘의 벽 뒤에 우리를 가둬두던 시절에 대해 아버지와 한 번도 이야기해본 적이 없다. 그리고 성인이 되어서도 우리는 여전히 두려움 때문에 아버지에게 이렇게 묻지 못한다. "아버지, 이유가 뭔가요? 왜 그렇게 늘 화를 냈던 건가요? 왜 우리를 사랑하지 않았나요?"

바버라 데밍은 아버지의 죽음에 대해 쓴 인상적인 글에서 그 두려움을 명확히 설명한다. 죽음이 아버지를 그녀가 닿을 수 없는 곳으로 순식간에 데려갈 때, 그녀는 살아오는 내내 두려움이 아버지와 자신을 멀어지게 했다는 걸 분명히 알게 된다. 그것은 딸이 너무 가까이 다가올까 봐 아버지가 느끼는 두려움이었으며, 아버지와 가까이 있기를 바라면서 그녀가 느끼는 두려움이었다. 여성들은 살아가면서 두려움 때문에 남성들과 가까이 있지 못한다. 두려움 때문에 여성들은 사랑에서 멀어진다.

예전에 나는 여성들만 남성들을 두려워한다고 생각했다. 하지만 남성들과 사랑에 관해 이야기하면서 남성들도 다른 남성들에게 두려움을 느낀다는 말을 꽤 여러 번 들었다. 실제로, 자신의 감정을 느끼는 남성들, 그리고 사랑을 하는 남성들은 혹여 공격이나 창피를 당할지도 모른다는 두려움 때문에 대개는 다른 남성 앞에서 자신의 감정을 감춘다. 우리 문화에서 모든 사람은 가부장적 남성다움에 대한 두려움으로 결속된다는 비밀, 이것은 우리가 다 함께 지키는 커다란 비밀이다. 우리는 두려워하는 대상을 사랑할 수 없다. 그런 이유로, 그처럼 많은 종교 전통에서 사랑에는 두려움이 없다고 가르치는 것이다.

가부장 문화에서 우리 여성들은 남성들을 사랑하려고 노력한다. 여성들은 남성들에게 깊은 관심을 가질 수 있다. 살아가면서 남성들과 맺은 관계를 소중히 여길 수 있다. 그리고 남성들이 없다면, 그들이 함께 있지 않다면 살 수 없다는 절박함을 느낄 수도 있다. 그리고 우리 여성들은 남성다움 앞에서 이 모든 열정을 느끼면서도 가부장제가 만들어놓은 거리를 지키고 넘어서는 절대 안 된다고 배워온 경계를 유지하면서 멀찌감치 떨어져 서 있을 수도 있다.

나는 마흔 명의 남성들로 구성된 강좌에서 수업을 하는데, 여기에서 내가 쓴 사랑에 관한 세 권의 책을 읽고 사랑에 관한 이야기를 나누고 아버지에 관해서도 말한다. 열심히 일하는 아버지를 두었던 30대 후반의 어느 흑인 남성은 최근에 부모가 되었는데 다정한 아버지가 되려고 노력하지만 실패할까 봐 두렵다고 말했다. 그는 다정한 롤 모델을 가져보지 못했기 때문에 실패를 두려워했다. 그의 아버지는 여기저기 떠돌며 일을 하느라 대부분의 시간 동안 집을 비웠다. 그리고 집에 있을 때면 재미 삼아 아들을 아무렇게나 놀리고 비웃었다. 아들에게 한껏 빈정거리고 경멸하는 투로 말하는가 하면 말 한마디로 창피를 주기도 했다.

우리들 대부분이 했던 경험을 생각해보면, 자신의 이야기를 한 그 남자는 매정한 남자의 사랑을 받고 싶었지만 결국 그 사랑을 원치 않는 법을 배웠다는 이야기, 자신의 마음을 말로 표현하지 않는 법을 배웠다는 이야기, 그 사랑을 중요하지 않은 것으로 만드는 법을 배웠다는 이야기를 하고 있었다. 나는 그 남자와 그 자리에 있던 다른 사람들에게 물었다. "여러분이 마음을 닫고 살아왔다면, 자신의 감정을 모르는 척해왔다면, 그러면 여러분의 아들들을 사랑하는 방법을 어떻게 알 수 있지요? 여러분은 지금까지 사랑을 실천하는 법을 어디에서, 그리고 언제 배웠습니까?"

그는 사랑에 관한 수업을 듣는 다른 남자들과 내게 말한다. "내 아버지라면 어떻게 할까 생각하고 그 반대로 합니다." 모두가 웃는다. 나는 그렇게 해도 괜찮다고 대답해주고는, 단 아버지와 반대로 하는 수준에만 머무는 것으로는 부족하다고,

그저 아버지와 반대로만 한다면 어두운 과거가 현재를 엄습하도록 두는 위험에 늘 있는 거라고 덧붙인다. 자신의 아버지와는 다르게 아들을 키우려 하지만 그 아들이 할아버지와 똑같은 모습을 띠며 한 번 만나본 적도 없는 할아버지와 똑같이 행동하는 경우가 얼마나 많은가? 과거나 현재의 상황이 어떻든, 나이나 경험이 어떻든, 어떤 남성이라도 아버지와 반대로 행동하는 수준을 넘어설 때 비로소 사랑하는 법을 배울 수 있다.

지난 4년 동안 여행을 하고 강의를 하면서 만난 모든 남성에게서 배운 한 가지 분명한 진실이 있다. 남성들은 사랑을 알고 싶어 하며 사랑하는 법을 알고 싶어 한다는 것이다. 이를 솔직하고 상세하게 말해주는 문헌들이 충분하지 않을 뿐이다. 사랑을 전반적으로 다룬 책을 한 권 쓰고, 그다음에 특히 흑인과 사랑에 관한 책을 쓰고, 또 그다음에 여성의 사랑 추구에 초점을 맞춘 책을 쓰고 나서 나는 이제 한발 더 나아가 남성들과 사랑에 관해 말하고 싶었다.

우리 문화에서는 남성들이 사랑하는 법을 배우도록 돕고 격려하는 일에 남자와 여자가 똑같이 거의 시간을 들이지 않는다. 남성들에게 분노하고 실망하는 여성들도 모든 연령의 남성들이 사랑을 알 수 있는 세상을 만드는 데 진정으로 도움 주기를 피하면서 이때 자신의 분노를 이용한다(이들은 대부분 페미

남자다움이 만드는 이상한 거리감

니스트가 아니며 아마 앞으로도 절대 페미니스트가 되지 않을 것이다). 그리고 소수의 페미니스트 사상가들은 자신들이 남성들에게 주고 싶은 것을 다 주었다고 확신한다. 그리고 그들은 여성 전체의 행복을 높이는 데에만 관심이 있다. 하지만 언제든 한 사람의 남성이 누군가를 사랑하기 위해 가부장적 경계를 용감하게 넘을 때 여성과 남성, 그리고 아이들의 삶이 더 나은 방향으로 근본적으로 변한다는 것을 나는 살면서 알게 되었다.

우리는 가정과 전 세계에서 끊임없이 일어나는 남성 폭력을 텔레비전과 신문의 뉴스를 통해 매일 접한다. 무장을 한 채 부모와 또래 친구와 낯선 사람들을 죽이는 십 대 소년들의 이야기를 들을 때, 우리 문화 전반에 불안감이 퍼진다. 사람들은 대답을 듣고 싶어 한다. 그들은 알고 싶어 한다. 왜 이런 일이 일어나는가? 지금, 이 역사적 순간에 어째서 어린 소년들에 의해 그렇게 많은 살인이 일어나는가? 하지만 남자아이들에게 죽이는 것이 그들의 본성이라고 가르친 다음 그 본성을 바꾸기 위해 그들이 할 수 있는 건 아무것도 없다고, 즉 그들의 남성성이 온전하게 남아 있게 하는 어떤 일도 할 수 없다고 가르치는 데 남자다움에 대한 가부장적 개념이 어떤 역할을 하는지에 대해서는 아무도 말하지 않는다. 우리 문화가 남성들이 전쟁을 받아들이도록 준비시킬 때, 남성들은 죽이고 살인을 즐기는 것이 자신들의 본성이라고 일러주는 가부장적 사고를 더 확실하게 받아들이게 된다. 남성 폭력에 관한 뉴스가 쏟아지는 세상에서 우리는 남성과 사랑에 관한 뉴스는 전혀 듣지 못한다.

남성 폭력을 끝내기 위해서는 가치의 혁명이 필요하며, 그 혁명은 반드시 사랑의 윤리에 근거해야 할 것이다. 다정한 남성들을 만들려 한다면 여성들이 남성들을 사랑해야 한다. 남성다움을 사랑한다는 것은 성차별주의자들이 정의한 남성의 정체성을 따르는 남성들을 칭찬하고 보상하는 것과는 다르다. 남성들이 우리를 위해 하는 행동 때문에 그들에게 관심을 갖는 것은 남성들을 존재 그 자체로 사랑하는 것과 엄연히 다르다. 우리가 남성다움을 사랑한다고 할 때, 우리는 그들이 어떤 성과를 내든 그렇지 않든 사랑을 베푼다. 성과는 존재 그 자체와 다르다. 가부장 문화에서 남성들은 있는 그대로의 모습으로 존재하고 자신의 독특한 정체성을 자랑스러워하는 것이 용납되지 않는다. 그들의 가치는 언제나 그들이 하는 일에 따라 결정된다. 반г가부장 문화에서 남성들은 자신의 가치를 증명할 필요가 없다. 그들은 자신이 존재 자체만으로 가치를 지니며, 소중히 여겨지고 사랑받을 권리가 있음을 태어날 때부터 알고 있다.

내가 남성과 사랑에 관해 쓰는 글은, 말하자면 내가 사랑이라는 작업을 함께 해온 내 인생의 남자들에게 보내는 깊은 감사의 표현과도 같다. 남성다움에 관한 내 사고의 대부분은 어린 시절 오빠와 내가 다른 취급을 받는 것을 목격했던 때에 주로 형성되기 시작했다. 오빠의 태도를 판단하는 데 적용되는 기준은 훨씬 더 혹독했다. 어떤 남성도 끊임없이 자기 배반을 하지 않고서는 가부장적 기준에 제대로 부응하지 못한다. 대부분의 남자아이들이 그렇듯 오빠도 어린 시절에는 자신을 표현하고 싶어 했다. 오빠는 적절한 남성다움을 엄격하게 정해놓은 답안을 따르고 싶어 하지 않았다. 그리고 그 결과 가부장적 아버지에게서 경멸과 조롱을 받았다. 어린 시절에 오빠는 우리 집에서 다정한 존재였고 놀라움과 기쁨의 감정을 표현할 수 있었다. 하지만 청소년기에 이르러 가부장적 사고와 행동을 강요받으면서 오빠는 사랑이 담긴 자신의 느낌을 감추는 법을 배웠다. 그는 청소년기 남자아이들에게 '자연스러운' 것으로 여겨지는 소외와 비사교적인 태도의 공간으로 들어갔다. 여섯 명의 누이들은 그에게서 변화를 목격했고 돈독했던 남매 사이가 멀어진 것을 슬퍼했다. 어린 시절 자존감에 가해진 상처는 오빠가 살아가는 내내 남아 있었으며, 오빠는 자신의 정체성을 스스로 규정할 것인가 아니면 가부장적 기준에 따라 규정할 것인가 하는 문제를 두고 계속 씨름한다.

오빠가 '남자아이들 중 하나'로 받아들여지기 위해 자신의 감정을 무시하고, 다른 사람들과 감정을 나누는 능력을 버리고, 혹시라도 남자다워 보이지 않을까 봐 두려운 마음에 누이들과 어울리지 않던 그 시절, 엄마의 아버지인 대디 거스는 가부장제를 따르지 않는 편이 더 편하다는 걸 깨달았다. 내 어린 시절 외할아버지는 사랑의 기술을 행동으로 실천한 남자였다. 그는 감정을 있는 그대로 느끼고 표현했으며, 그러면서도 가부장적 속박에 갇혀 있었다. 할아버지와 60년 넘게 부부로 살았던 할머니는 관계를 맺는 데에는 지배자 모델이 있어야 한다고 늘 굳게 믿었다. 남자다움을 내세우는 남성들에게 외할아버지 대디 거스는 별로 남자다워 보이지 않았다. 그는 공처가처럼 보였다. 나는 가부장적 아버지가 외할아버지를 가리켜 유약하다고 하면서—그리고 지배라는 행동을 통해 자신은 여자에게 휘둘리지 않을 것임을 엄마에게 알리면서—경멸하던 것을 기억한다. 엄마는 외할아버지, 그리고 외할아버지의 사랑할 줄 아는 능력을 존경했지만, 아버지는 엄마에게 소중한 무엇을 아무 가치도 없는 것처럼 보이게 만들어버렸다.

그 당시 엄마는 다정한 아버지가 있다는 것이 얼마나 큰 행운인지 알지 못했다. 많은 여성들처럼 엄마 역시 낭만적 사랑이라는 헛된 믿음에 속아서 강하고 군림하려 하고 자신의 뜻대로 하려 하며 늠름하고 대담한 남자가 좋은 짝이라고 믿었다.

엄마는 자신의 이상형과 결혼했지만 나중에 보니 사납고 잔인하고 몰인정한 가부장적 남자의 속박에 갇혀 있었다. 엄마는 40년 넘게 결혼생활을 하면서 남편만이 통제할 수 있고 아내는 언제나 굴복하고 복종해야 한다고 가르치는 가부장적 성역할을 그대로 받아들였다.

가부장적 남성들이 잔인하지 않을 때, 여성들은 자신이 운 좋게도 진짜 남자, 가족을 부양하고 보호하는 자애로운 가장을 만났다는 매혹적인 믿음에 매달려 살아갈 수 있다. 그 진짜 남자가 반복적으로 잔인해질 때, 아내가 배려하고 다정하게 굴어도 경멸하며 가차 없이 묵살할 때, 그와 살아가는 여성은 그를 달리 보기 시작한다. 그녀는 가부장적 사고에 대한 맹목적 믿음에 의문을 갖기 시작할 수 있다. 그제야 정신을 차리고 자신이 학대를 받고 있으며 사랑받고 있지 않다는 걸 인식할 수도 있다. 그 깨달음의 순간은 곧 비통함을 느끼는 순간이다. 여성들은 오랜 세월 결혼생활을 하면서 혹은 남성과 함께 지내면서 비통함을 느낀다 해도 좀처럼 상대를 떠나지 않는다. 그들은 자신의 괴로움과 불만, 쓰라림에서 정체성을 만드는 법을 배운다.

우리의 어린 시절 내내 엄마는 아버지의 훌륭한 옹호자였다. 아버지는 번쩍이는 갑옷을 입은 엄마의 기사, 엄마의 연인이었다. 그리고 엄마가 아버지를 보기 시작했을 때, 정말로

사랑할 줄 아는 남성 구함

보기 시작했을 때, 그러니까 엄마가 바라던 아버지의 모습이 아닌 있는 그대로의 아버지의 모습을 보기 시작했을 때에도 엄마는 여전히 우리에게 아버지를 존경하라고, 아버지가 우리 곁에 있다는 것에, 아버지가 가족을 부양한다는 것에, 아버지의 훈육에 감사하라고 가르쳤다. 50대 여성으로서 엄마는 가부장적 지배라는 가혹한 현실을 매일 겪으면서도 가부장적인 이상형이라는 환상에 기꺼이 매달렸다. 하지만 자녀들이 집을 떠나고 남편과 단둘이 남았을 때, 두 사람이 나름의 방식으로 서로를 사랑할 수 있게 될 거라는 엄마의 기대는 오래지 않아 산산조각이 났다. 엄마 앞에 있는 남자는 그녀가 결혼했던 남자, 감정을 닫아버린 차가운 가장이었다. 결혼한 지 50년이 지난 지금, 여전히 엄마는 남편을 떠나지 않았지만 더는 사랑을 믿으려 하지 않았다. 그리고 그 비통함을 소리 내어 말하게 되었다. 이제 엄마는 사랑의 부재, 평생 겪은 마음의 고통을 이야기한다. 이런 사람이 엄마만은 아니다. 전 세계에서 여성들이 사랑이 없는 상태로 남성들과 살아간다. 그들은 살아가며 탄식한다.

　　내 부모는 사랑과 갈망에 관한 내 생각의 틀을 처음 만든 사람들이다. 나는 스무 살에서 마흔 살까지 세월의 대부분을 자신의 감정을 인식하지 못하는 지적이고 멋진 남자들, 자신이 갖지 못해서 주지 못하는 남자들, 자신이 알지 못해서 가르쳐주지 못하는 남자들—사랑하는 법을 몰랐던 남자들—과의 관계 속에서 사랑을 알려고 애쓰며 보냈다. 40대가 되어서는 나보다 나이가 훨씬 어리고 이전에 페미니스트 사고의 기술과 실천을 배운 남자를 만났다. 그는 자신의 영혼이 망가졌다는 사실을 인정할 수 있었다. 어린 시절 그는 가부장적 압제의 피해자였다. 그는 자신의 내면에 뭔가 잘못된 게 있다는 걸 알았지만 빠져 있는 뭔가를 정확히 표현할 언어를 그때까지도 찾지 못했다.

"내 안에 빠져 있는 어떤 것"이라는 말은 내가 나라 이곳저곳을 돌아다니며 많은 남성들과 사랑에 관해 이야기할 때 그들에게서 듣게 되는 자기 기술自己記述이었다. 어떤 남자는 어린 시절 풍부한 감정을 드러내고 마음껏 즐거워하며 인생과 다른 사람들과 연결되어 있음을 느끼다가 어느 순간 그 모든 것이 중단되면서 다른 사람들에게서 분리되고 그들에게 사랑받고 인정받는다는 느낌이 사라져버렸다는 이야기를 몇 번이고 반복해서 했다. 어쩐 일인지 남자다움을 테스트하는 기준은 이 상실을 기꺼이 받아들이고 슬픔을 느끼더라도 소리 내어 말하지 않는 것이라고 남자들은 내게 말했다. 슬프게도, 아니 비극적이게도, 그들 대부분은 마음으로 이 슬픔과 아픔을 처음 느꼈던 순간을, 가부장적 남성이라는 자신의 위치를 인정받기 위해 뭔가를 느끼고 사랑할 권리를 포기해야만 했던 순간을 기억하고 있었다.

감정을 인식하지 못하는 상대와 사랑을 이루려고 할 때 누구든 괴로움을 겪는다. 수많은 자기계발서에는 우리가 자신 말고는 누구도 바꿀 수 없다는 이야기가 실려 있다. 물론 누군가를 사랑한다는 것은 곧 나약해지는 거라고 배운 가부장 문화 속 남성들에게 변화하고 사랑을 선택하라고, 사랑을 선택하는 것이 그들의 가장, 그 익숙한 사람의 압제에 맞서야 한다는 걸 의미할 때라도 그렇게 하라고 동기부여하는 법은 그 책들 속에서 절대 찾을 수 없다. 우리 여성들이 남성들을 변화시킬 수는 없지만 변하려는 그들의 의지를 격려하고, 변하라고 간청하고, 힘을 줄 수는 있다. 여성들이 그들 내면에 엄연히 존재하는 진실, 그들이 말하지 못하는 진실, 그들이 타인과 연결되고 누군가를 사랑하며 사랑받기를 갈망한다는 진실을 존중할 수는 있다.

이 책은 우리 문화에서 모든 연령의 남성들이 묻는 사랑에 관한 질문에 대답한다. 나는 갈망을 표현하지 말고 마음을 닫으라는 이야기를 듣기 전 자신의 모습, 상냥하고 감정을 그대로 표현하던 예전의 모습으로 돌아가기 위해 여전히 노력하는 남성들, 내가 아주 친밀하게 알고 있는 그 남성들이 내게 묻는 사랑에 관한 질문에 답하기 위해 이 책을 쓴다.

이 책은 남성들의 교정과 자기 회복이라는 연회, 그들이 감정 그대로 사랑하고 사랑받을 권리라는 연회에 내가 선사하는 선물이다. 여성들은 자신이 함께 살아가는 남성들에게 사랑을 줄 때 그들을 구할 수 있다고, 그리고 그 사랑이 남성들이 감정에 받는 모든 해로운 공격과 매일 겪는 심장이 마비될 듯한 마음의 고통으로 생긴 모든 상처에 치료제 역할을 할 거라고 믿어왔다. 여성들은 이 치유의 과정에 함께 참여할 수 있다. 여성들은 길을 인도하고 지도하고 지켜보고 정보와 기술을 알려줄 수 있다. 하지만 남자아이들과 남성들이 스스로 해야 하는 일을 대신 해줄 수는 없다. 우리 여성들의 사랑이 도움이 되지만, 그것만으로 남자아이들이나 남성들을 구원할 수는 없다. 결국 남자아이들과 남성들은 사랑의 기술을 배우면서 스스로를 구원한다.

2

가부장제를 알기

미국에서 가부장제는 남성의 몸과 영혼을 공격하는 가장 위협적인 사회 질병이다. 하지만 대부분의 남성들은 일상생활에서 '가부장제'라는 단어를 사용하지 않는다. 대부분의 남성들은 가부장제에 대해, 그것이 무엇을 의미하고 어떻게 생겨났고 유지되는지에 대해 전혀 생각하지 않는다. 미국의 많은 남성들은 이 단어를 정확하게 쓰거나 발음하지 못할 것이다. '가부장제'라는 단어는 그들이 보통의 일상에서 생각하거나 말하는 주제가 아니다. 이 단어를 들어본 적이 있어서 알고 있는 남성이라도 대개는 여성 해방이나 페미니즘과 연관 지을 뿐 자신의 경험과는 무관한 것으로 생각하고 만다. 나는 30년이 넘는 세월 동안 연단에 서서 가부장제에 관해 이야기했다. 가부장제는 내가 매일 사용하는 단어인데, 남자들이 내게서 이 단어를 들을 때면 종종 그 뜻을 묻는다.

　　이 모든 현상은 오래전부터 남성들이 보여온 반反페미니스트 성향이 전능함을 나타낸다기보다 그들이 태어나서 죽을 때까지 자신의 정체성과 자아감을 형성하고 거기에 영향을 미치는 정치 시스템의 중요한 일면에 기본적으로 무지하다는 것을 나타낸다. 나는 서로 맞물려 미국 정치의 토대를 이루는 여러 시스템을 설명할 때 종종 '제국주의 백인우월주의 자본주의 가부장제'라는 표현을 쓴다. 이 중 우리 모두가 자라면서 가장 많이 배우는 것 하나는 가부장제 시스템이다. 이것은 우리가 이 단어를 전혀 모른다 해도 마찬가지인데, 우리는 어릴 때부터 가부장적 성역할을 떠맡으며 이를 가장 잘 수행하기 위한 여러 방법을 끊임없이 지도받기 때문이다.

　　가부장제는 남성은 선천적으로 우세하며, 약하다고 여겨지는 모든 존재(특히 여성)보다 우월하고, 그 약한 존재들을 지배하고 통치하는 권리, 그리고 여러 다양한 형태의 심리적 테러리즘과 폭력을 통해 그 지배를 유지할 권리를 태어날 때부터 부여받았다고 주장하는 정치사회 시스템이다. 오빠와 내가 한 살 터울로 태어났을 때 부모님이 우리를 어떻게 생각하고 대할지는 가부장제로 결정되었다. 부모님 모두 가부장제를 믿었다. 두 분은 종교를 통해 가부장적 사고를 배웠다.

교회에서 부모님은 신은 남자가 이 세상과 거기에 있는 모든 것을 지배하도록 창조했으며, 남자가 그 임무를 수행하도록 돕고 남자에게 복종하고 강한 남자에게 언제나 종속되는 역할을 하는 것이 여자의 의무라고 배웠다. 두 분은 신이 남자라고 배웠다. 이 가르침은 두 분이 경험하는 모든 단체—교회, 학교, 법원, 클럽, 운동 경기장—에서 더 분명히 확인되었다. 주변의 다른 모든 사람들처럼 두 분도 가부장적 사고를 받아들인 후 그것을 자신의 아이들에게도 가르쳤는데, 이 가부장적 사고가 삶을 제대로 사는 '자연스러운' 방법처럼 보였기 때문이다.

두 분의 딸인 나는 봉사하고, 약한 존재가 되고, 뭔가를 사고하는 부담을 지지 않고, 다른 이들을 보살피고 양육하는 것이 내가 할 일이라고 배웠다. 오빠는 봉사를 받고, 가족을 부양하고, 강한 존재가 되고, 사고하고 전략을 짜고 계획하며, 다른 이들을 보살피거나 양육하는 일을 거부하는 것이 자신의 역할이라고 배웠다. 나는 여자가 난폭하게 행동하는 것은 적절하지 않으며 '부자연스러운' 것이라고 배웠다. 오빠는 (아무 문제가 없는 상황에서도) 난폭하게 행동하려는 의지로 자신의 가치가 결정된다고 배웠다. 그는 남자아이는 (아무 문제가 없는 상황에서도) 폭력을 즐기는 것이 좋은 것이라고 배웠다. 그는 남자아이는 느낌을 표현해서는 안 된다고 배웠다. 나는 여자아이는 느낌을 표현할 수 있고 표현해야 한다고, 적어도 어느 정도는 그렇게 해야 한다고 배웠다. 내가 장난감을 주지 않는다는 이유로 격렬하게 화냈을 때, 가부장적 가정의 여자아이였던 나는 여자가 분노를 표현하는 건 옳지 않다고, 분노는 표현하지 말아야 할 뿐만 아니라 아예 없애버려야 한다고 배웠다. 장난감을 못 갖고 놀게 한다며 오빠가 격렬하게 화냈을 때, 가부장적 가정의 남자아이였던 그는 분노를 표현할 줄 안다는 건 좋은 것이지만 어떤 상황에서 적대감을 표현하는 게 가장 좋은지 알고 있어야 한다고 배웠다. 오빠가 분노를 이용해 부모님의 바람에 어긋나는 것은 옳지 않았지만, 나중에 자라서는 분노해도 괜찮으며 분노 때문에 폭력적인 행동을 하는 것은 가정과 나라를 보호하는 데 도움이 될 거라고 배웠다.

우리는 다른 사람들에게서 외따로 떨어진 농가에서 살았다. 우리는 성역할에 관한 의식을 부모님에게서, 그리고 우리 눈에 비친 두 분의 행동방식에서 배웠다. 우리 남매가 성에 대해 혼란스러워했던 것이 기억난다. 실제로 나는 오빠보다 더 힘이 세고 더 폭력적이었는데, 얼마 안 가 우리는 그것이 나쁘다는 걸 배웠다. 우리는 종종 혼란스러워하면서도 한 가지 사실은 확실히 알았다. 우리는 우리 자신이 원하는 대로 될 수 없고 행동할 수도 없다는 것이었다. 우리는 하고 싶은 대로 할 수 없었다. 우리가 미리 정해진 성에 관한 각본대로 행동해야 한다는 것은 분명했다. 우리 둘 다 어른이 되어서 '가부장제'라는 단어를 배웠는데, 그때 우리는 우리가 되어야 하는 존재와 우리가 만들어야 하는 정체성을 미리 결정했던 그 각본이 성에 관한 가부장적 가치와 믿음에 근거한다는 사실을 알았다.

언제나 오빠보다는 내가 가부장제에 도전하는 데 더 관심이 있었다. 가부장제라는 시스템 때문에 내가 속하고 싶은 것들에서 늘 빠져야 했기 때문이다. 1950년대 가정에서 구슬치기는 남자아이들의 놀이였다. 오빠는 집안의 남자들에게서 구슬을 물려받았다. 오빠에게는 구슬을 넣어두는 주석 통이 있었다. 크기와 모양이 다양하고 색깔이 기묘한 구슬들은 내가 보기에 세상에서 가장 아름다운 물건이었다. 나는 그 구슬을 오빠와 함께 가지고 놀았지만, 아주 마음에 드는 구슬이 있으면 사납게 움켜쥐고는 혼자만 가지려고 할 때도 많았다. 아버지가 일하러 나가고 없는 집에서 전업주부였던 엄마는 우리 남매가 함께 구슬치기를 하는 모습을 보면서 굉장히 흡족해했다. 하지만 우리가 노는 모습을 가부장적 시각으로 보았던 아버지는 눈앞의 광경에 못마땅해했다. 아버지의 딸, 공격적이고 경쟁심이 강한 딸은 아들보다 놀이를 더 잘했다. 아들은 소극적이었다. 그 아이는 누가 이기든 별로 신경 쓰지 않는 듯했으며 동생이 달라고 하면 기꺼이 구슬을 양보했다. 아버지는 이 놀이를 그만 두게 해야 하며 오빠와 나 모두 적절한 성역할을 배워야 한다고 결정했다.

어느 날 저녁 아버지는 오빠에게 구슬 통을 꺼내 놀아도 좋다고 했다. 나도 놀고 싶다고 했더니 오빠는 "여자아이는 구슬치기 하는 게 아니야"라고 말하고는 그건 남자들의 놀이라고 했다. 너덧 살 된 아이에게 이 말은 도무지 이해가 되지 않았으므로 나는 나도 놀 거라며 구슬을 집어던졌다. 아버지가 나서서 내게 그만하라고 말했다. 나는 아버지 말을 듣지 않았다. 아버지의 목소리가 점점 더 커졌다. 다음 순간 아버지가 덥석 나를 잡더니 칸막이 문에서 판자 하나를 뜯어내 그걸로 때리기 시작했다. 그러면서 말했다. "넌 여자아이야. 아버지가 뭘 하라고 하면 그대로 해야지." 아버지는 내가 무슨 짓을 했는지 제대로 알 때까지 매질을 계속했다. 아버지의 격한 분노, 아버지의 폭력에 가족 모두의 관심이 쏠렸다. 우리 가족은 가장의 폭력 장면 앞에서 완전히 정신이 나간 채 앉아 있었다. 이렇게 맞고 나서 나는 유배를 당했다. 어두운 방에 혼자 있어야 했던 것이다. 어머니가 방으로 들어오더니 아픈 곳을 어루만져주며 부드

남자다움이 만드는 이상한 거리감

러운 남부 말투로 이야기했다. "안 그래도 네게 일러두려고 했어. 넌 여자아이고, 여자아이는 남자아이가 하는 대로 할 수가 없는 거야. 이제 너도 그걸 알아야 해." 가부장제를 따르면서 어머니가 해야 할 일은, 아버지가 내게 내 자리를 확실히 일러주고 자연스러운 사회질서를 되찾음으로써 옳은 일을 했다는 걸 분명하게 보여주는 것이었다.

　　나는 이 충격적인 사건을 똑똑히 기억하고 있다. 식구들끼리 그 이야기를 하고 또 했기 때문이다. 그 이야기를 끊임없이 반복해서 하는 것이 외상 후 스트레스를 촉발할 수 있다는 건 아무도 신경 쓰지 않았다. 그 이야기를 반복해서 하는 것은 사건이 주는 메시지를 확실히 전달하고 완벽하게 무력했던 내 상태를 상기시키기 위해 필요했다. 힘이 센 커다란 남자가 어린 딸을 인정사정없이 때린 이 일에 대한 기억이 여성이라는 성의 위치를 내게 알려주는 역할만 한 것은 아니었다. 그 기억은 그 사건을 보았고 기억하는 모든 사람, 내 형제자매, 그리고 성인 여성인 엄마에게 가부장적인 아버지가 우리 가정의 지배자라는 사실을 일깨워주는 것이었다. 아버지의 지배에 복종하지 않는다면 우리는 처벌을 받을 것이며 심지어 벌을 받다 죽을 수도 있다는 사실을 우리 모두 기억해야 했다. 이렇게 우리는 가부장제를 경험으로 익혔다.

이 경험은 전혀 특별하지 않으며 전혀 예외적이지도 않다. 가부장적 가정에서 자라면서 상처받은 사람들의 목소리를 들어보면 기본 주제, 그러니까 폭력을 이용해 가부장제를 주입하고 받아들이게 했다는 주제는 같고 형태만 다양한 이야기들을 들을 수 있을 것이다. 가족상담 치료사인 테렌스 리얼Terrence Real은《어떻게 당신의 마음에 닿을 수 있을까?How Can I Get Through to You?》에서 부모로서 반가부장적 가치가 지배하는 화목한 가정을 만들려고 노력했는데도 자신의 아들들이 가부장적 사고를 접하게 된 이야기를 한다. 그의 막내아들 알렉산더가 바비 인형처럼 옷 입는 걸 좋아했는데, 나중에 형과 놀던 남자아이들이 자기 모습을 못마땅한 표정으로 아무 말 없이 빤히 보자 자신의 행동이 용납되지 않음을 알게 되었다는 것이다.

조금의 악의도 없었지만, 그 아이들이 내 아들에게 보낸 시선은 어떤 메시지를 전했다. 너는 이렇게 하면 안 돼. 그리고 그 메시지를 전달한 매개체는 강력한 감정, 바로 수치심이다. 세 살밖에 안 된 알렉산더는 규칙을 배우고 있었다. 10초 동안의 말 없는 눈길은 내 아들이 그동안 좋아했던 행동을 단박에 그만두게 할 만큼 강력했다. 나는 그 유도의 순간을 남자아이들의 '평상시 외상normal traumatization'이라고 부른다.

남자다움이 만드는 이상한 거리감

남자아이들에게 가부장제 규칙을 주입하기 위해 우리는 그들이 고통을 느끼고 자신의 느낌을 부정하도록 만든다.

내 이야기는 1950년대에 있었던 일이다. 그리고 리얼이 말하는 내용은 요즘 일어난 일이다. 이 이야기들 모두 가부장적 사고의 압제, 우리를 옭아매는 가부장 문화의 힘을 분명하게 보여준다. 리얼은 가부장적 남성성이라는 주제에 관해 미국에서 손꼽힐 만큼 앞서가는 사상가인데도 자신의 아들들을 가부장제에서 벗어나게 하지 못했노라고 말한다. 모든 남자아이와 여자아이가 그렇듯 그의 아들들도 어느 정도는 가부장제의 공격을 받는다. 분명 리얼은 가부장적 가정이 아닌 화목한 가정을 만들면서 자신의 아들들이 적어도 하나를 선택할 수 있게 한다. 그의 아들들은 자신의 모습 그대로 살아갈 수도 있고, 가부장적 역할에 따라 살아갈 수도 있다. 리얼은 여성과 남성에게 공통으로 해당되는 가부장적 사고를 '심리적 가부장제'라는 용어로 표현한다. 오늘날의 선구적인 페미니스트 사고 덕에 가부장적 사고를 하는 사람이 남성들만은 아니라는 사실이 분명히 밝혀졌는데도 많은 사람들이 여전히 남성들을 가부장제의 문제로 본다. 사실은 그렇지 않다. 여성 역시 남성과 마찬가지로 가부장적 사고와 행동에 얽매일 수 있다.

심리치료사 존 브래드쇼John Bradshaw는 《사랑 만들기Creating

Love》에서 가부장제를 명확하고 적절하게 정의한다. "사전에서는 '가부장제'를 '씨족이나 가정에서 아버지가 집안 문제와 종교 문제 모두를 지배하는 특징을 가진 사회 조직'으로 정의한다. 가부장제는 남성중심주의와 힘을 그 특징으로 한다." 존 브래드쇼는 또 이렇게 덧붙인다. "가부장적 법칙이 지금도 여전히 세상의 종교 시스템, 학교 시스템, 가정 시스템의 대부분을 지배한다." 브래드쇼는 이 법칙의 가장 큰 해악들을 다음과 같이 열거한다. "가부장제가 유지되는 기초인 맹목적 복종, 두려움을 제외한 모든 감정의 억압, 개인 의지의 파괴, 권력을 가진 존재의 생각과 어긋나는 모든 생각의 억압." 가부장적 사고는 우리 문화의 가치를 형성한다. 남성처럼 여성 역시 이 시스템에 사회화된다. 여성들 대부분은 원래 가족에게서 가부장적 태도를 익혔으며 대개는 어머니에게서 배웠다. 그리고 그 태도는 학교와 종교 기관에서 더 강화된다.

오늘날 모자 가정이 생겨나면서, 많은 사람들이 모자 가정의 아이들은 집에 남자가 없기 때문에 가부장적 가치를 배우지 않을 거라고 짐작했다. 그들은 남자들만이 가부장적 사고를 가르친다고 생각하는 것이다. 하지만 대부분의 모자 가정에서는 양부모 가정에서보다 더 열정적으로 가부장적 사고를 지지하고 조장한다. 이 가정의 여성들은 살아가면서 성역할이라는 잘못된 환상에 도전하는 경험을 하지 못한다. 그런 이유로 매일 가부장적 남성들과 함께 사는 여성들보다 훨씬 더 가부장적 남성의 역할과 가부장적 남성들을 이상화하는 경향이 있다. 우리 여성들은 가부장 문화를 영속시키는 여성의 역할에 주목해야 하며, 그렇게 해서 남성들이 더 큰 이익을 얻기는 해도 사실은 여성과 남성이 똑같이 지지하는 시스템으로 가부장제를 인식해야 할 것이다. 가부장 문화를 해체하고 변화시키는 것은 남성과 여성이 함께 해야 하는 일이다.

하나의 시스템이 우리 삶에 미치는 영향을 다 함께 부정하는 한 우리가 그것을 해체할 수 없음은 분명하다. 가부장제는 필요하다면 어떤 수단을 써서든 남성지배로 유지되어야 하며, 그런 이유로 성차별적 폭력을 지지하고 조장하고 용납한다. 우리가 공적 토론에서 가장 많이 듣는 성차별적 폭력은 함께 사는 동반자가 가하는 강간과 학대다. 하지만 가부장적 폭력의 가장 흔한 형태는 가부장적 부모와 자녀 사이에서 일어나는 가정 폭력이다. 이런 폭력의 핵심은 대부분 지배자 모델을 강화한다는 것인데, 이 모델에서 권력을 가진 존재는 힘을 갖지 못한 사람들을 지배하는 존재로 여겨지며 상대를 정복하고 예속시키고 굴복시켜 그 지배를 유지할 권리를 갖는다.

남성과 여성에게 그들이 가정에서 겪는 일을 사실대로

말하지 못하게 하는 것은 가부장 문화가 유지되는 한 가지 방법이다. 전체 문화에서 대다수 사람들은 우리에게 가부장제의 비밀을 지켜야 한다는 무언의 법칙을 강요하고 그런 식으로 아버지의 지배를 보호한다. 하나의 문화 속에서 모든 사람이 '가부장제'라는 단어를 쉽게 입에 올리는 것조차 허용되지 않을 때 이 침묵의 법칙은 유지된다. 대부분의 아이들은 이처럼 일상화된 성역할 시스템을 뭐라고 불러야 하는지 배우지 못하며, 따라서 우리는 일상의 언어에서 그 시스템의 이름을 좀처럼 말하지 못한다. 침묵할수록 더 강하게 부정하게 된다. 어떤 시스템에 이름을 붙일 수 없다면 어떻게 조직적으로 도전해 그것을 바꿀 수 있겠는가?

페미니스트들이 좀 더 일반적으로 사용되던 '남성우월주의male chauvinism'와 '성차별주의sexism'라는 용어 대신 '가부장제patriarchy'라는 용어를 사용하기 시작한 것은 우연이 아니다. 그들은 용감하게 목소리를 내면서, 가부장제가 우리 모두에게 영향을 미치는 방식을 여성과 남성 모두가 분명하게 인식하길 바랐다. 현대 페미니즘의 전성기 동안 대중문화에서 그 단어 자체는 거의 사용되지 않았다. 반反남성 행동주의자들은 성차별적 남성 행동주의자들만큼이나 가부장제라는 시스템과 그것이 작동하는 방식을 강조하는 데 전혀 열의를 보이지 않았다. 그렇게

남자다움이 만드는 이상한 거리감

하면 남성은 전능하고 여성은 무능하며 모든 남성은 억압적이고 여성은 늘 피해자라는 개념이 자동적으로 드러날 것이기 때문이었다. 이 여성들은 성차별주의가 지속되는 것의 책임을 오로지 남성에게만 돌리면서 가부장제에 대한 자신들의 충성심, 권력에 대한 자신들의 욕망을 유지할 수 있었다. 그들은 지배자가 되려는 자신의 갈망을 피해자 역할을 하는 것으로 감췄다.

많은 선구적인 급진적 페미니스트들처럼 나 역시 남성의 착취와 억압에 질린 여성들이 내세운 개념, 즉 남자들은 '적'이라는 잘못된 개념에 이의를 제기했다. 일찍이 1984년에 나는 《페미니즘Feminist Theory: From Margin to Center》이라는 책에 〈남자, 투쟁을 함께 하는 전우〉라는 제목의 장을 실어서 페미니스트 정책의 옹호자들이 가부장제와 남성중심주의가 지속되는 책임을 모두 남성에게만 돌리는 어떤 미사여구에도 이의를 제기해야 한다고 강조했다.

분리주의 이데올로기는 성차별주의가 남성의 개인성에 미치는 부정적 영향을 여성들이 무시하도록 조장한다. 분리주의 이데올로기는 남성과 여성의 대립을 강조한다. 조이 저스티스Joy Justice에 따르면, 분리주의자들은 성차별주의의 피해자를 밝히는 문제에 '두 가지 기본 시각'이 존재한다고 생각한다. 조이 저스티스는 이렇게 말한다. "한 가지 시각은 남성이 여성을 억압한다는 것이다. 그리고 또 다른 시각은 인간은 인간일 뿐이며 우리 모두 고정된 성역할로 상처를 입는다는 것이다." (……) 이 두 가지 시각은 우리가 처한 곤경을 정확하게 설명한다. 남성은 여성을 억압한다. 그리고 인간은 고정된 형태의 성역할로 상처를 입는다. 이 두 가지 현실은 동시에 존재한다. 고정된 성역할 때문에 남성들 역시 어떤 식으로든 상처 입었다는 사실을 인정한다고 해서 남성이 여성에게 가하는 억압이 용서받을 수 있는 것은 아니다. 페미니스트 활동가들은 남성 역시 상처를 입는다는 것을 인정하고 이 상황을 바꾸기 위해 노력해야 한다. 상처는 존재한다. 하지만 이런 사실 때문에 남성들이 가부장제에서 여성을 착취하고 억압하는 데 자신의 힘을 이용하고 유지하면서 그들 자신이 고정된 성차별주의 역할을 따른 결과 겪은 심각한 심리적 스트레스와 감정적 고통보다 더 혹독한 고통을 여성들에게 가한 책임이 가벼워지거나 없어질 수는 없다.

이 글 전체에서 나는 페미니스트 옹호자들이 남자들만을 언제나 강한 존재로, 가부장제에 맹목적으로 복종함으로써 언제나 특권을 얻는 존재로 잘못 표현하면서 가부장제로 상처받는 남성들의 고통에 공모한다는 점을 강조했다. 또한 가부장적 이데올로기는 여성에 대한 남성의 지배가 사실이 그렇지 않을 때에도 늘 이로운 것이라고 믿도록 남성들을 세뇌한다고 강조했다.

흔히 페미니즘 활동가들은 이런 행동을 왜곡된 권력 관계, 자신의 행동에 대한 전반적 통제 부족, 감정의 무력함, 극단적 비이성, 그리고 대개의 경우 완전한 광기의 표현으로 언제나 규정해야 하는데도 이런 논리를 옳다고 믿는다. 남성들이 성차별 이데올로기를 수동적으로 받아들일 때 이런 식의 문제 행동을 긍정적으로 잘못 해석하게 된다. 여성에게 가하는 폭력적 지배와 학대를 특권과 동일시하도록 세뇌당하는 한, 남성들은 그들이 자신이나 다른 사람들에게 입힌 피해를 이해하지 못할 것이며 변화하려는 동기 역시 갖지 못할 것이다.

가부장제는 남성들에게 감정불구자가 되어 그 상태에 머물라고 요구한다. 가부장제가 남성들이 온전히 자기 의지대로 행동할 자유를 부정하기 때문에, 계층을 막론하고 누구든 가부장제에 저항하거나 아버지나 어머니 어느 쪽이라도 가부장적 부모에게 반항하기는 힘들다.

12년 넘는 세월 동안 나와 가장 가까운 관계였던 남자는 성장기에 가정에서 겪은 가부장적 힘으로 정신적 외상을 입었다. 우리가 만났을 때 그는 이십 대였다. 그는 인격 형성기를 폭력적이고 알코올 중독자인 아버지와 살다가 열두 살 때 상황이 바뀌면서 엄마와 단둘이 살기 시작했다. 우리가 만난 지 얼마 안 되었을 때, 그는 자신을 학대했던 아버지에 대한 적대감과 분노를 솔직하게 털어놓았다. 그는 아버지를 용서할 마음이 없었으며, 어린 시절이든 군인으로 복무하던 시절이든 어떤 환경이 아버지의 삶을 형성했고 그 삶에 영향을 주었는지 이해할 마음도 전혀 없었다.

우리가 만난 지 얼마 안 되었을 때에만 해도 그는 여성과 어린아이에 대한 남성중심주의에 굉장히 비판적이었다. '가부장제'라는 단어를 사용하지는 않았지만 그는 그 의미를 이해했으며 그것에 반대했다. 그의 온화하고 조용한 태도 때문에 사람들에게 무시를 당하거나 나약하고 무능한 사람 취급을 받는 일도 종종 있었다. 그런데 서른이 되면서 그는 남자다움을 과시하기 시작했고 한때 비난했던 지배자 모델을 받아들였다. 가부장제라는 옷을 입으면서 그는 더 존중받고 더 큰 존재감을 얻었다. 그에게 다가오는 여성도 더 많아졌다. 그는 공적 영역에서 더 두드러졌다. 더는 남성중심주의를 비난하지 않았다. 실제로 그는 가부장적 미사여구를 입 밖에 내기 시작하는가 하면, 과

남자다움이 만드는 이상한 거리감

거에는 질겁하던 성차별적 이야기를 했다.

　　그의 사고와 행동에 나타난 이런 식의 변화는 가부장적 일터에서 인정받고 확인받으려는 욕구로 촉발되었으며 성공을 향한 열망으로 합리화되었다. 그의 이야기는 드문 것이 아니다. 가부장제로 고통받고 희생당한 남자아이들이 가부장적인 사람이 되어서 한때 그들 자신이 분명 악이라고 인식했던 폭력적인 가부장적 남성성을 행동으로 나타내는 경우가 흔히 있다. 어린 시절에 가부장적 남성다움이라는 이름으로 잔인하게 학대받은 남성들이 그 세뇌에 용감하게 저항하고 스스로에게 진실하게 행동하는 경우는 거의 없다. 대부분의 남성들이 이런저런 식으로 가부장제에 순응한다.

　　실제로, 가부장제에 대한 급진적 페미니스트들의 비판은 우리 문화에서 사실상 아무 소리도 내지 못했다. 그런 비판은 좋은 교육을 받은 엘리트들만이 할 수 있는 하위문화 담론이 되었다. 그리고 그 집단 안에서도 '가부장제'라는 단어를 사용하는 것은 시대에 뒤떨어진 것으로 여겨진다. 나는 강의를 하면서 미국의 정치 시스템을 설명하기 위해 '제국주의 백인우월주의 자본주의 가부장제'라는 표현을 종종 쓰는데, 그럴 때면 관객들은 웃음을 터뜨린다. 이 시스템을 정확히 명명하는 것이 왜 재미있다는 건지 누구에게서도 설명을 듣지 못했다. 그 웃음 자체가 가부장적 테러리즘의 무기다. 그 웃음은 어떤 시스템의 이름을 정확히 밝히는 일의 중요성을 무시하면서 그것을 부인하는 역할을 한다. 그 웃음은 단어 자체가 문제이지 그것이 설명하는 시스템이 문제인 것은 아니라고 주장한다. 나는 그 웃음을 가부장제에 반대하고 저항하고 비판하는 일을 함께 하자고 요청받는 것에 관객들이 불편함을 드러내는 방식이라고 해석한다. 이런 웃음을 대할 때마다, 만일 내가 드러내놓고 가부장제에 이의를 제기하면 아마도 심각하게 받아들여지지 않을 거라는 사실을 실감하게 된다.

이 나라의 시민들은 자신이 두려워한다는 걸 명확히 인식하지 못하는 채로 가부장제에 도전하는 것을 두려워한다. 우리의 집단 무의식 속에 가부장제의 규칙이 아주 깊숙이 묻혀 있는 것이다. 내가 청중들에게 자주 하는 말이 있다. 만일 우리가 집집마다 찾아다니면서 여성에게 가해지는 남성의 폭력을 끝내야 할지 묻는다면 대부분의 사람들이 분명 그렇다고 대답할 것이다. 그런 다음 그 사람들에게 남성중심주의를 끝내고 가부장제를 뿌리 뽑아야만 여성에 대한 남성의 폭력을 멈출 수 있다고 말하면, 그들은 머뭇거리면서 입장을 바꾸기 시작할 것이다. 현대 페미니스트 운동으로 많은 성과—여성들이 일터에서 더 평등한 대우를 받고, 고정된 성역할을 버리는 일에 사회가 더 관대해지는 등—를 얻었음에도 가부장제는 하나의 시스템으로 그대로 남아 있으며, 지금도 인간이 하나의 종으로 생존하려면 가부장제가 필요하다고 많은 사람들이 믿고 있다. 특히 사회를 통제하는 방법으로 폭력을 강조하는 것을 비롯해 국가를 조직하는 가부장적 방법들이 실제로 이 지구상에서 많은 사람들의 학살로 이어졌다는 사실을 생각하면 이런 믿음은 앞뒤가 맞지 않는다.

가부장제가 미치는 해악과 그 때문에 초래되는 고통을 우리가 다 함께 인정할 때에야 비로소 우리는 남성의 고통을 다룰 수 있다. 그렇게 되기 전까지 우리는 남성들에게 완전해져야 하고 너그럽게 베풀면서 삶을 이어가야 한다고 요구할 수 없다. 분명 일부 가부장적 남성들은 신뢰할 수 있으며 심지어 너그럽게 다른 이들을 보살피고 남에게 베풀기도 하지만, 여전히 그들은 정신건강을 해치는 시스템에 갇혀 있다.

가부장제는 정신이상을 일으킨다. 가부장제는 미국에서 남성들을 괴롭히는 심리적 질병의 근원이다. 그럼에도 대중은 남성들이 처한 곤경을 우려하지 않는다. 수잔 팔루디Susan Faludi가 쓴 《스티프트 Stiffed: The Betrayal of the American Man》에는 가부장제에 관한 논의가 거의 실려 있지 않다.

페미니스트들에게 남성들의 문제를 진단해보라고 하면 대개는 아주 분명한 설명이 나올 것이다. "남자들이 위기를 겪는 이유는 여성들이 남성지배에 제대로 도전하기 때문이다." 여성은 남성에게 공적 통제력을 나누자고 요구하고 남성은 이런 요구를 받아들이지 못한다. 반페미니스트들에게 묻는다면 한 가지 면에서는 비슷한 진단이 나올 것이다. 여러 보수적인 전문가는 여성이 이제까지 평등한 대우를 요구해왔고 지금도 남성에게서 힘과 통제력을 가져오려고 애쓰기 때문에 남성이 어려움을 겪는다고 말한다. (……) 이 말의 바탕에 있는 메시지는 이런 것이다. '통제력을 갖지 못하면 남자들은 진짜 남자가 될 수 없으며 그저 아무 영향력도 없는 존재가 될 뿐이다.' 페미니스트 견해와 반페미니스트 견해 모두 남자가 된다는 것은 자신이 통제력을 가지고 있으며 그 사실을 늘 느끼고 있음을 의미한다는 이상한 현대 미국인의 인식에 뿌리를 두고 있다.

팔루디는 통제의 개념에 절대 의문을 제기하지 않는다. 그녀는 현대의 페미니스트 운동 이전에 남성들은 어떤 식으로든 통제력과 힘을 가지고 있었으며 그들 삶에 만족했다는 개념이 잘못이라는 사실을 전혀 고려하지 않는다.

가부장제라는 시스템에서 남성들은 감정의 평안을 충

남자다움이 만드는 이상한 거리감

분히 누리지 못한다. 이 감정의 평안은 다른 이들에게 통제력을 발휘할 능력이 있다는 이유로 보상받고 성공을 거두는 느낌과는 다르다. 남성의 고통과 위기를 진실하게 다루려 한다면, 우리들 모두가 과거에 가부장제가 남성들에게 피해를 주었으며 지금도 여전히 그렇다는 가혹한 현실을 밝혀야 할 것이다. 만일 가부장제가 남성에게 진정으로 보상을 해왔다면 가정 내 폭력과 중독이 그처럼 만연하지는 않았을 것이다. 이 폭력은 페미니즘으로 생긴 것이 아니다. 만일 가부장제가 보상을 해왔다면 대부분의 남성들이 자신의 일에서 느끼는 엄청난 불만은 존재하지 않았을 것이다.

여러 면에서 《스티프트》는 미국 남성들에 대한 또 하나의 배신이었다. 팔루디가 가부장제에 이의를 제기하지 않으려 하는 데 많은 시간을 들이느라 우리가 남성들을 자유롭게 하려면 가부장제를 끝내야 한다는 사실을 강조하지 못했기 때문이다. 그보다 팔루디는 이렇게 말한다.

더 자유롭고 건강한 삶을 쟁취하려는 여성들의 투쟁에 남성들이 저항하는 이유를 생각하기보다, 나는 남성들이 그들 자신의 투쟁을 하지 않는 이유를 생각해보았다. 알 수 없는 분노가 점점 커지는데도 왜 그들은 자신이 처한 곤경에 체계적이고 논리 정연한 반응을 보이지 않았는지를 생각했다. 우리 문화가 남성들에게 제기하는 요구, 자신을 증명하라는 불안정하고 모욕적인 성격의 요구에 왜 남성들은 저항하지 않는가? (……) 왜 남성들은 그들 삶에서 벌어지는 일련의 배신—그들의 아버지가 약속을 지키지 않는 것—에 페미니즘과 같은 뭔가로 반응하지 않았는가?

팔루디가 남성들이 페미니스트 운동에서 구원을 얻을 수 있다고 주장하면서 페미니스트 여성들의 노여움을 초래하는 위험도, 남성들이 페미니즘에 참여할 때 얻을 수 있는 뭔가가 있다고 주장하면서 확고한 반페미니스트인 잠재적 남성 독자들의 거부 반응을 일으키는 위험도 감수하지 않는다는 점에 주목해야 한다.

지금까지 미국에서 가부장제를 끝내야 할 필요성을 강조하며 정의 실현을 위해 투쟁했던 것은 선구적인 페미니스트 운동뿐이다. 어떤 대규모 여성 조직도 가부장제에 도전하지 않았으며, 어떤 남성 집단도 그 투쟁을 이끄는 데 협력하지 않았다. 남성들 앞에 놓인 위기는 남성성의 위기가 아니다. 그 위기는 가부장적 남성성의 위기다. 우리가 이 구분을 명확히 할 때까지 남성들은 계속해서 가부장제에 대한 어떤 비난도 위협이 된다며 두려워할 것이다. 치료사 테렌스 리얼은 심리적 가부장제와 정치적 가부장제를 구분하면서(그는 성차별주의를 끝내기 위해 이 과정이 필요하다고 생각한다), 모두를 해치는 가부장제는 우리들 심리 속에 묻혀 있다는 점을 분명히 한다.

심리적 가부장제는 '남자다움'과 '여자다움'으로 여겨지는 특징들 사이의 관계로 이루어지는데, 여기에서 우리 인간 특성의 절반은 칭송되는 반면 다른 절반은 평가절하된다. 남성과 여성 모두 이 고통스러운 가치 시스템에 참여한다. 심리적 가부장제는 '경멸의 춤', 즉 진실한 친밀함을 지배와 굴복, 공모와 조종이라는 복잡하고 은밀한 막으로 대체하는 비뚤어진 형태의 관계다. 이것은 여러 세대를 거쳐 서구 문명에 퍼져 있지만 제대로 인식되지 못하는 관계의 패러다임이며, 남성과 여성 모두를 망치고 그들이 열정적인 유대를 맺지 못하게 한다.

심리적 가부장제를 명확히 밝힐 때, 우리는 모든 사람이 관련되어 있음을 알 수 있으며 남자들은 적이라는 잘못된 인식에서도 벗어난다. 가부장제를 끝내기 위해 우리는 일상에서 나타나는 심리적 형태의 가부장제와 구체적 모습을 띠는 가부장제 모두에 도전해야 한다. 가부장제를 비판하면서도 행동으로 가부장제에 반대하지는 못하는 사람들이 있다.

남성의 고통을 끝내기 위해, 남성의 위기에 효과적으로 대응하기 위해 우리는 그 문제의 이름을 밝혀야 한다. 그 문제는 가부장제라는 것을 인정해야 하고 동시에 가부장제를 끝내기 위해 노력해야 한다. 테렌스 리얼은 다음과 같이 뛰어난 통찰을 보여준다. "완전함을 되찾는 길은 여성들보다 남성들에게 훨씬 더 험난하며, 그 과정은 문화 전체에 더 큰 어려움과 위험을 초래한다." 남성들이 남성이라는 존재의 본질적 선함을 되찾으려 한다면, 그리고 평안의 기초가 되는 솔직함과 감정 표현의 공간을 되찾으려 한다면, 우리는 가부장적 남성성을 대신할 수 있는 모습을 생각해보아야 한다. 우리 모두 변해야 한다.

3

남자아이로 산다는 것

가부장 문화에서 남자아이들은 사랑스러운 존재로 보이지 않는다. 성차별주의에 따라 남자아이들은 여자아이들보다 더 중요한 지위를 차지하는 것으로 늘 결정되었지만, 지위와 심지어 특권이라는 보상도 사랑받는 것과 같지는 않다. 남자아이들의 감정적 삶에 가해지는 가부장적 공격은 그들이 태어나는 순간부터 시작된다. 성차별주의자들의 잘못된 믿음과 달리, 실제 세상에서 남자 아기들은 여자 아기들보다 느낌을 더 많이 표현한다. 그들은 더 오래, 그리고 더 크게 운다. 그들은 세상에 나오면서 다른 사람들이 자신을 보고 자신의 목소리를 들어주기를 바란다. 성차별적 사고를 가장 나쁜 방식으로 받아들인

남자아이로 산다는 것

결과 많은 부모들이 남자 아기들은 울어도 안거나 달래주지 않고 내버려두는데, 아기를 너무 많이 안고 너무 많이 달래면 나약한 사람으로 성장할까 봐 두렵기 때문이다. 그나마 다행이라면, 고정된 성차별적 역할을 거부하는 사람들도 많다는 것이다. 의식 있는 부모들은 이런 잘못된 논리를 거부하고 여자 아기들에게 하거나 했을 것과 같은 식으로 남자 아기들을 달래준다.

남자아이들이 일상생활에서 좀 더 감정을 발달시킬 수 있도록 애쓰는 연구자들은 최근 가부장 문화의 영향 때문에 부모들이 남자아이들의 감정 발달을 평가절하한다는 사실을 확인했다. 당연히 이런 식의 경시는 사랑하고 다정해지는 남자아이들의 능력에 영향을 준다. 《아들 심리학Raising Cain: Protecting the Emotional Life》의 저자 댄 킨들론Dan Kindlon과 마이클 톰슨Michael Thompson은 남자아이들이 아주 어린 시절에는 좀 더 자유롭게 감정을 표현하는데 이때까지만 해도 의존성 표현을 두려워하거나 경멸해야 한다고 배우지 않기 때문이라는 사실이 연구 결과 밝혀졌다고 주장한다. "남자아이를 비롯한 모든 아이는 처음 세상에 나올 때 부모에게 사랑받고 사랑하고 싶어 한다. 40년에 걸친 감정 애착 연구 결과, 이 감정 애착이 없을 때 아이들은 죽거나 혹은 감정에 심각한 손상을 입는다는 사실이 밝혀졌다."

두 사람은 이처럼 인상적인 통찰력을 제시하면서도 가

부장제의 영향에 대해서는 말하지 않는다. 그들은 남자아이들의 감정적 삶을 제대로 보호하기 위해서는 우리가 가부장제의 영향력에 관한 진실을 말해야 한다는 이야기를 독자들에게 하지 않는다. 우리는 가부장적 사고가 어떤 식으로 모두의 눈을 가려서 가부장적 남성성이라는 개념이 이 사회에 만연해 있는 한 남자아이들이 온전하게 감정적 삶을 누릴 수 없다는 사실을 보지 못하게 하는지 똑바로 알아야 한다. '진짜 남자'는 감정을 느끼지 않는다거나 혹은 표현하지 않는다고 남자아이들에게 가르치는 한 그 아이들이 자신의 느낌을 편안하게 받아들이길 기대할 수는 없다.

　남자아이들의 감정적 삶에 관한 전통적 연구들 대부분에서 남성지배라는 개념과 남자아이들이 어린 시절 감정을 차단하는 것 사이에 연관이 있음이 밝혀지는데도 연구자들은 가부장적 가치가 온전하게 유지될 수 있는 것처럼 행동한다. 《아들 심리학》과 제임스 가바리노James Garbarino의 《길 잃은 소년들Lost Boys: Why Our Sons Turn Violent and How We can Save Them》 같은 대중적인 베스트셀러들은 어떤 식으로 남자아이들이 감정의 손상을 입는지 개략적으로 설명하면서도 대체할 수 있는 남성의 모습, 가부장적 남성성에 근본적으로 도전할 남성의 모습을 용감하게 제시하지는 못한다. 대신 이 책들은 어린 남자아이들이 가부장적 요구로부터 자유로워질 수 있어야 한다고 암시한다. 이 책들에서 가부장제 그 자체의 가치는 절대 다루어지지 않는다.《아들 심리학》에서 두 저자는 이런 주장으로 결론을 내린다. "다른 무엇보다 남자아이들에게 필요한 것은 전통이 정해놓은 것과 다른 렌즈를 통해 그들을 보는 것이다. 개인으로, 그리고 하나의 문화로 우리는 감정 그대로를 느낄 수 있는 남자아이들의 능력을 무시하고 부정하는 잘못된 견해, 남자아이들 스스로도 자신이 감정에 따라 살 수 없다고 인식하게 하는 견해를 버려야 한다." 킨들론과 톰슨은 자신들의 언어에서 신중하게 정치색을 지운다. 그들이 사용하는 '전통'이라는 용어는, 남자아이들의 감정적 삶을 묵살하도록 거의 모든 사람을 사회화한 가부장 문화가 이 나라에 확고하게 자리 잡은 사회적·정치적 시스템이라는 현실을 제대로 전달하지 못한다. 그것은 자연재해가 아니다.

크리스티나 호프 소머즈Christina Hoff Sommers 같은 반페미니스트 여성들은 소머즈의 책《남자아이들과의 전쟁The War against Boys》에서도 제기된 주장, 즉 "페미니즘이 우리의 젊은 남자들에게 해를 미치고 있다"는 주장을 펼치면서 남성들의 비위에 맞춰 가부장제를 평가한다. 소머즈는 가부장제에 반대하도록 남자아이들을 교육하는 것은 "남자아이들을 여성성을 띠는 방향"으로 재사회화하는 것이라는 잘못된 주장을 한다. 소머즈는 우리가 남성성에 대한 가부장적 개념을 비판하는 것만큼 페미니스트 사상가들이 여성성이라는 성차별적 개념을 비판한다는 사실을 편리하게 무시한다. 남자아이들의 감정적 삶을 위협하는 것은 페미니스트 사고가 아니라 가부장제다(남자아이들의 완전한 인간성을 부인한다는 점에서 그렇다). 가부장적 '전통'을 바꾸기 위해서는 가부장제를 끝내야 하는데, 그 방법에는 남자아이의 어린 시절뿐만 아니라 남성다움에 대해서도 다른 방식으로 생각해보는 것이 포함된다.

심리학자 제임스 가바리노는《길 잃은 소년들》에서 '가부장제'라는 단어를 전혀 사용하지 않으면서(그는 '전통적 남성성'이라는 표현을 사용한다) 양성의 특징을 가진 자아, 남성적인 것과 여성적인 것으로 여겨지는 특성들을 결합하는 자아를 형성하는 것이 남자아이들에게 감정에 솔직할 권리를 확실히 주는 거라고 주장한다. 〈남자아이들에게 필요한 것〉이라는 글에서 가바리노는 이렇게 말한다.

남자아이들은 남자가 된다는 것의 의미를 어디에서 어떻게 배우는가? 그들은 그 모두를 대개 대중매체, 그리고 지역사회에서 가장 눈에 띄는 남성들, 특히 그들의 또래들에게서 배우는 것 같다. 남자아이의 친구들은 무엇이 남성적인 것이고 무엇이 여성적인 것인지를 알려주는 존재이며, 따라서 지역사회에서 남자아이들이 제 모습을 찾는 것은 또래 집단에서 남자다움을 과시하는 태도를 바꾸는 일과 진짜 남자란 어떤 존재이며 무엇을 하는지에 관해 이해의 폭을 넓히는 일에 달려 있다.

가바리노의 글은 큰 영향력을 지닌다. 자신의 감정을 부정해야 한다는 요구 때문에 남자아이들이 어떤 식으로 정신적 외상을 겪는지를 아주 정확하게 묘사하고 설명한다. 그렇지만 동시에 그의 글은 혼란스럽기도 하다. 저자 자신이 남자아이들이 받는 해악을 인식하면서도 이를 가부장적 사고와 관습에 관한 비판으로 연결 지으려 하지 않는 듯 보이기 때문이다. 그는 어쨌거나 필요한 것은 가부장적 가치를 개조해서 남자아이들이 적어도 성장할 때까지는 감정이 보호받을 수 있게 하는 것뿐이라고 믿는 듯하다.

솔직히 말해서 가부장적 사고가 남자아이들에게 해악을 미치는 모든 방식을 그렇게 잘 아는 이 남성들이 그 문제를 진짜 이름으로 명명함으로써 남자아이들의 느낌이 정말로 중요하게 여겨지는 세상을 자유롭게 그려보지 못하는 이유가 뭔지 잘 이해되지 않는다. 아마도 그들이 침묵하는 이유는 가부장제를 어떤 식으로든 비판하면 페미니스트 사고와 실천으로

남자다움이 만드는 이상한 거리감

옮겨가는 것이 해답인지에 관한 논의로 불가피하게 이어지기 때문일 것이다. 많은 남성 사상가들은 남자아이들의 감정적 삶에 대해 페미니즘이 유효한 이론이라고 보기 어려웠는데, 일부 페미니스트들 사이에서 나타나는 심각할 정도의 반남성 정서로 인해 이 운동이 남자아이들의 발달에는 거의 관심을 기울이지 않기 때문이다.

　　페미니즘의 이론과 실천에 존재하는 엄청난 결함들 중 하나는 남성의 어린 시절에 관한 집중적인 연구, 기존의 남성성을 다른 모습으로 대체하는 지침과 전략, 그리고 남성다움에 대해 생각하는 방식을 제시하는 연구가 부족하다는 것이다. 실제로 페미니스트가 남성을 적으로 규정해야 한다고 주장하며 여러 이론을 펼친 탓에 남자아이들이 고려될 수 있는 여지, 여자아이들이 그랬듯 남자아이들 역시 가부장적 착취와 억압에서 구조될 가치가 있는 존재로 여겨질 수 있는 여지가 종종 차단되었다.

　　페미니스트가 아닌 사람의 시각에서 남자아이들의 감정적 삶에 관해 글을 쓰는 연구자들처럼, 페미니스트 연구자들 역시 가능하면 가부장적 사고를 겨냥하지 않으려 할 때가 흔히 있다. 가족심리치료사 올가 실버스타인Olga Silverstein은 《좋은 남자를 키울 용기The Courage to Raise Good Men》에서 남자아이를 키우는 대안적 전략을 제시하면서도 가부장제에 대해서는 거의 이야기하지 않는다. 연구자들이 가부장제를 겨냥하지 못하게 하는 두 가지 주요 장벽이 있다. 하나는 공공연하게 정치적인 분석을 하면 독자들과 멀어질까 봐 두려워하는 것이고, 또 하나는 그들이 대안으로 제시할 수 있는 의견을 전혀 갖고 있지 않다는 것이다.

페미니즘 이론은 가부장제에 관한 탁월한 비판들을 제기했다. 하지만 특히 남자아이들과 관련해 대안이 되는 남성성에 대해서는 통찰력 있는 개념을 거의 제시하지 못했다. 남자아이를 출산한 많은 페미니스트 여성은 자신의 아들이 가부장제의 전통적 남성성이라는 가치를 받아들이려 할 때 이의를 제기하려 하지 않았다. 그들은 자신의 아들이 장난감 총을 가지고 놀지 못하게 하거나 놀이터에서 다른 남자아이가 괴롭힐 때 그냥 가만히 있으라고 말하고 싶어 하지 않았다. 경제적으로 풍족하지 않은 한부모 가정의 많은 총명한 페미니스트 어머니들이 자신의 아들에게 가부장적 남성성을 대체할 모습을 지속적으로 보여주기 위해 노력하는 데에는 굉장히 많은 시간이 걸린다.

나와 아주 친한 친구 하나는 아이가 둘인 싱글맘인데, 큰아이가 딸이고 작은아이가 아들이다. 친구의 아들이 태어났

남자다움이 만드는 이상한 거리감

을 때 나는 아이 이름을 루비라고 짓자고 했다. 아이의 생물학적 아버지가 농담처럼 이렇게 말했다. "이 사람이 자기 아들을 낳으면 그때 이름을 루비라고 지어야겠죠." 그런데 아이의 가운데 이름이 루비다. 다섯 살 쯤 되었을 때 그 아이는 루비라는 이름을 쓰고 싶다고 했다. 학교에서 남자아이들이 그건 여자아이 이름이라며 친구 아들을 놀렸다. 이 문제를 해결하기 위해 아이와 아이 엄마는 옛날부터 지금까지 존재했던 루비라는 이름의 모든 남자들 사진을 학교에 가져갔다. 시간이 지나고, 아이는 손톱에 매니큐어를 바르고 학교에 가고 싶어 했다. 이번에도 남자아이들이 남자는 매니큐어를 바르는 게 아니라고 말했다. 아이 엄마와 누나는 그들이 아는 '멋진' 성인 남자들을 모두 학교에 가게 해서 남자들도 매니큐어를 바를 수 있다는 걸 보여주도록 했다.

이 모든 것은 내 친구가 대학원 다니던 시절에 있었던 일이다. 친구가 종일 근무를 시작하고부터는 그런 식으로 아이를 지켜보기가 어려워졌다. 얼마 전에 친구 아들이 제 엄마에게 엄마 냄새가 너무 좋다고 말했다. 친구는 아들에게도 그런 냄새가 날 수 있다고 말해주었다. 하지만 아이는 그렇게 향긋한 냄새를 풍기면서 학교에 갈 수는 없다고 대답했다. 아이는 "남자아이들은 좋은 냄새가 나지 않는다"라는 메시지를 이미 받아

남자아이로 산다는 것

들였던 것이다. 친구는 아이가 끝까지 도전하도록 용기를 주는 대신 이제는 아이가 선택할 수 있게 하고 그 선택을 판단하지 않는다. 그러면서도 아이가 가부장적 기준 때문에 자신이 원하는 대로 하지 못하는 것에 측은함을 느낀다.

가부장제에 반대하는 많은 부모들은 자신의 어린 아들이 가부장제가 요구하는 남성성과는 다른 남성성을 지닐 수 있도록 돕는 과정이 성인들이 아닌 성차별 사고를 지닌 또래 남자아이들에 의해 무너진다는 사실을 알게 된다. 자신의 아들이 접하는 대중매체를 늘 감시하려고 애쓰는 진보적인 부모들은 '정상적인' 것으로 여겨지는 가부장적 교육에 대응하기 위해 끊임없이 개입하고 가르쳐야 한다. 두 아들의 아버지인 테렌스 리얼은 《어떻게 당신의 마음에 닿을 수 있을까?》에서 다음과 같이 말한다.

우리 아들들은 이런 규칙을 일찌감치, 그리고 확실하게 배운다. '울지 마라.' '약해지지 마라.' '약점을 보이지 마라.' '네가 신경 쓴다는 걸 보이지 마라.' 사회의 구성원으로서 우리는 완전한 남자아이와 여자아이를 키우는 것이 바람직한 일이라고 생각할 수 있지만, 그렇다고 해서 우리가 실제로 그렇게 한다는 의미는 아니다. 우리가 정형화된 틀에서 어느 정도 벗어난 아이로 키울 수 있

남자다움이 만드는 이상한 거리감

다 해도, 전체 문화는 (아마도 변하고는 있겠지만) 여전히 바뀌지 않았다. 우리가 노력한다고 해도, 우리 아들과 딸들은 영화에서, 교실에서, 운동장에서 매일, 그리고 매시간 남성성과 여성성에 관한 전통적 메시지의 공세를 받는다.

여기에서도 리얼은 '가부장적'이라는 단어보다 '전통적'이라는 단어를 사용한다. 하지만 전통은 바꾸기가 그리 어렵지 않다. 지금까지 변화가 거의 불가능했던 것은 문화 전반에 퍼져 있는 가부장적 선동이다. 하지만 우리가 이 선동을 진짜 이름으로 부를 때, 그리고 가부장 문화에서는 남자아이들이 자신의 감정을 인식하고 느끼는 능력을 부정하고 억누르며 별 문제가 없다면 차단까지 해야 한다는 걸 인정할 때, 우리는 비로소 남자아이들과 모든 남성의 감정적 평안을 지킬 수 있을 것이다.

어린 남자아이들은 우리 문화에서 자신의 느낌을 있는 그대로 받아들일 수 있고, 사랑하고 사랑받고 싶다는 바람을 부끄러움 없이 표현할 수 있는 순간을 허락받은 유일한 남성이다. 만일 그 아이들이 아주, 아주 운이 좋다면 가부장적 학교 시스템에 들어가기 전까지는 내면의 자아 혹은 자아의 일부와 연결될 수 있다. 학교 시스템에서는 아이의 또래들이 성인 남성들의 감옥에서만큼이나 혹독하게 고정된 성역할을 강요한다.

반가부장적 가정에서 성장하는 몇 안 되는 남자아이들은 일찍부터 이중의 삶을 사는 법을 배운다. 집에서는 느끼고 표현하고 자신의 모습 그대로 살아가지만, 가정 밖에서는 가부장적 남자아이의 역할을 따라야 하는 것이다. 가부장적 성인 남성들처럼 가부장적 남자아이들 역시 여러 규칙을 안다. 그 아이들은 분노를 제외한 어떤 느낌도 표현해서는 안 되며, 여성스럽거나 여자 같아 보이는 어떤 행동도 해서는 안 된다는 것을 안다. 전국의 청소년기 남자아이들을 대상으로 한 조사에서 그 아이들이 가부장적 남성성을 수동적으로 받아들인다는 사실이 밝혀졌다. 연구자들에 따르면, 남자아이들은 진짜 남자다워지기 위해서는 존경을 받고 강해져야 하며, 문제에 대해 말하지 말아야 하고 여성을 지배해야 한다고 생각했다고 한다.

이 나라 전역에서 남자아이들은 감정을 다루는 법에 관해 하나의 메시지를 보내는 대중매체 이미지를 매일 받아들인다. 그 메시지는 '행동하라'이다. 대개 행동한다는 것은 밖으로 향하는 공격성을 의미한다. 발로 차고 소리를 지르고 때리는 행동은 관심을 받는다. 가부장적 육아에서는 남자아이들에게 자신의 느낌을 말로 표현하는 법을 가르치지 않기 때문에 남자아이들은 행동하거나 아니면 폭발한다. 뭔가를 느낄 때 그 느끼는 바를 말로 표현하도록 배우는 남자아이들은 아주 드물다.

남자다움이 만드는 이상한 거리감

그리고 남자아이들이 아주 어린 시절에는 느낌을 표현할 수 있다고 해도, 자라면서 그들은 느껴서는 안 된다고 배우고 느낌을 차단한다.

　　남자아이들이 자신의 정체성에 관해 겪는 혼란은 청소년기에 고조된다. 남자아이가 아주 어린 시절에는 대체로 자유롭게 감정을 표현할 수 있다가 좀 더 자라면 어쩔 수 없이 감정을 억눌러야 한다는 사실 때문에, 오늘날 사춘기는 여러 가지 면에서 남자아이들이 훨씬 더 스트레스를 받는 시기가 된다. 안타까운 사실이지만, 나라 곳곳에서 십 대 남자아이들끼리 과격한 폭력을 일으키지 않았다면 그들 삶에서 감정은 여전히 무시되었을 것이다. 전문가들은 대중매체에 등장하는 남성 폭력과 지배의 이미지가 남자아이들에게 폭력을 매혹적이고 만족감을 주는 것으로 가르친다고 말하면서도, 실제로 남자아이들이 폭력적일 때, 특히 마구잡이로 살인을 할 때에는 그들이 그처럼 폭력적인 것이 마치 미스터리인 듯 말하는 경향이 있다.

　　사춘기 남자아이들에 관한 진보적인 페미니스트 연구에 따르면, 남자아이들이 사람들에게서 멀어지고 제대로 된 관계를 맺지 않는 반사회적 단계를 지나는 것은 당연하다는 지금까지의 개념은 틀렸음이 밝혀졌다. 최근의 여러 연구에서는 다른 이들에게서 고립되고 자신의 감정을 돌보거나 배려하지 않는 것이 실제로 젊은 남성들의 감정에 해를 미친다는 사실이 드러났다. 과거에는 공격성이 분리에서 으레 나타나는 부분, 남자아이가 성장하면서 자신의 자주성을 주장하는 수단이라고 여겨졌다. 하지만 분명한 사실은, 여자아이들이 반사회적으로 변하지 않으면서도 자주적으로 살아가고 부모와 건강한 거리를 유지하는 법을 배울 수 있듯 남자아이들 역시 그렇게 할 수 있다는 것이다. 건강한 가정에서 남자아이들은 반사회적 행동을 하며 스스로를 고립시키지 않고도 자주성을 배우고 발휘할 수 있다. 전 세계에서 테러리스트 정권은 사람들의 영혼을 파괴하기 위해 고립이라는 방법을 사용한다. 미국에서는 심리적 테러리즘이라는 무기를 십 대 남자아이들에게 매일 사용한다. 고립될 때 남자아이들은 자신이 가치 있고 귀중한 존재라고 의식하지 못한다. 그들이 나중에 지역사회에 들어갈 때 무시무시한 분노를 주된 방어수단으로 가져가는 것은 당연하다.

비록 대부분의 미국 남자아이들이 살인으로 이어지는 폭력적인 범죄를 저지르지는 않겠지만, 아무도 정확히 말하고 싶어 하지 않는 진실은 모든 남자아이가 살인자로 자라고 있다는 것이다. 비록 그 살인자를 마음속에 숨기고 자애로운 가장으로 행동한다고 해도 말이다. (가부장적 사고를 받아들이면서 자신들이 힘을 가지려면 폭력적이 되어야 한다는 개념 역시 받아들이는 여자아이들도 점점 많

남자다움이 만드는 이상한 거리감

아지고 있다.) (여자 친구의 '버릇을 고친다'고 말하는) 남자 친구에게 남모르게 맞는 모든 계층의 십 대 여자아이들과 이야기를 해보면,《지킬 박사와 하이드》에서 성인 여성들이 학대하는 남성들과의 관계를 말할 때와 같은 이야기를 듣게 된다. 이 여자아이들은 겉보기에는 근사한 남자들이 분노를 터뜨린다는 말을 한다. 겉으로는 친절하고 조용해 보이는 젊은 남자가 마음 밑바닥에 감춰두었던 폭력성을 어느 순간 드러낸다는 뉴스를 우리는 수없이 듣는다. 남자아이들은 격렬한 분노를 표출하는 것이 남자다워지는 가장 쉬운 길이라는 가부장적 사고의 부추김을 받는다. 그러므로 남자아이들의 겉모습 뒤에 펄펄 끓는 분노, 겉으로 드러날 순간을 기다리는 격한 분노가 있다는 것은 별로 놀라운 사실이 아니다.

남자아이들이 표현하는 분노의 대부분은 다른 어떤 감정도 드러내면 안 된다는 요구에 대한 반응이다. 흔히 분노는 더 중요한 행동으로 이어지기 때문에 무감각보다 낫다고 느껴진다. 분노는 두려움과 고통을 감추는 장소가 될 수 있으며 대개 그렇다. 게리 주커브Gary Zukav와 린다 프랜시스Linda Francis는《영혼의 심장The Heart of the Soul》에서 어떤 식으로 분노가 느낌을 차단하는지 탐구한다.

분노는 사랑을 차단하며 분노하는 그 사람을 고립시킨다. 분노는 사람들이 가장 갈망하는 감정—동료애와 이해—을 밀어내려는 시도이며, 이런 시도는 대개 성공한다. 분노는 당신 자신의 인간성을 부정하는 것일 뿐만 아니라 다른 이들의 인간성도 부정하는 것이다. 분노는 당신이 이해받지 못하고 이해받을 가치가 없다고 생각할 때 생기는 고통이다. 분노는 당신과 다른 사람들을 제대로 분리하는 단단하고 두껍고 아주 높은 벽과 같다. 그 벽은 뚫고 지나갈 수도, 밑으로 통과할 수도, 위로 넘어갈 수도 없다.

남자아이들이 살인을 한 거의 모든 상황에는 그 일이 일어나기 전 아이의 감정이 얼마나 격분한 상태에 있었는지를 설명해주는 배경이 분명하게 드러난다. 중요한 점은 이 분노가 계층과 인종, 가정 형편과 관계없이 광범위한 영역에서 나타난다는 것이다. 부유한 가정에서 자란 폭력적인 남자아이들도 대개는 빈민가 출신의 폭력적인 남자아이들과 다름없이 감정적으로 소외된다.

미국 역사를 통틀어 어느 때보다 많은 남자아이들이 여성이 가장인 한부모 가정에서 자라는 이때, 대중매체는 싱글맘이 건강한 남자아이를 키우는 데 적합하지 않다는 메시지를 보낸다. 나라 곳곳에서 엄마들은 자신의 양육이 아들에게 해를 끼칠까 봐 걱정한다. 이것은 올가 실버스타인이 《좋은 남자를 키울 용기》에서 정면으로 다루고 있는 문제다. 올가 실버스타인은 아직도 많은 사람들이 엄마가 아들의 남성성을 해칠 수 있다고 믿는다면서 이렇게 덧붙인다. "대부분의 남성들이 그렇듯 대부분의 여성들 또한 엄마가 아들에게 미치는 영향이 결국은 아이에게 해로울 거라고, 엄마의 영향으로 아들이 약해질 거라고 믿는다. 그리고 본보기로 삼을 남성이 있어야 아들이 남자답게 자랄 수 있다고 믿는다. 특히 싱글맘들은 아들을 계집애처럼 만들지도 모른다는 두려움에 시달린다." 동성애 혐오증은 남자아이들이 자신의 감정을 느끼도록 하면 동성애자가 될지도 모른다는 두려움의 바탕이 된다. 이런 두려움은 흔히 한부모 가정에서 가장 강하게 나타난다. 그 결과 이런 가정의 어머니들은 아들을 굉장히 혹독하게 대하고 좀처럼 감정을 표현하지 않으며, 그렇게 해야 아들이 더 남자다워진다고 믿는다.

　　동성애자 남성들 중에도 양쪽 부모가 모두 있는 가정에서 자랐으며 남자다움을 과시하고 여성을 혐오하는 사람이 많다는 사실을 알려주는 정보를 누구든 쉽게 접할 수 있는데도, 남성이 동성애자가 되는 이유에 대해 잘못된 추측을 하는 사람들이 여전히 많다. 느낌을 표현하는 남자아이들은 자신의 감정을 느끼는 남자는 분명 동성애자가 될 거라고 두려워하는 부모에게 매일 심리적으로 협박을 당하며 극단적인 경우에는 무자비하게 맞기도 한다. 동성애자 남성들도 일반적으로 용인되는 남성성에 대해 이성애자 남성들과 똑같은 개념을 갖는다. 다행히도 가부장적 남성성에 용감하게 도전하는 동성애자 남성들이 있었고 지금도 그렇다. 하지만 우리 문화에서 대부분의 동성애자 남성들은 이성애자들처럼 성차별적 사고를 받아들인다. 동성애자 남성들 역시 가부장적인 이성애자 남성들과 마찬가지로 이 가부장적 사고를 바탕으로 바람직한 성적 태도라는 패러다임을 형성한다. 이런 이유 때문에 많은 동성애자 남성들은 이성애자 남성들처럼 분노한다.

여성이 자신의 아들을 감정적으로 혹독하게 대할 때 그 아이가 더 남자답게 성장할 수 있다고 믿는 세상에서 어머니의 사디즘이 심해지는 것처럼, 가부장적 가치에서는 자연스럽게 아버지의 사디즘이 나타난다. 브루스 셰니츠Bruce Shenitz가 편집한 《내가 될 수 있는 남자The Man I Might Become: Gay Men Write about Their Fathers》에는 아버지의 사디즘이라는 의식을 묘사하는 남자의 어린 시절 이야기가 많이 실려 있다. 〈아빠는 최고의 존재였다〉라는 글에서 제임스 사슬로는 이렇게 말한다.

아버지가 외면할 때 모든 아이는 자신이 부족하다고 느끼면서 가슴이 찔리는 듯한 고통을 느낀다. 아버지가 자신의 멘토와 롤 모델일 뿐만 아니라 사랑을 얻고 싶은 존재일 때 그 고통은 두 배로 심해진다. 어머니의 사랑은 무조건적이다. (……) 하지만 아버지의 사랑은 아이를 가르쳐 온전한 사람이 되게 하는 것이기도 하다. (……) 아버지는 우리의 부족한 점을 지적하고 그런 다음 판단한다. 아버지의 역할은 다음 세대가 이 사회에서 살아가도록 교육하는 것이다. 아버지라는 훈련담당관은 이 오래고 유명한 힘겨루기에서 무기를 사용하기보다 가능하면 설득하고 본을 보이려 하지만, 이런 방법이 효과가 없으면 가족 전쟁의 원자폭탄을 사용해야 할 것이다. 그것은 바로 거부다.

미국에서 대다수의 가부장적 아버지들은 아들을 억압하기 위해 물리적 폭력을 사용하지는 않는다. 그들은 다양한 기술을 써서 심리적 협박을 하는데, 그중에서 주로 사용하는 방법은 창피 주기다. 가부장적 아버지들은 자신의 아들을 사랑할 수가 없다. 가부장제의 규칙에 따라 그들은 아들과 늘 경쟁하면서 자신이 진짜 남자, 제일 힘 있는 사람이라는 것을 언제든 증명해야 하기 때문이다. 〈불을 찾아서 내 앞에 두다〉라는 글에서 밥 밴스는 어린 시절 아버지 뒤에서 걸어가면서 그와 연결되기를 바랐지만 절대 연결될 수 없다는 걸 직관적으로 알았

남자아이로 산다는 것

다는 이야기를 한다. "내가 필요한 것을 아버지에게 요구하지 못하도록 뭔가가 가로막는다. 아주 어린 아이인 내가 그런 사실을 직감할 수 있다는 것은, 곧 내가 아버지의 세상에서 배제되었으며, 아버지가 자신의 세상에 날 데려가고 나를 장난스럽고 다정하게 안아주도록 하려면 내가 어떻게 해야 하는지 물어보는 것이 어떤 이유에서든 금지된 행동임을 알고 있다는 얘기다. 여기에서 균열이 시작된다. 이것이 내가 아버지에 대해 갖고 있는 최초의 기억이다."

가부장적 아버지에게 아들은 새로 교육해야 하는 대상으로 여겨질 뿐이다. 이런 이유로 아들들은 자신을 더 강인하게 만들고 가부장적 유산을 지키도록 준비시키기 위해 고안된 가학피학성 권력 투쟁을 끊임없이 겪어야 한다. 아들인 그들은 아버지가 자신을 어떻게 해서든 한 단계 낮은 위치에 놓으려고 하는 세상에서 살아간다. 아들을 훈련하는 가장들은 한 단계 앞선 역할을 맡는 법을 배워야 한다. 리얼은 이렇게 설명한다.

다른 사람들과 관계를 유지하기 위해서는 자기 자신과 좋은 관계를 맺어야 한다. 건강한 자존감은 내면에서 자신의 가치를 자각하는 것이며, 그래서 '남들보다 낫다'고 과시하지도, '남들보다 못하다'고 부끄러워하지도 않는 것이다. (⋯⋯) 경멸 때문에 그

처럼 많은 남성들이 관계 맺기에 어려움을 느낀다. 건강한 자존
감―남들보다 위에 있지도 아래에 있지도 않다는 느낌―은 아
직 진정으로 선택할 수 있는 것이 아니며, 한 단계 낮은 자리로
들어간다면 자신에게서, 그리고 다른 사람들에게서 무시를 당
하므로, 대부분의 남성들은 자신을 괴롭히는 만성적인 수치심을
감추는 법을 배우면서 (……) 자기 자신에게서 도망치고 다른 사
람들과 가까워지는 일에서도 도망친다.

친밀한 관계에서 도망치려는 이런 경향은 사춘기 남자
아이들에게서 가장 강하게 나타난다. 이들이 어린 시절과 청년
시절 사이의 제한된 기간 동안 다양한 감정을 경험하면서 제대
로 통제력을 발휘하지 못한다고 느끼고, 그러면서 가부장적 남
성성의 기준에 이르지 못할 거라는 두려움을 갖기 때문이다.
억압된 분노는 이 모든 두려움을 완벽하게 감추는 은신처다.

공적 생활에서 성역할에 중대한 변화가 있음에도, 사적
생활에서는 많은 남자아이들이 냉담하거나 곁에 없는 아버지
와의 관계에서 정신적 충격을 받는다. 나는 많은 남성들과 함
께 일하면서 그들에게 어린 시절 이야기를 듣는데, 그럴 때면
그들이 아버지와 감정적으로 연결되지 못했다는 말을 듣게 된
다. 가부장적 기대치를 따르려고 할 때, 많은 남자아이들이 아

버지의 노여움을 두려워한다. 프랭크 피트먼Frank Pittman은《남자다운 남자Man Enough: Fathers, Sons, and the Search for Masculinity》에서 이렇게 회고한다. "내가 남성성을 충분히 갖지 못했을까 봐 두려워하면서 한편으로는 그것을 경외했다. 나는 아버지가 어떤 마법의 힘을 갖고 있으면서 내게는 전해주지 않고 어떤 비밀을 갖고 있으면서 내게 말하지 않는다고 생각했다." 이상적인 남성성이 존재하며, 젊은 남성들은 이를 어떻게 획득해야 하는지 확신하지 못하고 그러면서 자존감에 상처를 입는다는 주장이 반복해서 제기된다. 그리고 이 위태로운 갈망은 아버지가 없는 남자아이들이 가장 심하게 느끼는 것 같다. 진짜 성인 남성과 긍정적으로 연결되지 못한 탓에 그 아이들은 과할 정도로 가부장적이고 남성적인 모습을 이상형으로 생각하고 거기에 맞추기 위해 노력할 가능성이 더욱 크다.

올바른 수준의 남자다움에 도달하지 못할 거라는 두려움은 종종 격한 분노로 나타난다. 아버지와 아들 사이에 존재할 거라고 상상했던 감정적 연결, 그리고 둘 사이에 있을 거라고 상상했던 사랑이 절대 이루어지지 않았기 때문에 많은 십대 남자아이들이 화를 낸다. 그곳에는 공허한 갈망만이 존재할 뿐이다. 그 상상은 현실로 이루어지지 않을 것이며 '아버지로 인한 상처'는 치유되지 않을 것임이 분명해질 때에도 남자아이들은 갈망에 매달린다. 이 갈망은 아이들에게 탐구와 목표 의식을 심어주기도 한다. 그래서 아이들은 언젠가 아버지를 찾을 거라든가 혹은 나중에 아이를 낳으면 자신이 꿈꾸던 아버지가 될 거라고 생각한다.

아버지와 유대감을 느끼려는 시도에서 좌절할 때 남자아이들은 흔히 엄청난 슬픔과 우울함을 느낀다. 하지만 그들은 이런 느낌을 감출 수 있다. 스스로를 고립시키고 세상에서 벗어나 음악, 텔레비전, 비디오 게임 속으로 도피할 수 있기 때문이다. 실망에 빠진 십 대 남자아이는 슬픔이라는 감정을 내보낼 출구가 없다. 아버지와 감정적으로 연결되지 못할 때 이를 슬퍼할 수 있다면 건강한 방식으로 실망감을 극복할 수 있을 것이다. 하지만 남자아이들에게는 슬퍼할 공간이 없다. 영화 〈라이프 애즈 어 하우스Life as a House〉에서는 슬픔을 표현할 공간의 필요성이 감동적으로 그려진다. 영화 속에서 자신이 암에 걸려 앞으로 얼마 살지 못한다는 걸 알게 된 아버지는 성적으로 혼란스러워하고 분노하며 약물을 먹는 십 대 아들과 감정적으로 연결되고 싶어 한다. 어머니와 의붓아버지와 살던 아들은 짧은 시간 동안 아버지와 지내면서 감정적으로 연결된다. 그러나 아버지가 죽어가고 있다는 사실을 알고 나서는 자신이 받고 있는 사랑이 지속되지 않을 거라는 사실에 분노한다.

학대하는 남성들에 관한 책《학대하는 사람The Batterer》에서 도널드 더턴Donald Dutton은 남자가 슬퍼할 때 모델로 삼을 수 있는 대상이 거의 없다고 언급하며 "특별히 남자들은 개인적으로 슬퍼하고 한탄하지 못하는 것 같다. 남자아이는 느낌을 표현하면 안 된다고 말하는 세상에 갇혀서 십 대 남성들은 슬픔을 받아줄 곳을 어디에서도 찾지 못한다"고 강조한다. 어른들이 청소년기 남자아이들의 분노를 못마땅해하긴 해도, 대다수 어른들은 슬픔에 짓눌려 울음을 그치지 못하는 십 대보다 심하게 분노하는 십 대를 상대하는 쪽을 더 편안해한다. 남자아이들은 슬픔을 분노로 가리는 법을 배운다. 남자아이가 괴로워하면 할수록 무관심이라는 가면은 더 단단해진다. 상대와 연결되고자 하는 갈망이 거부당할 수밖에 없을 때 자신의 감정을 차단하는 것은 가장 좋은 방어책이다.

십 대들은 미국에서 가장 사랑받지 못하는 집단이다. 십 대들이 두려움의 대상이 되는 정확한 이유는 그들이 부모와 주변 세상의 위선을 드러낼 때가 많기 때문이다. 그리고 모든 십 대 집단에서 가장 큰 두려움의 대상이 되는 것은 십 대 남자아이들의 무리다. 부모와 사회 전체로부터 감정적으로 버려질 때 많은 남자아이들이 분노하지만, 그 분노가 폭력적인 행동으로 이어지지 않는다면 어느 누구도 제대로 관심을 기울이지 않는

남자다움이 만드는 이상한 거리감

다. 만일 남자아이가 분노를 품은 채 아무 말도 하지 않고 하루 종일 컴퓨터 앞에 앉아 있다면 아무도 신경 쓰지 않는다. 만일 남자아이가 분노를 품고 쇼핑몰에 간다 해도 그 분노가 밖으로 드러나지 않는 한 아무도 신경 쓰지 않는다. 《길 잃은 소년들》에서 치료사 제임스 가바리노는 이렇게 증언한다. "남자아이들과 관련해서는 방치가 학대보다 더 흔하다. 신체적으로나 감정적으로 직접 공격을 받기보다 감정적으로 버려지는 아이들이 더 많다." 이런 식의 감정적 방치는 감정의 마비로 이어지고, 그 결과 남자아이들은 배제당하는 것을 좀 더 담담하게 받아들일 수 있게 된다.

가부장 사회에서는 남자아이들이 분노를 터뜨리는 것을 대체로 정상적인 행동으로 여기며 청소년기의 비행을 오래전부터 이런 말로 정당화해왔다. "남자애가 다 그렇지." 가부장제는 남자아이들이 분노를 느끼게 하고 그런 다음 당분간은 그 분노를 억누르게도 하면서 나중에 그 아이들이 성인이 되었을 때 이용할 수 있는 재료로 만든다. 국가를 단위로 생각할 때 이 분노는 전 세계에서 나타나는 제국주의, 증오, 여성과 남성에 대한 억압으로 나타날 수 있다. 남자아이들이 갈등을 해결할 다른 방법들을 찾아볼 필요조차 느끼지 못하고 세계를 다니면서 전쟁을 벌이려 하는 어른으로 성장할 때 이 분노가 필요하다.

시민권 투쟁, 성 해방, 페미니스트 운동에 뒤이어 미국의 많은 남자아이들이 심리적으로 완전해질 권리를 요구하기 시작하고 베트남 전쟁에서 싸우기를 거부하는 것으로 그 요구를 아주 분명하게 표현한 이후로도, 제국주의 백인우월주의 자본주의 가부장제를 위한 선동 도구로서 대중매체는 젊은 남성들을 겨냥해 심리적 가부장제를 강화하기 위한 혹독한 세뇌 작업을 했다. 오늘날 일부 남자아이들과 젊은 남성들은 남성 폭력과 남성중심주의를 지지하며 남자아이들에게 제멋대로 표현하는 폭력이 괜찮다고 가르치거나 여성을 무시하고 증오하라고 가르치는 아주 해로운 교육의 홍수 속에서 매일 살고 있다. 이런 현실과 이에 따라 남자아이들이 감정적으로 버려지는 현상을 고려해보면, 남자아이들이 폭력적으로 변하고 아무렇지 않게 죽이려 하는 것이 전혀 놀랍지 않을 것이다. 그 죽이는 행동이 아직 널리 퍼지지 않은 것이 오히려 놀라운 일이라 하겠다.

가부장제 사회에서 십 대 남자아이들의 자존감에 가해지는 무자비한 공격은 일반적인 것으로 용인되어왔다. 성인 남성들이 십 대 남자아이들과의 관계에서 가하는 압제에 대해서는 거대한 침묵이 존재한다. 성인 남성들이 어린 남자아이들과 젊은 남성들에게 가하는 테러리즘과 그들을 대상으로 하는 경쟁 대부분이 대중매체를 통해 나타난다. 젊은 남성 소비자들을 겨냥하는 대중매체 대부분을 만드는 사람들은 젊은 남성들에게 전할 것이 폭력이 가미된 포르노물밖에 없으며 자기혐오증을 지니고 감정적으로 차단된 어른들이다. 이 목적을 위해서 그들은 살인을 매혹적인 것으로 보이게 하고 여성에 대한 성착취를 매력적인 보상으로 보이게 하는 이미지를 만들어낸다.

페미니스트, 반인종차별주의, 그리고 제국주의 백인우월주의 자본주의 가부장제에 대한 탈식민주의 비판에 뒤이어, 가부장제를 또다시 자리 잡게 하려는 반발이 격렬하다. 페미니즘이 남자아이들과 젊은 남성들을 외면할 수도 있는 반면, 자본주의 가부장적 남성들은 그렇지 않다. 이 나라에서 《해리 포터Harry Potter》를 제일 먼저 읽고 사랑에 빠진 사람들은 부유한 백인 성인 남성들이었다. 《해리 포터》를 쓴 사람은 영국 여성 J. K. 롤링이지만(롤링을 '알게 된' 부유한 미국 백인 남성들은 처음에 그녀를 노동자계급 싱글맘으로 묘사했다), 이 책은 영국 학교에 다니는 남자아이들의 이야기를 현대적으로 재창조한 기발한 작품이다. 오늘날 우리의 영웅 해리는 엄청나게 똑똑하고 재능이 있으며 축복을 받은 천재 백인 소년(미니 가장)으로 자신과 같이 똑똑한 아이들을 '지배'하는데, 이 중에는 여자아이와 유색 남성도 가끔 포함된다. 하지만 이 책은 또한 살인을 '선'을 위한 것으로 묘사하면서 전쟁을 미화하기도 한다.

영화 〈해리 포터〉는 다른 사람들을 지속적으로 통제하기 위한 폭력 사용을 미화한다. 〈해리 포터: 비밀의 방〉에서는 용인되는 집단이 사용하는 폭력을 긍정적으로 그린다. 여기에서 성차별주의와 인종차별주의 사고는 거의 비판받지 않는다. 작가가 지배계급에 있는 백인 남성이었다면, 페미니스트 사상가들은 롤링의 책에 나타난 제국주의, 인종차별주의, 성차별주의에 좀 더 적극적으로 이의를 제기했을 것이다.

나는 부모, 특히 반가부장적 부모들이 이 책 덕분에 남자아이들이 책을 더 많이 읽게 되었다고 좋아하면서도 책 내용을 걱정하는 이야기를 계속 들었다. 당연히 미국 아이들은 이 책을 읽어야 한다고 말하는 광고 공세의 폭격을 받다시피 했다. 《해리 포터》는 대중매체를 통해 전국으로 알려지기 시작했다. 가부장적 남성성을 되살리지 않는 책들은 《해리 포터》만큼 인정을 받지 못한다. 그리고 아이들은 가부장제의 남성우월주의 모습과는 다른 남성의 모습을 제시하는 책들이 존재한다는 사실을 알 기회를 좀처럼 갖지 못한다. 《해리 포터》가 거둔 엄청난 경제적 성공은 앞으로도 남자아이들이 이와 똑같은 문학책 더미에서 읽을 책을 선택할 것임을 의미한다.

아이들을 위한 문학은 텔레비전처럼 가부장적 태도를 더 발전시키는 데 집착한다. 어떤 식으로든 가부장적 규범에 도전하는 남자아이들이 등장하는 책은 거의 없다. 그런 책이 많지 않기 때문에, 남자아이들에게 기존의 남성성과 다른 모습의 남성성을 가르치는 데 그런 책들이 어떤 영향력을 가질지 알 방법이 없다. 남자아이들을 위한 어린이책을 여러 권 쓰면서 처음에 나는 선구적인 페미니즘 이론가인 내가 남자아이들을 위한 새로운 이미지와 글을 상상하는 일이 그토록 어렵다는 사실에 놀랐다. 또 조카에게 줄 책을 사면서 남자아이들을 위한 진보적인 문학이 없다는 사실을 처음 깨달았다. 남자들이 등장하는 내 첫 아동서 《시끌벅적 남자아이Be Boy Buzz》를 쓰면서 나는 가부장적 규범을 되살리지 않고 남자아이들의 어린 시절을 그리고 싶었다. 남자아이들을 위한 사랑을 표현하는 책을 쓰고 싶었다. 이 책은 어린 남자아이들을 대상으로 한다. 이 책은 남자아이들의 전반적인 평안함을 존중하고, 그들이 웃고 있든 행동하든 아니면 그저 가만히 앉아 있든 그들에 대한 사랑을 표현하려 한다. 내가 쓴 책들은 남자아이들에게 자신의 감정을 다루는 법을 알려주기 위한 것이다. 나는 이 책들을 통해 남자아이들이 자신의 감정을 인식하도록 격려하고 그 인식을 지지하는 일을 꼭 하고 싶었다.

남자아이들의 감정적 삶을 진정으로 보호하고 존중하기 위해 우리는 가부장 문화에 도전해야 한다. 그리고 그 문화가 변할 때까지 우리는 하위문화, 그러니까 남자아이들이 가부장적 남성성의 모습을 따라야 할 필요 없이 유일한 존재인 자신의 모습 그대로 사는 법을 배울 수 있는 보호구역을 만들어야 한다. 남자아이들을 올바로 사랑하기 위해서 우리는 그들 내면의 삶을 소중하게 여겨야 한다. 그래서 완전한 존재가 될 수 있는 그들의 권리가 지속적인 존중과 지지를 받으며, 사랑하고 사랑받으려는 그들의 요구가 이루어지는 사적·공적 세상을 만들어야 한다.

4

남성 폭력을 저지하기

미국에서는 매일 남자들이 폭력을 휘두른다. 그들의 폭력은 가부장제의 심리학에 따라 '자연스러운' 것으로 여겨지는데, 가부장제의 심리학에서는 페니스를 가진 것과 폭력을 행하려는 의지 사이에 생물학적 연관성이 있다고 주장한다. 세상에는 남자들이 일상적으로 폭력을 휘두르지 않고 강간과 살인도 좀처럼 일어나지 않는 문화가 존재한다는 기록이 있음에도 아랑곳하지 않고 우리 사회의 성인 남자들은 여전히 그런 사고를하며 개념을 형성한다. 미국에는 폭력과 전혀 상관없이 살아가는 남자들이 있다. 이 남자들은 자신들이 어떻게 폭력의 유혹에 굴복하지 않으면서 가부장적 남성성이라는 영역을 용케 지

남성 폭력을 저지하기

나는지에 관해 책을 쓰지 않는다. 여성들은 여장을 한 가부장적 남성이 될 권리를 획득했으므로 그들 또한 남성들이 하는 폭력과 비슷한 행동을 하고 있다. 이런 사실은 폭력을 사용하려는 의지가 정말로 생물학과 관련된 것이 아니라 지배자 문화 속 힘의 본성에 대한 일련의 기대와 관련된다는 것을 우리에게 상기시켜준다.

폭력을 사용해 나쁜 남자들과 싸워 이기는 좋은 남자가 주인공으로 등장하는 텔레비전 프로그램과 영화를 우리가 수십 년에 걸쳐 그렇게 많이 봐왔는데도, 오래전부터 많은 사람들은 일상에서 남자들이 폭력을 행사하는 정도를 페미니스트 사상가들이 과장한다고 생각해왔다. 급진주의 페미니스트 안드레아 드워킨Andrea Dworkin은 남성이 여성에게 가하는 폭력의 범위가 얼마나 광범위한지를 지속적으로 용감하게 밝혀왔다.《희생양Scapegoat》에서 안드레아 드워킨은 이렇게 말한다. "최근 유엔 보고서에 따르면 '여성에 대한 폭력은 전 세계 인권에 대한 학대 중 가장 광범위하게 나타나는 형태'다. 미국 법무부의 발표를 보면 '여성 열두 명 중 한 명이 인생의 어떤 시점에서 괴롭힘을 당한다'고 한다. 미국 의사회는 '성폭행과 가정 폭력이 미국인들의 신체적·감정적 평안을 파괴하고 있다'고 결론지었다. 1995년 미국 의사회는 '미국에서 매년 70만 명이 넘는 여성이 성폭행을 당하는데 이는 45초마다 한 명꼴'이라고 보고했다."
이 조사 결과가 전하는 것은 실제 신체에 가해진 폭행이며, 남편과 아내, 아버지와 딸, 오빠와 여동생, 여자 친구와 남자 친구 등 남성과 여성의 관계에서 너무도 흔하게 나타나 사실상 용인된 규범이 되어버린 감정적 학대는 해당되지 않는다.

《어떻게 당신의 마음에 닿을 수 있을까?》 중 〈침묵이라는 음모〉라는 제목의 장에서 테렌스 리얼은 우리 문화에서 여성은 남성과의 관계가 실제로 어떤지에 관해 진실을 말하는 것이 허락되지 않는다고 강조한다. 이 침묵은 우리 문화 전체가 가부장제와 공모하고 있음을 나타낸다. 가부장제에 충실하기 위해 우리 모두는 남성들의 비밀을 지켜야 한다고 배운다. 리얼은 우리가 공유하는 기본적 비밀은 우리가 계속 침묵할 거라는 사실이라고 지적한다. "여자아이들이 성인기에 들어설 때, 그들이 말해야 하지만 침묵을 강요당하고 있는 것은 정확히 무엇인가? 여성들이 말하지 못하고 비밀로 간직하고 있는 진실은 무엇인가? 대답은 간단하면서도 섬뜩하다. 여자아이들과 여성들―그리고 남자아이들도―모두 공통적으로 이 비밀을 지니고 있다. 아무도 남자들에 관한 진실을 말하지 않을 것이다."

말할 수 없는 진실들 중 하나는 계층과 인종을 막론하고 우리 사회의 모든 남성이 일상적으로 행하는 폭력―감정 학대라는 폭력—이다. 마티 탬 로링Marti Tamm Loring은 그녀의 획기적인 저서 《감정 학대Emotional Abuse》에서 이렇게 설명한다. "감정 학대는 한 개인이 다른 사람의 내면을 체계적으로 약화하고 파괴하는 지속적인 과정이다. 피해자가 지닌 본질적 개념, 느낌, 인식, 성격의 특성은 계속 과소평가된다. (……) 감정 학대를 규정하는 가장 핵심적인 특징은 그 학대가 일정한 모습을 띤다는 것이다. (……) 감정 학대를 구성하는 것은 (……) 비하하고 통제하려는 지속적인 노력이다." 중요한 점은 가정 내 감정 학대가 단지 부부 관계에서만 나타나는 건 아니라는 것이다. 감정 학대는 어떤 관계의 가족 구성원 사이에서도 나타날 수 있다. 여성이 가장일 경우, 성인 남성이 존재하지 않는 한부모 가정에서도 감정 학대가 나타날 수 있다. 많은 가정에서 십 대 남자아이가 한부모인 엄마에게 가부장적 힘을 휘두르며 함부로 대한다. 이것은 여성에게 가하는 남성의 폭력이다.

리얼은 이 침묵을 깨면서, 가족 치료 시간에 의뢰인들에게서 들은 이야기를 들려준다. 이 시간에 리얼의 의뢰인들은 아버지가 자신의 지배적인 위치를 유지하기 위해 수치심 주기, 무시, 위협, 그리고 이 모든 방법이 실패할 경우 신체적 폭력을 이용해 힘을 휘두르던 모습을 솔직하게 이야기했다. 예전 집에서 아버지는 걸핏하면 화를 내며 쩌렁쩌렁한 목소리로 어머니에

남자다움이 만드는 이상한 거리감

게 고함을 지르곤 했다. "죽여버리겠어." 오랫동안 나는 화난 아버지가 어떤 때에는 엄마를 죽이고 또 어떤 때에는 엄마를 보호하려 한다는 이유로 나를 죽이는 악몽을 꾸었다. 아버지가 집에서 항상 불같이 화를 낸 것은 아니었지만, 가끔씩 폭력을 휘두르면서 식구들을 감정적, 신체적으로 심하게 학대한 탓에 우리 모두는 두려움에 짓눌려 기도 펴지 못한 채 벼랑 끝에 선 듯 아슬아슬하게 살아야 했다. 보통 때에는 냉담하고 조용하고 말이 없던 아버지는 화가 나서 말할 때에야 목소리를 냈다.

어른이 되고 나서 나와 중요한 관계를 맺은 두 남자 모두 아버지와 내 사랑하는 할아버지처럼 조용하고 말이 없었다. 격분하는 모습은 고사하고 화내는 모습 한 번 보여준 적 없는 할아버지와 달리, 내가 파트너로 선택한 두 남자 모두 힘을 이용해 때때로 날 지배하려 했다. 그중 한 사람은 몇 번 신체적 폭력을 가했는데, 그는 이런 사실을 언제나 별로 대수롭지 않게 생각했으며 감정적으로는 거의 언제나 냉랭했다. 그 뒤로 두 번째 파트너와 오랜 세월을 지냈는데, 내가 그를 선택한 이유 중에는 그가 여성에 대한 폭력을 멈춰야 한다는 주장을 적극 옹호하는 사람이라는 점도 있었다. 하지만 우리 관계가 진전되면서 그는 때때로 감정 학대를 하기 시작했다. 그는 내가 지나치게 강하다고 느꼈던 것 같고, 그런 인식 때문에 내 힘에 도전하고 마음에

남성 폭력을 저지하기

상처를 주고 아프게 했던 것 같다. 나는 과거가 현재에서 재현되는 모습을 보며 정신이 아득해졌다.

많은 자기계발서들은 여성들이 자신을 반복해서 심하게 대하는 남자들을 선택한다는 개념을 사실로 제시한다. 이런 책들은 가부장제나 남성중심주의에 대해 거의 말하지 않는다. 그리고 관계는 고정된 것이 아니며 사람들은 시간이 흐르면서 변하고 환경에 적응한다는 사실을 좀처럼 인정하지 않는다. 자신의 내면에 긍정적인 특성들과 함께 부정적인 성향과 지배의 씨앗을 가지고 있을지도 모르는 남성들은 살아가면서 위기의 순간이 올 때 그 부정적 성향이 자라나는 걸 발견할 수도 있다.

내가 사랑했던 모든 남자들처럼, 내가 파트너로 선택한 두 남자도 어린 시절 다양한 정도로 감정적으로 방치되고 버려진 피해자였다. 그들은 아버지를 사랑하지 못했고 속속들이 제대로 알지도 못했다. 청년기를 지나 성인기로 접어들면서는 아버지와 제대로 소통이 되지 않는다는 사실을 그저 수동적으로 받아들였다. 두 사람 모두 화해를 위한 시도는 당연히 아버지가 아들에게 해야 하는 거라고 생각했다. 하지만 성인이 되고 나서 이들은 그처럼 비난하고 증오했던 행동을 한 아버지와 다르지 않게 행동하기 시작했다. 시간을 두고 그들을 지켜보고 나서, 나는 두 남자 모두 20대와 30대 초반에는 반항적이고 반

가부장적이었지만 일터의 세계로 들어가면서부터 한 사람을 강하고 성공적인 남자로 보이게 하는 가부장적 태도를 더 많이 갖게 되었다는 것을 알 수 있었다. 그들이 '남자'가 될 무렵에는 이미 아버지와 같이 살고 있지 않았지만, 어린 시절 경험한 아버지의 모습이 무의식 속에서 재현되었다. 그들은 달라지기 위해 의식적으로 노력하고 지배자 모델을 따르지 않는 것만으로도 아버지의 행동을 반복하지 않을 수 있었을 것이다.

변화하고 가부장제에 도전하기 위해 노력하는 행동을 적극적으로 선택하지 않는다면 어떤 남자도 가부장제의 영향에서 벗어날 수 없다. 제아무리 수동적이고 친절하며 조용한 남자라 해도 그의 심리에 가부장적 사고의 씨앗이 묻혀 있는 한 폭력적으로 변할 수 있다. 다정다감하다가 다음 순간 갑자기 폭력적으로 변하는 남성들을 보며 여성들이 말하는 지킬 박사와 하이드 행동의 대부분은 이처럼 남성들이 기본적으로 가부장적 사고를 따르는 데에서 비롯된다.

어린아이들에게 주입해야 하는 사고방식에는 남자아이들이 폭력적인 행동을 하려는 마음을 먹는 것으로도 가부장적 남자가 된다는 사실을 심리적으로 인정하게 하는 것도 포함된다. 폭력적인 행동을 하려는 의향과 실제로 그런 행동을 하는 것은 구분될 수 있고 구분되어야 한다. 데이트 강간을 조사하

남성 폭력을 저지하기

는 연구자들은 다양한 범위의 남자 대학생들을 인터뷰한 후 그들 대부분이 여성을 성적으로 강제하는 행동에 아무런 잘못이 없다고 생각한다는 걸 알고 큰 충격을 받았다. 이 연구 결과는 이전에는 당연시되었던 개념, 그러니까 강간이 남성의 일탈 행동이라는 개념에 도전하는 것처럼 보였다. 이 연구에 참여한 남자들 중 누군가가 강간범이거나 강간범이 될 가능성은 거의 없을 것이다. 하지만 그들이 별 문제 없는 상황이라고 인식한다는 점을 고려해보면 그들은 성적으로 폭력적으로 변할 수 있었다. 그들은 무의식적으로 가부장적 사고를 하는 것이며, 그런 사고를 할 때 비록 절대 강간을 하지 않는다 해도 적어도 용인하는 것이다.

이것은 우리 사회의 사람들 대부분이 부인하고 싶어 하는 가부장제의 진실이다. 특히 페미니즘을 옹호하는 여성 사상가들이 남성 폭력이라는 이 사회에 만연한 문제를 이야기할 때마다 사람들은 대부분의 남성들이 폭력적이지 않다고 열을 내며 주장한다. 그들은 많은 남자아이들과 성인 남성들이 인생의 어느 시점에서는 자신이 남성임을 증명하기 위해 심리적으로든 신체적으로든 폭력적이 되어야 한다고 믿도록 태어날 때부터 프로그램화되었다는 것을 인정하지 않는다. 테렌스 리얼은 이처럼 어린 시절에 가부장적 사고에 세뇌당하는 것을 남자아이들의 '평상시 외상'이라고 말한 바 있다.

처음 성 문제를 연구하기 시작했을 때, 나는 폭력이 남성의 어린 시절 사회화의 부산물이라고 생각했다. 하지만 남자들과 그들 가족의 이야기를 더 자세히 들어보고 나서, 나는 폭력은 남성의 어린 시절 사회화 그 자체라고 믿게 되었다. 우리가 '남자아이들을 남자가 되게 하는' 방법은 상처를 통해서다. 어느 연구에서는 우리가 남자아이들을 지나치게 일찍부터 어머니에게서 단절시킨다고 말한다. 우리는 그들이 느끼거나 그 느낌을 표현하지 못하게 하며 다른 이들에게 세심하게 마음을 쓰지 못하게 한다. '남자가 된다'라는 바로 이 말은 모든 걸 받아들이고 계속 견디는 것을 의미한다. 관계의 단절은 전통적인 남성성의 결과가 아니다. 단절 그 자체가 남성성이다.

이런 세뇌는 남자아이가 양부모 가정에서 자라든, 여성이 가장인 한부모 가정에서 자라든 상관없이 일어난다.

여성과 남성 모두 남자아이들에게 관계 맺기의 지배자 모델을 가르치면서 남성 폭력을 영속화한다. 가부장제에서 이 논리를 받아들이는 여성은 자신의 아들에게 사디즘의 성향을 보인다. 자신의 아들이 아버지, 남자 친구들, 형제 등에게 잔인한 취급을 받을 때 아주 많은 여성들이 가만히 서서 지켜보기만 하는데, 그렇게 하는 것이 가부장제에 대한 자신의 충성을 나타내는 거라고 생각하기 때문이다. 그러니 친밀한 관계에서 남성의 분노가 흔히 여성에게 향하는 것은 당연한 일이다. 이런 관계에서 많은 남성들은 어린 시절 어머니가 가부장제란 이름으로 자신을 보호하지 않았거나 감정적 유대를 무자비하게 단절했을 때 느꼈던 분노와 격분을 다시 느끼게 된다.

많은 사람들이 믿고 있는 바와 달리, 대부분의 경우 싱글맘들은 자신의 아들이 가부장적 기준에 따르도록 누구보다 혹독하게 강요한다. 자신의 어린 아들이 '남자가 되어야 한다'고 주장하는 싱글맘은 반가부장적이지 않다. 그녀는 가부장적인 의지를 실행하고 있는 것이다. 올가 실버스타인은 남자들의 어린 시절을 연구하고 나서 이렇게 말했다. "한부모 가정에서 남자아이들이 엄마의 '어린 남자'가 되는 모습을 흔히 볼 수 있다. 대개 이런 아이들은 자신의 엄마를 우습게 여기고, 진짜 남편이나 된 듯 굴기도 하며, 어떤 때에는 엄마를 소유하려 했다가 어떤 때에는 엄마를 보호하려 하고, 또 어떤 때에는 아주 매력적으로 행동한다." 한부모 가정에서든 양부모 가정에서든, '미니 가장' 역할을 허락받은 남자아이들은 엄마에게 폭력적으로 행동할 때가 많다. 그들은 자기가 원하는 대로 되지 않으면 엄마를 때리고 발로 찬다. 분명 이 아이들은 어리기 때문에 엄마를 제압할 힘이 없지만, 자신이 필요한 것을 얻기 위해서는 폭력을 사용해도 된다고 생각하는 것이 분명하다. 아들이 때릴 때 그 엄마는 때리는 행동은 나쁜 거라고 생각하면서도, 동시에 어떤 남성이든 자신의 요구를 충족하는 것이 그들이 할 일이며 특히 강압적인 남성이라면 더 그렇다고 생각한다.

많은 십 대 남자아이들이 가부장적인 엄마에게 심한 경멸과 분노를 느낀다. 가정 밖 세상에서는 성차별주의에 따라 엄마가 무력하다는 것을 알기 때문이다. 그는 집 안에서 자신을 마음대로 하려고 하는 엄마를 짜증스러워한다. 그는 가정에서 엄마가 마음대로 자신을 지배하려 하는 것을 타당한 힘이라고 보지 않는다. 그 결과 그는 자신을 제대로 키우려고 심리적 테러리즘이라는 기술을 사용하는 엄마에게 격분하지만, 비슷한 기술을 사용하는 또래 남자들이나 권위 있는 인물에 대해서는 칭송한다. 가부장 문화에서 남자아이들은 엄마의 권위는 제한되어 있으며 엄마의 힘은 가부장제를 지키는 사람이 될 때에만 나온다는 것을 일찌감치 알게 된다. 엄마가 성인 남성이 아들에게 가하는 학대에 공모할 때, 엄마(혹은 나중에 엄마를 대신하는 상징적 존재)는 아들이 휘두르는 폭력의 표적이 될 것이다.

예전에 텔레비전에서 방영됐던 〈두 얼굴의 사나이The

Incredible Hulk〉는 많은 남자아이들이 좋아하는 프로그램이었다. 이 프로그램의 주인공은 평소에는 온화한 과학자이지만 감정이 격해질 때마다 분노에 찬 녹색 괴물로 변했다. 한 사회학자는 남자아이들이 이 프로그램에 얼마나 열광하는지 알아보기 위해 그들과 인터뷰를 하면서 헐크 같은 힘을 갖게 된다면 무엇을 하고 싶은지 물었다. 아이들은 "엄마를 두들겨 팰 것"이라고 대답했다. 획기적인 저서 《인어와 미노타우로스The Mermaid and the Minotaur》에서 페미니즘 이론가 도로시 디너스타인Dorothy Dinnerstein은 남자아이들이 엄마의 독재 권력에 분노로 맞서는 정도를 강조했다. 오늘날의 많은 페미니스트 연구자들처럼 그녀 역시 이처럼 남자아이들이 엄마를 맞서 싸워야 하고 어떤 경우에는 파괴해야 하는 전능한 존재로 보는 것을 막기 위해 남성의 육아 참여가 필요하다고 주장했다.

확실히, 성인 남성에게 분노를 품고 있는 가부장적 엄마들은 아들에게 그 감정을 표출한다. 그들은 성인 남성에게 거부당한 감정적 연결을 아들에게 요구하면서 잘못된 관계를 강요하거나 혹은 아들을 끊임없이 과소평가하고 망신을 주는 감정적 학대를 할 수 있다. 이런 가부장적 폭력을 당하면서 남자아이는 자신이 여성에게 가하는 폭력에 아무 문제가 없다는 생각을 더 강하게 할 수 있다. 폭력을 정당한 복수로 여길 뿐이다.

남자다움이 만드는 이상한 거리감

페미니즘에서 어머니의 모습을 이상적으로 그린 탓에 어머니의 사디즘, 즉 여성이 아이들, 특히 남자아이들에게 행하는 폭력에 관심을 기울이는 일이 굉장히 어려워졌다. 그렇다 하더라도 지배자 문화에서 나타나는 힘의 역학 때문이든 혹은 단순한 분노의 반영이든, 여성이 아이들에게 믿기 힘들 만큼 폭력적이라는 것을 우리는 알고 있다. 이런 사실 때문에 우리 모두는 여성이 남성보다 덜 폭력적이라고 주장하는 성 차이에 근거한 어떠한 이론에도 의문을 가져야 한다.

가부장 문화에서 여성들은 자신들이 힘을 휘두를 수 있고 자유롭게 지배할 수 있는 집단에 대해 남성들만큼이나 폭력적이다. 대개 그 집단은 아이들이거나 힘이 더 약한 여성들이다. 남성 폭력이 그렇듯 아이들에게 가해지는 여성 폭력은 감정 학대, 특히 막말과 창피 주기의 형태를 띠게 되며, 따라서 입증하기가 어렵다. 하지만 우리가 성인 남성이 여성에게 가하는 폭력의 뿌리를 연구하려 한다면 어머니의 사디즘을 연구해야 한다. 여성을 더 윤리적이고 친절하며 너그러운 성이라 생각해 온 개혁적 페미니스트 사상가들은 어머니의 사디즘, 그리고 가부장 사회에서 여성들이 남자아이들에게 폭력적인 행동을 하는 방식에 관해 깊이 있는 연구를 하는 데 얼마간은 방해가 되었다.

내가 어렸을 적에 어머니는 남자의 역할이 가정을 책임지고 식구들을 엄격하게 관리하는 것이라고 진심으로 믿었던 게 분명했다. 아버지가 과도한 폭력을 사용했을 때에도 어머니는 그것이 아버지의 권리라고 생각했을 뿐이다. 많은 여성들이 지배가 남성의 권리라고 믿으면서 자신이나 아이들을 향한 남성 폭력에 저항해서는 안 된다고 생각한다. 그리고 당연히, 내 어머니를 비롯한 이 여성들은 아이들을 훈육하는 데 모든 종류의 폭력을 사용한다. 그들은 성인 남성의 분노의 대상이 되는 걸 두려워하면서, 자신의 아이들이 완벽하게 행동해서 아버지의 화를 돋우지 않기를 바랄 수도 있다.

어린 시절 아버지 혹은 부모를 대신해 자신을 돌봐주는 다른 남성에게 괴롭힘을 당할 때 어머니가 수동적인 태도를 취했다고 말하는 남자들과 대화를 하면서, 나는 그들이 다른 남자들에 비해 자신의 어머니를 훨씬 더 이상화하면서 선택권이 없는 피해자로 본다는 사실을 알게 되었다. 이들은 어머니를 향해 분노를 표현하지 않으며, 대개는 어머니가 아들의 권리를 보호하기 위해 행동할 수도 있었다는 생각조차 하지 못했다. 하지만 그러면서 그 자신은 여성과의 친밀한 관계에서 폭력성을 띠었다. 이들의 태도에서 "가부장제의 안무, 즉 사랑과 상실과 폭력의 이 위태로운 결합은 누구도 피할 수 없다"는 테렌스 리

남자다움이 만드는 이상한 거리감

얼의 예리한 지적을 확인할 수 있다.

그 자신이 가부장제를 옹호하는 어머니는 아들을 올바르게 사랑할 수 없다. 가부장제가 그들에게 아들을 희생시키라고 요구하는 순간이 언제든 오기 때문이다. 대개 그 순간은 아이의 사춘기에 오는데, 이 시기가 되면 다정다감하고 애정 어린 엄마들이 혹여 아들을 약하게 만들지도 모른다는 두려움 때문에 더는 아이의 감정을 돌보거나 배려하지 않는다. 감정적으로 단절되는 상실을 극복하지 못한 채 남자아이들은 그 고통을 안으로 숨기고 무관심이나 분노로 가장한다.

어떤 여성과 가까워지기로 하고도 감정적으로 연결되지 못하는 성인 남성들은 대개 사랑하는 상대가 자신을 버릴지도 모른다는 두려움 때문에 제대로 사랑하지 못하는 채 얼마 안 가 냉담해진다. 그들이 처음으로 열정적으로 사랑한 여성, 즉 어머니가 사랑이라는 관계에 진실하지 않았다면, 자신의 파트너가 사랑에 진실할 거라고 어떻게 믿을 수 있겠는가? 성인이 되어 관계를 맺고 나서 이 남성들은 흔히 상대의 사랑을 반복하고 반복해서 시험한다. 사춘기 아이가 감정적으로 거부당하고 나서 자신이 가치가 없기 때문에 더는 어머니의 사랑을 받을 수 없다고 생각하는 반면, 성인이 되고 나면 사랑을 받을 가치가 없게 행동하면서도 상대 여성에게 무조건적인 사랑을 달라고 요구할 수 있다.

하지만 이런 식의 시험으로는 과거의 상처를 치유할 수 없고 오히려 상처를 반복할 뿐이다. 결국 상대 여성은 시험당하는 것에 진절머리를 내며 관계를 끝내고, 그렇게 해서 남자는 또다시 버림받기 때문이다. 이런 사건을 겪으면서 많은 남성들이 사랑은 믿을 수 없는 것이라고 확신한다. 그들은 강해지고 누군가를 지배하는 일에 승부를 거는 편이 낫다고 결정한다. 《남자다운 남자》에서 프랭크 피트먼은 남자들에 대해 이렇게 말한다. "우리들 대부분이 사랑받기를 원하는 반면, 누군가를 지배하려 하는 사람들은 높은 자리를 차지하기 위해 필요하다면 기꺼이 사랑을 포기한다." 어떤 남자든 높은 자리를 차지하기 위해 꼭 감정적으로 건강해야 하거나 사랑을 주고받을 수 있어야 하는 것은 아니다.

사랑에 관한 글을 쓰기 시작하면서부터, 나는 사랑이란 자신과 타인의 영혼과 감정을 성장시키려는 의지라는 모건 스콧 펙Morgan Scott Peck의 생각과, 사랑은 느낌만이 아닌 행동이라는 에리히 프롬의 통찰력을 합해 사랑을 정의했다. 사랑을 알고 싶어 하는 남자들과 일하면서 나는 사랑을 배려, 헌신, 지식, 책임, 존경, 신뢰의 결합이라 생각하라고 그들에게 조언했다. 우리가 맺는 관계의 대부분에는 이런 면들 중 한두 가지가 있다.

남자다움이 만드는 이상한 거리감

가부장적 남성들은 가족을 책임지고 보살피는 기술을 배운다. 십 대 시절 내가 어머니에게 아버지의 감정적 방치와 학대, 때때로 행하는 폭력에 대해 불평하면, 어머니는 늘 기다렸다는 듯 아버지는 열심히 일하면서 가족을 먹여 살린다고, 아버지는 거의 매일 밤 집에 있다고, 그리고 그런 이유만으로도 우리는 아버지를 존경하고 공경해야 한다고 대답했다. 흔히 남자들이 보살핌과 폭력적인 행동을 같이 한다는 사실 때문에, 남성이 사랑을 주고받는 방식에 그들의 폭력이 어느 정도 방해가 되는지를 우리 문화의 모든 사람이 제대로 인식하기가 어려웠다.

　　가부장제가 남성에게 첫 번째로 요구하는 폭력적인 행동은 여성에 대한 폭력이 아니다. 그보다 가부장제는 모든 남성에게 심리적 자해 행동을 하라고, 스스로에게서 감정적인 부분을 없애라고 요구한다. 한 개인이 스스로를 감정적 불구로 만드는 데 성공하지 못하면, 그는 가부장적 남성들이 힘을 이용해 그의 자존감을 파괴할 거라고 생각할 수 있다. 페미니스트 운동은 남성과 여성이 이런 심리적 학살에 도전할 수 있도록 필요한 정보를 제공했지만, 그 도전은 절대 광범위한 성평등 투쟁으로 이어지지 않았다. 여성들은 남성들에게 감정을 더 많이 나누어 줄 것을 요구했지만, 대부분의 남성들은 상대가 자신에게 무엇을 요구하는지 제대로 이해하지 못했다. 다양한 감정을 느낄 수 있는 부분을 스스로에게서 잘라내고 나서 그들 또한 분리되었다. 먼저 다시 연결되지 않고는, 그러니까 잘라낸 부분을 다시 결합하지 않은 상태에서는 그들은 상대와 감정을 더 많이 나누지 못하거나 혹은 문제가 무엇인지 제대로 이해조차 하지 못한다.

리얼은 가족 치료에서 만난 어느 커플의 이야기를 하면서 아내가 남편에게 원했던 점을 이렇게 기억한다. "다른 사람들에 대한 세심한 배려, 자신의 느낌을 정확히 알고 말하는 능력, 가족을 위해 자신의 욕구는 미뤄놓으려는 의지." 리얼은 이런 점들은 "대부분의 남자아이들이 자신에게서 없애버린" 바로 그 특성들이며, 오늘날처럼 지적 수준이 높은 시대에도 마찬가지라고 지적한다. 그는 이렇게 결론짓는다. "우리 문화에서 남자아이들과 성인 남성들은 성장 과정에서 친밀해지는 능력을 갖추지 못했고 지금까지 내내 그랬다." 여성들이 남성들과 친밀해지려고 할 때, 대개의 경우 그들이 표현하는 갈망은 하찮은 취급을 받는다. 감정적으로 연결되길 원하는 여성들에게 많은 남성들이 냉담한 태도로 반응하며 최악의 경우에는 학대로 반응하기도 한다.

단절이라는 감정적 자해를 하고 나서 많은 남성들이 감

정적으로 연결되려 하지만, 결국 시간이 지나면 감정적 학대를 하며 그 시도를 헛되이 만들 뿐이다. 그들은 사랑과 학대는 함께할 수 없다는 사실을 이해하지 못한다. 텔레비전 프로그램과 영화를 비롯한 온갖 대중문화가 열정적으로 사랑하는 남녀 사이에서도 어느 때든 폭력이 터져 나올 수 있다는 메시지를 주는 시대에 남자들이 왜 그런 것을 이해해야 하는가? 남성 폭력을 근절하기 위해 노력하는 집단들의 한 가지 주요 목표는 여성과 아이는 학대를 받는 한 사랑받는 기분을 느낄 수 없다는 사실을 남성들이 이해하도록 가르치는 것이다.

케이 리 헤이건Kay Leigh Hagan의 자전적인 글 〈좋은 남자는 공격하기 힘들다〉는 그녀가 느끼기에 학대를 하며 언제든 신체적 폭력을 휘두를 수 있는 남자와 데이트를 했던 이야기로 시작한다. 그녀는 연인의 가장 친한 남자 친구에게 어느 정도까지 학대를 견뎌야 하는지 조언을 구하며 말한다. "내가 그를 진지하게 생각하고 우리 관계가 별 탈 없이 지속되길 원한다면 당연히 좋을 때도 있고 힘들 때도 있을 거예요. 힘들다고 해서 도망가면 안 된다고 생각해요. 내가 정말 그를 사랑한다면 약간의 학대는 기꺼이 참아야 해요." 친구는 그녀의 눈을 똑바로 보면서 말한다. "케이, 서로 사랑하는 관계에서 학대는 용납될 수 없는 거예요. 사랑받기 위해서 학대를 참는 건, 그 학대가 어느 정도이든 절대 안 돼요."

　성격이 대담하고 굉장히 솔직한 헤이건은 "사랑과 힘에 관해 그때까지 알고 있던 것이 그 순간 영원히 바뀌었다"고 말한다. 헤이건은 연인의 친구가 당연히 자기 친구의 편을 들 거라고 생각했다. "하지만 그는 내게 자신을 사랑하고, 나 자신의 평안함에 책임을 지고, 아주 약간이라 해도 폭력은 거부하라고 용기를 줬다." 헤이건은 운이 좋게도 아주 젊은 나이에 이런 지혜를 얻었다. 대부분의 여성이 처한 운명은 헤이건의 경우와 확연히 다르다. 특히 가부장제라는 왕좌를 숭배하는 여성들은 더욱 그렇다. 헤이건이 처음에 그랬듯, 이 여성들은 가부장적 남성의 곁에 있겠다고 선택하는 것이 자동적으로 어느 정도의 학대를 받아들이는 거라고 생각한다. 정도의 차이는 있지만 말이다. 날마다 여성들은 학대를 특별한 일이 아닌 것으로 만드는 성 차이를 주장하면서 남성 폭력과 잔인한 행동을 해명한다. 독신이고 남자들과 있고 싶은 이성애자 여성들은 어느 시점에서는 상대 남성에게 감정적 학대나 신체적 학대를 당하는 것을 피할 수 없는 일이라고 생각한다. 여성들이 사랑하는 관계에서 나타나는 남성 폭력을 용인—그 용인이 분노나 두려움 혹은 완전한 공포를 숨기기 위한 것이라 해도—하는 경향 때문에 남성 폭력에 도전하고 그것을 바꾸는 일이 어려워진다.

남자다움이 만드는 이상한 거리감

내가 예전에 함께 살았던, 겉보기에는 온순했던 교수가 처음에는 감정적 학대로 시작해 신체적 학대를 했을 때, 나는 내가 이해하고 용서해야 한다고 생각했다. 나처럼 그 사람도 결손 가정에서 자랐다. 하지만 치료를 받으러 가도, 그리고 신체적 폭력을 멈춘 다음에도 그는 자신이 잘못된 행동을 했다고 절대 생각하지 않았다. 폭력적인 행동을 하는 대부분의 남자들처럼 그도 자신의 나쁜 행동이 내 책임이라고 생각했다. 폭력적인 남자들과 일하면서 도널드 더턴은 여성들이 남성의 가면 뒤를 보는 것이 남성 폭력을 촉발한다는 사실을 확인한다.

　　그는 그 행동을 한 직후에는 사과를 하고 부끄럽게 생각할 수 있지만, 그런 감정을 지속하지는 못한다. 그렇게 하는 것은 굉장히 고통스러우며, 오랫동안 묻혀 있던 상처가 너무도 생생하게 떠오른다. 그래서 그 일에 대해 여성 탓을 한다. 이런 일이 여러 여성과의 관계에서 반복적으로 생기면, 그는 그녀를 비난하는 것에서 나중에는 '그녀들'을 비난하게 된다. 그는 여성혐오를 키우면서 자신의 개인적 결함을 합리화한다. (……) 이 지점에서 학대 행위가 그의 몸에 내장된다. 그는 친밀한 관계에서 폭력을 휘두르도록 프로그램화된다.

남성 폭력을 저지하기

어린 시절 군림하려는 어머니에게 감정적으로 방치되고 학대받은 남성들은 대개 적극적인 여성과 관계를 맺는데, 결국 어린 시절 경험했던 제약받는다는 느낌이 표면으로 드러날 뿐이다. '자신의 엄마를 때리지'는 못했고 여전히 엄마의 사랑을 받고 있지만, 그 남성들은 그들이 현재의 사랑으로 과거의 상처를 치유하길 바라면서 상대 여성이 감정적으로 연결되기 위해 열심히 노력하는데도, 그 친밀한 관계에서 자신이 폭력을 휘두를 수 있다는 걸 알게 된다. 두 사람의 관계에서 어느 한쪽만 사랑을 이루고 감정이 연결될 수 있는 여지를 만들려고 노력한다면, 지배자 모델은 유지되고 그 관계는 권력 투쟁이 지속되는 현장이 된다.

감정 학대를 하거나 폭력을 쓰는 남성과 오래도록 관계를 유지하는 여성들은 대부분의 경우 결국 마음의 문을 닫는다. 그들은 더는 사랑을 이루려고 노력하지 않는다. 흔히 그들은 그 관계에 그대로 머무는데, 그간의 경험으로 냉소적으로 변한 탓에 대부분의 남성들이 감정을 좀처럼 내주지 않는다고 확신하면서 누구와도 사랑하는 관계를 맺을 수 없다고 믿기 때문이다. 내가 처음으로 오랫동안 관계를 유지했던, 지속적으로 감정적인 학대를 하고 때때로 신체적인 학대도 했던 그 남자를 떠나고 싶어 했을 때, 관계를 끝내는 것을 잘 생각해보라면서 그 남자가 웬만한 다른 남자들보다 낫고 내가 운이 좋은 거라고 충고했던 사람은 다른 여성들(엄마, 가까운 친구들, 지인들)이었다. 그를 떠나는 건 자기애와 자립의 몸짓이었고, 지금도 전혀 후회하지 않는다. 그렇지만 대부분의 남자들이 어떤지 잘 생각해보라며 내게 충고하던 여성들의 말이 그런대로 꽤 정확했다는 걸 알게 되었다.

내가 15년 가까이 동반자 관계로 함께 살았던 남자는 가부장적 남성성과 가부장적이지 않은 남성성이 혼합된 모습을 보였다. 우리는 페미니스트 운동이 한창일 때 만났으며, 그는 성평등을 이루려고 기꺼이 노력했다. 오늘날의 많은 남성들이 그렇듯, 그 역시 상대와 감정 발달을 공유하는 것보다는 동일 노동에 동일 임금, 가사노동 분담, 생식권을 받아들이는 편이 훨씬 쉬웠다. 남성들은 감정 발달을 공유하는 일이 훨씬 어려운데, 그러려면 자신의 감정을 인식하고 느껴야 하기 때문이다. 가부장제는 남성들이 자신의 느낌과 접촉하지 않아도 되도록 해준다. 여성과 아이 혹은 약자에게 폭력을 가하든 혹은 전쟁이라는 사회적으로 승인된 폭력을 행사하든, 남성들은 자신들이 느끼지 않을 때 가부장제의 요구를 더 잘 이행할 수 있다. 감정을 느끼는 남성들은 자신이 다른 남성들에게서 고립되어 있음을 자주 발견한다. 이 고립에 대한 두려움은 흔히 자기 감

남성 폭력을 저지하기

정을 더 명확하게 인식하는 것을 막는 메커니즘으로 작용한다.

　이 나라에서 많은 젊은 남성들이 베트남 전쟁에 반대하기 위해 가부장제에 저항했을 때, 그들 중 다수가 정의에 관심이 있었고 상대를 죽이는 것을 원치 않았지만, 그보다 더 많은 이들은 그저 죽고 싶어 하지 않았다. 전쟁, 그리고 전쟁을 장려하는 제국주의에 반대하면서 이 젊은이들은 제국주의 백인우월주의 자본주의 가부장제와 충돌할 수밖에 없었다. 그들은 어떤 입장을 취하기로 선택하면서 괴로움을 겪었다. 그들은 다른 남성들에게 조롱당했으며 종종 배신자의 전형이 되었다. 과거 10년 동안 대중매체는 남자아이들을 겨냥해 전쟁을 미화하는 수많은 영화를 만들었는데(몇 가지만 나열하면 〈라이언 일병 구하기〉, 〈인디펜던스 데이〉, 〈맨 인 블랙〉, 〈블랙호크 다운〉, 〈진주만〉 등이 있다), 이 영화에서는 집을 떠나 당신이 이해할 수도 있고 이해하지 못할 수도 있는 대의를 위해 싸우다 혼자 죽는 것을 영웅적인 모습으로 그린다. 이런 영화들 역시 강력한 가부장적 반페미니스트를 표현한다. 이 영화들은 각성한 남성들과 여성들이 비판하는 가부장적 남성성을 미화한다. 이 영화들은 선전 선동의 역할을 하면서 남자아이들의 마음과 상상력을 사로잡는다. 갱스터 랩처럼 이 영화들은 여성에 대한 지배를 비롯해 모든 형태의 남성 폭력을 찬양한다.

남자다움이 만드는 이상한 거리감

보수적인 대중매체는 가부장적 교육을 일상적으로 한다. 대중매체는 남자아이들에게 그들이 남자가 되려면 무엇을 해야 하는지 말한다. 각성한 아버지들이 가정에서 폭력을 없애기 위해 매일 노력한다고 해도 텔레비전은 죽음을 기꺼이 받아들이는 행동을 매력적이고 섹시한 것으로 표현하면서 폭력의 중요성을 재확인시킨다. 가난한 노동자 계급 남자아이들과 성인 남성들은 종종 가부장적 남성성의 가장 나쁜 모습을 그대로 드러내면서 폭력적으로 행동하는데, 그것이 자신의 '남자다움'을 확실히 보여주는 가장 쉽고 값싼 방법이기 때문이다. 당신이 대통령이 되거나 부자가 되거나 혹은 대중의 지도자가 되거나 지배하는 사람이 되어 '진짜 남자'임을 입증할 수 없을 때, 폭력은 당신이 가부장적 남자다움을 겨루는 경기에 참여할 수 있는 티켓이 되며 당신은 폭력을 행하는 능력으로 공평한 경쟁을 펼칠 수 있다. 그 경기장, 즉 폭력의 경기장에서는 어떤 남성이든 승리할 수 있다.

가부장적 조건에서 승리하는 남성들은 그들 삶의 질적 측면에서는 패하게 마련이다. 그들은 사랑으로 연결되는 대신 가부장적 남자다움을 선택한다. 먼저 자기애를 포기하고, 그 다음에는 그들이 줄 수 있고 받을 수 있으며 그들을 다른 이들과 연결해줄 사랑을 포기한다. 페미니스트 연구자들은 우리 사회에서 광범위하게 존재하는 가정 폭력을 오래전부터 폭로해왔다. 하지만 그 폭로가 있은 뒤로도 여성에 대한 폭력은 감소하지 않았으며 어떤 경우에는 더 심해졌다. 반페미니스트 전문가들은 남성 폭력이 심해진 것을 여성 평등의 확대 탓으로 돌린다. 하지만 가정생활에 관한 연구 대부분은 가정이라는 영역에서 성별 관계가 어떤 주요한 혁명도 겪지 않았음을 보여준다. 사회학자 앨리 혹실드Arlie Hochschild는 가정 내 남성과 여성 사이의 성적 역학에는 여전히 성차별 경향이 아주 강하다는 사실을 보여주는 중요한 자료를 제공했다. 여성들은 밖에 나가 일을 하면서도 여전히 집안일의 대부분을 한다. 물론 페미니스트 운동 이전부터 여성혐오증을 감추고 있었던 남성들이 그 운동이 추진력을 얻으면서 자신의 분노를 공공연하게 드러내도 괜찮다는 느낌을 더 강하게 가졌지만, 그 분노는 이미 존재하고 있었다.

일반적으로 남성 폭력이 심해진 것은 페미니즘의 성과 덕에 여성들이 더 큰 자유를 얻었기 때문이 아니다. 그보다는 가부장제를 옹호하는 남성들이 힘과 지배를 부여하겠다는 가부장제의 약속이 실현되기 어렵다는 걸 시간이 지나면서 알게 되었기 때문이며, 드물게 그 약속이 실현된 경우에도 자신의 감정을 박탈당했음을 깨달았기 때문이다. 가부장제에서 요구하

남자다움이 만드는 이상한 거리감

는 남자다움으로 그들이 만족감을 얻었어야 하는데 사실은 그렇지 않은 것이다. 그리고 이런 인식을 하게 될 즈음, 대부분의 가부장적 남성들은 고립되고 소외된다. 그들은 뒤로 돌아가 과거의 행복이나 즐거움을 되찾지 못하고, 그렇다고 앞으로 나아가지도 못한다. 앞으로 나아가기 위해서는 그들 정체성의 근거가 되었던 가부장적 사고를 버려야 할 것이다. 분노는 쉽게 느낌의 영역으로 돌아가는 방법이다. 분노는 두려움과 실패라는 느낌을 가리는 완벽한 덮개 역할을 할 수 있다.

내 부모님은 50년 넘게 결혼생활을 했다. 아버지는 가장이라는 자신의 지위를 절대 포기하지 않았고, 어머니는 그런 아버지의 지위에 한 번도 도전하지 않았다. 하지만 가부장적 사고에 매달린 결과 두 분은 함께 행복할 수 있는 기회를 빼앗겼다. 폭력과 감정 학대라는 위협이 항상 존재한 탓에 두 분은 친밀한 관계를 맺을 수 없었으며 서로를 용서하고 다시 시작하지 못했다. 슬프게도 두 분은 가부장제라는 덫에 갇혀 옴짝달싹하지 못했다. 그리고 가부장제는 아직도 일상의 폭력, 친밀한 관계에서 슬며시 나타나 분노를 강화하고 즐거움을 알 기회를 차단하는 테러리즘의 온상으로 남아 있다.

젊든 나이가 들었든, 남성들이 가부장적 남성성의 규칙을 거부하기란 쉽지 않다. 남성이 폭력을 반대하는 것은 동시에 가부장제에 반대하는 것인데, 그들이 그 선택을 분명히 표현할 수 있든 없든 마찬가지다. R. W. 코널R. W. Connell은 그의 통찰력 있는 글 〈남성들의 성정치학〉에서 남성들이 가부장제에 반대할 때 자신이 살고 있는 세상과 충돌한다는 사실을 일깨워준다.

동성애자든 이성애자든, 페미니즘을 옹호하는 정치를 발전시키려 하는 남성들은 수월하게 살아가기 힘들다. 그들은 아마도 많은 다른 남성들, 그리고 일부 여성들에게 조롱을 당할 것이다. 여성들이 자상한 신세대 남성들을 경멸한다는 것은 언론에서 상투적으로 쓰는 말이기도 하다. 그들이 페미니스트 여성들에게서 꼭 따뜻한 지지를 받는 것도 아니다.

결국 폭력에 반대하고 죽음에 반대하기로 하는 남자들은 충만하게 잘 살고 싶기 때문에, 그리고 사랑을 알고 싶기 때문에 그렇게 하는 것이다. 이들이 진짜 영웅인 남자들, 우리가 그 삶을 알고 존중하고 기억해야 하는 남자들이다.

5

성적 존재로서의 남성

대부분의 남성과 여성은 만족스럽고 충만한 섹스를 하지 못한다. 남성은 사랑이 아닌 섹스를 하기 위한 관계를 맺고 여성은 섹스가 아닌 사랑을 찾는 관계를 맺는다는 이야기를 우리 모두 들어보았다. 실제로, 남성은 섹스를 하면서 사랑으로부터 얻을 수 있는 모든 감정적 만족을 얻고 싶어 한다. 대부분의 남성들은 섹스를 통해 살아 있고 연결되어 있다는 감각을 얻을 거라고, 가깝고 친밀하다는 느낌과 기쁨을 얻을 거라고 생각한다. 그리고 대부분의 경우 섹스는 그런 좋은 것들을 주지 않는다. 하지만 이런 사실 때문에 남성들이 섹스에 대한 집착을 버리지는 않는다. 오히려 그들의 욕망과 갈망은 더 강해진다.

성적 존재로서의 남성

성차별에 근거한 사회화를 통해, 여성들은 섹스라는 힘든 지형을 지나면 마음의 욕구로 이어질 거라고 배웠다. 반면 남성들은 자신들 마음의 욕구가 섹스, 그리고 더 많은 섹스를 위한 것이 되어야 한다고 배웠다. 성 해방의 뒤를 이어 나타난 여성 해방은 이성애자와 양성애자 남성들에게 여성도 남성과 같은 방식으로 성생활을 생각하기 시작할 것이며 여성의 성생활도 남성의 성적 욕구처럼 약탈적이고 강박적으로 변할 거라고 약속하는 것 같았다. 많은 남성들은 이 변화가 파라다이스를 약속하는 것으로 생각했다. 마침내 그들은 책임져야 한다는 부담감 없이 성적 쾌락을 즐길 수 있게 된 것이다. 성차별적 논리에 따라 그들은 책임지지 않고도 상대와 연결되고 친밀해질 수 있으며 '나는 남자이고 못 갈 데가 없다'는 말은 그들이 언제 어디서든 원하기만 하면 욕구를 충족할 수 있고 충족할 것임을 의미한다고 확신하게 되었고 지금도 여전히 그렇다.

우리 문화에서 성생활에 대한 이런 태도는 대부분의 남성들과 성 해방 이후 나타난 포스트페미니스트 여성들이 받아들였다. 그들은 우리 문화에 존재하는 섹스 집착의 근원이 되었다. 처음 사랑에 관한 책을 쓰고 그 주제에 관해 개개인들에게 이야기한 다음 대규모 관객들에게 이야기하기 시작했을 때, 나는 사랑에 관해 진지한 논의를 하는 것이 사실상 불가능하다는 걸 깨달았다. 사랑에 관해 논의하는 것, 특히 공적인 대화를 하는 것은 우리 사회에서 금기시된다. 하지만 모든 사람이 섹스에 대해 이야기한다. 우리는 텔레비전과 영화에서 온갖 형태의 섹스 장면을 본다. 섹스에 관해 말하는 것은 용인된다. 토크쇼에서는 일상적으로 관객들에게 성생활에 관해 솔직하게 이야기하게 한다. 기본적으로 섹스에 관한 논의를 하기는 좀 더 쉬운데, 가부장 문화에서 사람들은 섹스를 '자연스러운' 욕구로 여겼기 때문이다. 대부분의 사람들이 우리 몸에는 생물학적으로 섹스에 대한 갈망이 내장되어 있다고 믿지만 사랑에 대한 갈망이 내장되어 있다고는 믿지 않는다. 거의 대부분의 사람들이 사랑 없이도 섹스를 할 수 있다고 믿는다. 그리고 섹스가 없다면 남녀가 사랑하는 관계로 지낼 수 없다고 믿는다.

페미니스트 운동은 많은 부분, 특히 일, 교육, 종교와 같은 영역에서 여성의 불평등이라는 개념에 도전하고 이를 변화시킬 수 있었다. 하지만 대다수 사람들이 성관계를 생각하는 방식은 여전히 성차별주의에 근거한다. 미국에서 성관계를 하지 않거나 아주 가끔씩만 한다고 하는 남성들이 아무리 많다고 해도 사람들은 여전히 섹스가 남성이 해야 하는 뭔가라고 믿는다. 이런 생각의 바탕이 되는 것은 남성들이 활발하게 성생활을 하지 못하면 행동에 나서거나 혹은 미쳐버리고 말 거라는 믿음이다. 이런 이유로 미국의 교도소에서는 남성 대 남성의 성폭행이 용인된다. 이런 이유로 강간—데이트 강간이든, 부부 사이의 강간이든, 혹은 낯선 사람에 의한 강간이든—이 아직 심각한 범죄로 인식되지 않는다. 이런 이유로 아동 강간, 특히 온화하고 다정한 남성들이 저지르는 아동 강간이 용납된다. 만일 그렇지 않다면 아동 성학대로 기소된 유명 인사들이 더는 문화의 아이콘이 되지 않을 것이다. '남자는 당연히 그래야지'라는 생각이 우리 문화에서 남성의 성폭력을 용인하는 분위기의 바탕이 되기도 한다. 그런 이유로, 그렇게 많은 텔레비전 프로그램에서 성폭행에 관한 진실이 방송되었는데도 여전히 많은 사람들이 누군가가 강간을 당했다면 그 사람이 '유혹적인' 옷차림이나 행동으로 '그 행동을 끌어들였을'지도 모른다고 생각한다.

오늘날 아이들은 섹스에 대해 다른 어떤 출처보다 대중매체에서 더 많은 것을 배운다. 낮에 하는 드라마를 보든, 포르노 채널을 보든, 성인 영화를 보든, 미국의 아이들은 육체와 성행위에 대해 예전 어느 때보다도 더 많이 알고 있다. 하지만 그들이 성행위에 대해 배우는 내용 대부분은 남성과 여성, 남성성과 여성성의 성적 본질에 대해 시대에 뒤떨어진 대본에 있는 것들이다. 그들은 성관계의 세계에는 항상 지배하는 쪽과 순종하는 쪽이 있다고 배운다. 그들은 남성이 여성을 지배해야 하며 강한 남자들은 자신보다 약한 남자들을 지배해야 한다고 배운다. 그들은 동성애자든 이성애자든 남성이 성관계를 할 기회를 갖지 못하면 결국에는 아무하고라도 성관계를 맺을 것이라고 배운다. 만일 오랫동안 그런 기회를 갖지 못한다면 그 남자가 이성애자라고 해도 다른 남성과 성관계를 맺을 거라고 배우는 것이다. 그리고 그가 동성애자라고 해도 성관계의 기회를 갖지 못해 절박해지면 여성과도 성행위를 할 거라고 배운다. 반복하고 반복해서 아이들은 성에 관한 한 '남자는 당연히 그래야지'라는 메시지를 대중매체로부터 받는다. 성인들은 경험을 통해 그렇지 않다는 것을 알 수도 있지만, 아이들은 곧이곧대로 믿는다. 남자는 성행위를 하지 못하면 미쳐버린다고 아이들은 생각한다. 페미니스트 사상가들이 말하는 '강간 문화'는 바로 이런 논리로 만들어진다.

동성애자든 이성애자든 남성들은 가부장적 사고와 실천을 순순히 따를 때 자신들이 받게 되는 주요 보상들 중 하나가 성적으로 여성들을 지배할 수 있는 권리라고 일찌감치 배운다. 그리고 여성이 주위에 없다면, 그들은 자신보다 약한 남성을 '여성'의 자리에 놓을 권리를 갖는다. 선집《더는 피해자가 아니다Victims No Longer: Men Recovering from Incest and Other Sexual Child Abuse》를 보면 자신보다 강한 남자아이나 형제 혹은 또래 남성들에게 피해를 입은 남자들이 등장한다. 이들은 힘센 남자는 자신보다 약하다고 생각되는 사람들을 자기 마음대로 할 권리를 갖는다는 가부장적 사고의 논리를 그 학대하는 사람들이 피해자들에게 어떤 식으로 제시했는지 이야기한다. 약한 자들을 학대하는 성인들이 받아들이는 성행위에 관한 사고 대부분은 이런 논리로 형성되었다. 에드는 형에게 성학대를 받은 이야기를 한다. "나는 아홉 살 때 섹스에 대해 배웠다. 그리고 열 살 때 구강 섹스를 했다. 다른 아이들이 밖에서 총싸움을 하고 놀 때, 나는 남자를 '만족시키는' 법을 배웠다. 나는 '여자'가 되는 법을 배웠다. 형은 자신이 '남자'이고 내가 '여자'라고 상상하면서 실제로 그런 척하길 좋아했다." 이제 형은 결혼했지만 상대가 원하든 원치 않든 자기가 원하는 대로 누구와도 섹스를 하는 것이 자신의 권리라는 생각을 지금도 버리지 않고 있다. 지배하려는 욕구는 그의 성관계에서 가장 두드러진 특징이었다.

지배 문화 속 인간관계에서는 권력 투쟁이 매일같이 벌어지는데, 대개는 친밀한 관계일 때 최악의 형태를 띤다. 상사가 어떤 요구를 해도 절대 분노를 드러내거나 폭력을 쓰지 않는 가부장적 남성은 친밀한 사람들이 그에게 행동을 바꾸길 원하면 불같이 화를 낸다. 직장에서는 매일 거짓말하지 않고 속임수 쓰지 않는 남성들이 친밀한 관계에서는 그렇게 행동한다. 이

남자다움이 만드는 이상한 거리감

처럼 거짓말을 하는 것은 대개 부적절한 성적 행동이나 성적 행동에 대한 불편함과 연관된다. 〈그는 어떤 사람이었나〉라는 인상적인 글에서 에릭 구티에레즈^{Eric Gutierrez}는 아버지가 동성애자라는 사실을 감추기 위해 자신이 어떻게 거짓말을 했는지 이야기한다. "내가 아버지에 대해 거짓말을 시작했을 무렵 나는 나 자신에 대해서도 거짓말을 하기 시작했다. 그렇다고 마구잡이로 거짓말을 한 건 아니었다. (……) 번드르르한 거짓말을 해서 내 화려한 동성애자 아버지를 어디에서나 흔히 볼 수 있는 부지런하며 집 안에서 잔디를 깎는 아버지로 묘사하기보다는 그의 결점과 약점, 분노를 내 멋대로 꾸며서 완전히 괴팍한 성격으로 바꿨다. (……) 나는 아버지가 우리를 묶어놓은 이야기라든가 겁에 질린 엄마에게 크리스털 포도주잔을 던진 이야기를 해서 반 아이들의 마음을 사로잡았다. (……) 나는 상황을 실제보다 과장해서 아버지와 나를 다른 사람으로 만든 뛰어난 거짓말쟁이였다."

성행위에 대해 거짓말을 하는 것은 가부장적 남성성에서 용인되는 부분이다. 섹스는 많은 남성들이 행동으로 옮기는데, 가부장제에서 유일하게 지배라는 약속이 쉽게 실현되는 영역이기 때문이다. 이런 특전이 없었다면 많은 남성들이 오래전에 가부장제에 저항했을지도 모른다.

어린 남자아이들은 성행위가 그들의 가부장적 남성성을 시험하는 최종 실험장이라고 일찌감치 배운다. 또한 성적 욕구를 자유롭게 표현해서는 안 되고 여성은 남성의 성행위를 통제하려 할 거라고 일찍부터 배운다. 남자아이들에게 이 통제라는 문제는 어머니가 아들의 페니스에 보이는 반응에서 시작된다. 대체로 어머니는 그것을 좋아하지 않으며 그것에 대해 어떻게 해야 할지 모른다. 어머니가 아들의 페니스에 느끼는 불편함은 그것에 본질적으로 뭔가 잘못된 것이 있다는 의미로 전달된다. 어머니는 어린 아들에게 그의 페니스가 멋지고 특별하며 놀랍다고 말하지 않는다. 아들에게 그들의 몸에 대해 교육하는 데 전혀 신경 쓰지 않는 아버지도 페니스에 대해 이와 비슷한 두려움을 흔히 표현한다.

안타깝게도, 아동 학대에 관해 무지한 탓에 많은 부모들이 자기 아이의 몸, 특히 아들의 몸을 칭찬하고 축하하는 것을 두려워하는데, 그 몸은 장난스러운 접촉에도 발기를 하며 반응할 수 있다. 가부장 문화에서는 모든 사람이 페니스를 잠재적인 무기로 보아야 한다는 말을 들으며, 심지어 어린 남자아이의 페니스도 그렇다. 이것은 강간 문화의 심리학이다. 남자아이들은 페니스와 발기에서 얻을 수 있는 쾌락을 알아야 한다고 배우면서 동시에 잘못 휘둘러 그들을 꼼짝 못하게 하고 파괴시킬 수 있는 무기를 보듯 페니스를 두려워해야 한다고 배운다. 이런 이유로 남자아이들이 성행위에 대해 받는 기본 메시지는 그들이 통제받지 않고 멋대로 힘을 휘두른다면 멸망할 거라는 것이다.

성에 관한 사회화가 진행되는 청소년기는 남자아이의 삶에서 취약한 시기다. 이때 아이는 자신의 자아와 성행위를 가부장적 남성성과 동일시해야만 한다. 이것은 이론과 실천이 만나는 지점이다. 대체로 성 욕구가 강해지는 이 시기에, 남자 아이는 가부장 문화에서는 겉으로 성을 억압하면서 남모르게 욕망과 그 욕망을 충족하려는 의지를 키워야 하는 거라고 배운다. 이런 분열은 가부장적 남성성으로 들어가는 과정의 일부다. 일종의 통과의례다. 아이는 또한 성 욕구를 충족하는 문제에 관한 한 여성들이 적이라고도 배운다. 여성들은 아이에게 성적 갈망을 억압해야 한다고 요구하지만, 그가 남자다움을 증명하려면 억압을 용감히 이기고 성행위를 해야 한다.

성적 억압은 남자아이와 남성의 욕망을 부채질한다. 마이클 S. 키멀Michael S. Kimmel은 〈판타지를 키우는 것〉이라는 글에서 이런 사회화의 부정적 영향을 설명한다. 그는 성적 억압 때문에 남성들이 성과 관련 없는 것을 성적으로 만드는 성적 판타지에서 벗어나지 못하는 세상이 만들어진다고 주장한다. 그는 성

억압과 성차별주의의 관련성을 탐구하면서 이렇게 말한다.

> 성관계에서 쾌락은 좀처럼 목표가 되지 않으며, 단순한 쾌락보다 훨씬 더 중요한 것은 거기에 더해 자신이 남자라는 의식이다. 남자들이 느끼는 성 결핍과 남자다움을 확인하기 위한 거의 강박적인 성 욕구는 서로 상승작용을 일으키면서 성 박탈과 절망이라는 절로 지속되는 사이클을 만든다. 그리고 이 때문에 남자들은 우리 사회에서 여성들이 배운 대로 한다는 이유로, 그러니까 "아니오"라고 말한다는 이유로 그들에게 분노한다.

절망과 분노는 남성들이 여성과의 섹스든 혹은 다른 남성과의 섹스든 어떤 섹스에서든 갖게 되는 느낌이다.

'남자는 당연히 그래야지'라고 말하는 가부장적 사고 때문에 섹스를 중독과 같은 것으로 이해하도록 부추김을 받고 난 뒤, 남성들은 그 섹스를 좀처럼 얻을 수 없는 세상, 혹은 원하는 만큼 절대 얻을 수 없는 세상, 혹은 원치 않는 누군가(대개 여성인 누군가)를 강제하고 조종해야만 얻을 수 있는 세상에 적응해야 한다. 《영혼의 심장》에서 게리 주커브와 린다 프랜시스는 강박적으로 섹스에 중독된 개인들의 특징을 이렇게 설명한다. "그들은 섹스 생각에서 벗어나지 못한다. 이 사람과 만나고 나

남자다움이 만드는 이상한 거리감

면 또 다음 사람과 만난다. 성행위를 해도 그때 잠깐 갈망이 해소될 뿐 금방 원래 상태로 돌아간다. 아무리 성행위를 많이 한다 해도 갈망을 충족하지 못한다." 그들은 또 이렇게 설명한다. "성적 갈망은 섹스로 해결되지 않는다. 그것은 섹스보다 더 깊은 뭔가로 해소된다." 그 갈망이 끊임없이 되살아난다는 사실은 중독적인 성행위가 단지 섹스를 하는 것만을 말하는 건 아니라는 단서다. 이성애자든 동성애자든 가부장적 남성에게 중독적인 성행위는 근본적으로 자신의 자아를 끊임없이 확인하고 재확인하려는 욕구와 관련된 것이다. 그가 단지 섹스를 통해서만 자아를 확인할 수 있다면, 섹스는 늘 중요한 것으로 여겨져야 한다. 주커브와 프랜시스는 다음과 같이 말한다. "두려움이라는 고통, 스스로가 무가치하다는 생각, 사랑받지 못한다는 느낌이 강렬할수록, 성행위를 더 집요하게 원하게 된다."

그러니 섹스는 대부분의 남성들에게 자기 위안의 수단이 된다. 섹스는 다른 누군가와 연결되는 것이 아닌 자신의 고통을 배출하는 수단이다. 섹스 중독자는 대개 극심한 고통을 겪고 있는 사람이다. 가부장적 남성들은 자신의 고통을 드러낼 출구가 없으므로 그 고통을 배출할 방법을 찾는 것뿐이다. 섹스 중독자는 무능해지는 걸 두려워하고 거부당하는 걸 두려워한다고 주커브와 프랜시스는 강조한다. "이런 감정이 강할수록,

그리고 그 감정을 기꺼이 느끼려는 마음이 없을 때, 섹스에 대한 강박이 더 강해진다."

남성의 섹스 강박은 정상적인 것으로 보이는 경향이 있다. 그러므로 문화 전체가 남성들에게 자신의 느낌을 무시하고 끊어버리며 그 모든 느낌을 섹스로 대체하라고 요구하는 데 공모하는 것이다. 스티브 비어만Steve Bearman은 〈왜 남자들은 섹스에 그처럼 집착하는가〉라는 글에서 다음과 같이 설명하며 이 사실을 확인해준다. "우리가 잊힌 것을 되찾기 위해 익명의 가벼운 섹스, 포르노물, 자위, 페티시를 강박적으로 하지는 않는다 해도, 그럼에도 섹스는 중독적인 성격을 띤다." 이성애자든 동성애자든 남성의 성행위는 이런 중독적인 성격을 띤다.

하루에 여가 활동을 할 수 있는 시간이 고작 몇 시간 정도이므로 남성들이 끊임없이 성행위를 하는 것은 생물학적으로도 현실적으로도 가능하지 않다. 그렇기 때문에 수많은 형태로 접할 수 있는 가부장적 포르노물은 욕구를 다른 방식으로 해소할 수 있는 지점, 섹스 중독자가 빠른 해결책을 얻을 수 있는 공간이다. 가부장적 남성들은 하루 중 어느 때 어디에서든 포르노물을 접할 수 있다. 그들은 영화를 볼 수 있고 잡지를 볼 수 있으며 실제 여성을 음란한 눈길로 보면서 상상 속에서 그들의 옷을 벗기고 성교를 하고 그들을 지배할 수도 있다. 키멀은

남자다움이 만드는 이상한 거리감

남성이 포르노물을 소비하는 것은 줄곧 성적 욕망을 느끼라고 배우고 나서 정작 그 욕망을 충족할 수 없다는 걸 알고 난 뒤 느끼는 분노 때문이라고 주장한다.

포르노물은 그 분노에 성적 특징을 부여할 수 있고 섹스를 복수처럼 보이게 할 수도 있다. (……) 온갖 곳에서 남자들은 힘을 소유하고 사회의 모든 경제적·정치적·사회적 제도를 통제한다. 하지만 남자들 개개인은 자신이 강하다고 느끼지 않는다. 오히려 그 반대다. 대부분의 남자들은 스스로 무력하다고 느끼며 여자들에게 종종 화를 내는데, 여자들이 그들을 지배할 수 있는 성적 힘—남자를 성적으로 자극하고 섹스를 허락하거나 허락하지 않는 힘—을 가지고 있다고 생각하기 때문이다. 이런 사실은 성적 판타지와 복수를 하고자 하는 갈망 모두를 부추긴다.

많은 남성들이 여성에게 화를 낸다. 그런데 더 심각한 문제는 가부장제가 약속, 특히 성 욕구가 언제까지든 충족될 수 있다는 약속을 이행하지 못하는 것에 대한 분노를 남성들이 엉뚱하게도 여성에게 돌린다는 사실이다.

남성들은 두려움에 사로잡힌 나머지 자신들 삶의 진실을 똑바로 보면서 지배와 종속이라는 의식에 관여할 권리를 갖는 것이 가부장제가 이루어줄 거라고 한 약속의 전부가 아니라는 사실을 말하지 못할 수도 있다. 테렌스 리얼의 말처럼, 가부장제가 질병이라면 그것은 '잘못된 욕망'이라는 질병일 것이다. 이 질병을 치료하기 위해 우리 모두는 남성들과 그들의 욕망을 보는 방식을 다시 한 번 생각해볼 필요가 있다. 남성이 저지르는 폭력을 힘의 표현으로 보기보다 그것의 진짜 이름인 '병적 이상'으로 불러야 할 것이다. 가부장적 폭력은 정신의 병이다.

이 병이 남성의 성생활이 가장 왜곡된 형태로 표현된 것이라는 사실은 아주 중요하다. 남자들이 일터에서나 일상생활에서 어떻게 행동하는지는 우리가 목격할 수 있지만 어떤 식으로 성행위를 하는지는 볼 수가 없으므로 입증하기 어렵기 때문이다. 원래는 긍정적이었던 남성들의 성행위를 폭력으로 바꾸는 것은 가부장제가 남성의 몸을 대상으로 끊임없이 벌이는 범죄이자 많은 남성들이 아직 제대로 알릴 힘을 갖지 못하는 범죄다. 남자들은 어떤 일이 벌어지고 있는지 알고 있다. 다만 자신의 몸에 관한 진실, 자신의 성행위에 관한 진실을 말하지 말라고 지금까지 배워온 것뿐이다.

로버트 젠슨Robert Jensen의 용감하고 인상적인 글 〈가부장적 섹스〉를 보면 이런 메시지를 납득할 수 있다. 그는 가부장적 섹스를 이렇게 설명한다. "섹스는 fuck하는 것이다. 가부장제에

남자다움이 만드는 이상한 거리감

서는 낯선 사람과 여자 친구와 아내와 별거 중인 아내와 아이들과 강간을 하든 '정상적' 섹스를 하든 fuck하라는 명령이 있다. 가부장적 섹스에서 중요한 것은 fuck하려는 남성의 욕구다. 이 욕구가 나타날 때 섹스가 이루어진다." 젠슨은 대담하게 설명한다.

성교를 뜻하는 남성 중심의 속어인 'fuck'가 어떤 의미인지 살펴볼 필요가 있다. 여성을 fuck한다는 것은 그녀와 섹스를 하는 것이다. 또 다른 상황에서 누군가를 fuck하는 것은 (……) 한 사람에게 상처를 주거나 그를 속이는 것을 의미한다. 그리고 단순히 모욕을 주기 위해 이 말(fuck you)을 뱉었을 때 그 의도는 상대의 명예를 더럽히기 위한 것이며, 이런 말을 한다는 것은 대개 폭력에 대한 암시이거나 폭력을 가하겠다는 위협이다. 가부장제에서 섹스는 fuck하는 것이다. 사람들은 섹스와 폭력을 여전히 같은 단어로 사용한다. 섹스가 폭력적이 되는 경우가 허다하다는 생각과 섹스가 명백히 폭력적이라면 강간과 마찬가지라는 주장에 반대하는 세상에서 우리가 살고 있다는 사실은 가부장제가 얼마나 큰 힘을 가지고 있는지를 증명한다.

가부장제에서 남성과 여성이 성폭력에 만족하는 척하도

록 만들 수 있다는 사실이 가부장제의 힘을 가장 확실하게 증명하는 것이라는 말을 여기에 덧붙일 수 있겠다.

록에서 랩에 이르는 많은 대중음악들도 이런 메시지를 전한다. 이기 팝의 노래 가사 "내 바지 속에 그 물건이 있는데, 바지를 뚫고 나오려고 하네. 나는 그냥 fuck가 하고 싶을 뿐이고, 이건 사랑이 아니야"도 그렇고, 미스티컬의 가사 "그 일이 끝나면, 다 끝나면, 그녀와 섹스를 할 거야"도 마찬가지다. 물론 진실을 말하면, 남자들은 살면서 가부장적 성행위에 만족하지 못했다는 것이다. 이런 상황 때문에 남자들은 더 만족스러운 방법이 있을 거라는 희망을 품고 더 강박적으로 섹스를 원하고 더 폭력적이 되었다. 가부장적 포르노물이 더는 눈에 안 띄는 구석에 있지 않고 인기 있는 대중매체에 줄곧 등장하면서 아주 광범위하게 퍼졌는데, 가부장적 사고방식에 세뇌당한 남성들이 진실을 말할 용기를 내지 못하기 때문이다. 그들은 "나는 전혀 만족하지 못해"라고 말할 용기가 없다. 남성의 성적 욕망이 언제까지든 충족되는 듯 보이는 문화를 만들어야 한다는 이유 때문에 남성들은 가부장적 거짓말을 폭로하고 건강한 성 정체성을 찾지 못하며, 그 결과 가부장적 포르노물은 피할 수 없는 일상생활의 한 부분이 되었다.

동성애자의 하위문화에서는 남성의 강박적인 성 욕망을

예전부터 솔직하고 대담하게 표현해왔다. 그리고 사람들의 생각과는 반대로, 동성애자들의 포식성 섹스는 반가부장적 경향을 띠기보다 가부장적 이상을 최대치로 나타낸다. 젠슨은 이렇게 말한다. "동성애자인가 이성애자인가는 별로 중요하지 않다. 가부장적 섹스에 저항하는 문제는 이성애자 남성들이 fuck하는 방식에서와 마찬가지로 동성애자 남성들이 fuck하는 방식에서도 중요하다. 우리 모두는 아주 흡사한 교육을 받았다. (⋯⋯) fucking을 동성애자 남성들이 하는 것으로 생각하는 것이다. fuck하지 않으면 그 사람은 동성애자가 아니라고 주장하는 사람들도 있을 것이다."

대개 동성애자 남성들은 그들 자신이 의식적으로 그러지 않으려고 하지 않는 한 이성애자 남성들만큼이나 남성성과 성행위에 대해 가부장적 방식으로 사고한다. 이들이 가부장제에 빠지는 것은 굉장히 잘못된 욕망이다. 동성애 혐오증을 만들고 조장하는 바로 그 사상에 매혹되는 것이기 때문이다. 가부장적인 이성애자 남성들은 대중매체를 통해 동성애자 남성들이 '음경 달린 여자'가 아니며 그들이 가부장적 남성성을 행동으로 나타낼 수 있고 또 나타낸다는 사실을 받아들일 수밖에 없었다. 그래서 생물학적 여성에 대한 이성애자 남성들의 성적 지배가 더 심해졌다. 이런 지배만이 이성애자 남성과 동성애자 남성을 제대로 구분하는 유일한 요소이기 때문이다. 동시에, 이성애자 남성들 사이에서 동성애 혐오증이 점점 더 커지는데, 이런 행동은 엇비슷하게 남자다움을 과시하는 듯 보이는 남성들 사이에서 누가 동성애자이고 누가 이성애자인지 구분하는 방법으로 효과적이기 때문이다.

이성애자 남성들과 동성애자 남성들은 모두 가부장적 포르노물이라는 공간에서 남성성을 찾는다. 동성애자 남성들이 찾는 이미지는 남성이지만, 이들은 이성애자 포르노물에서 볼 수 있는 남성과 여성의 몸과 같은 자세를 취한다. 동성애자 남성들의 구미에 맞추든 이성애자 남성들의 구미에 맞추든, 가부장적 포르노물은 기본적으로 성적 영역에서 지배자 문화를 재현한다.

지배에 성적 특징을 부여하는 가부장적 포르노물을 남성이 '필요'로 한다는 것은 남성의 힘을 보여주는 것이 아니다. 여성을 향한 증오는 감정을 상하게 하고 상처를 주고 파괴할 수 있는 지배 행동으로 이어질 수 있을 뿐 여기에는 건설적인 힘이 존재하지 않는다. 정말 안타깝게도 대다수 남성들이 자신의 자아와 자신의 가부장적 성행위가 같은 것이라고 믿는다면, 자유로움과 성취감을 주는 성행위를 할 용기를 절대 얻지 못할 것이다. 바로 이런 현실 때문에 가부장 사회에서 양심적인 남성들

남자다움이 만드는 이상한 거리감

은 여성들이 흔히 섹스를 두려워하는 만큼이나 강하게 섹스를 두려워하게 된다. 젠슨은 이렇게 말한다.

> 나는 섹스를 두려워하는데, 주위를 보면 온통 섹스가 지배 문화로 정의되고 잡지 페이지와 광고판, 영화 화면에 그런 모습으로 나타나기 때문이다. 나는 섹스를 두려워하는데, 내가 지배, 잔학성, 폭력, 죽음을 두려워하기 때문이다. 나는 섹스를 두려워하는데, 섹스 때문에 내가 상처를 입고 내가 아는 많은 사람들이 상처를 받았기 때문이다. 그리고 과거에 내가 섹스로 다른 사람들에게 상처를 주었기 때문이다. 말로 표현할 수 없는 방식으로 섹스 때문에 상처를 받았으며 내가 앞으로도 절대 완전히는 이해할 수 없을 깊이의 고통을 경험한 사람들이 있다는 걸 알고 있다. 그리고 섹스 때문에 죽는 사람들이 있다는 것도 알고 있다. 그래, 나는 섹스가 두렵다. 어떻게 그러지 않을 수 있겠는가?

젠슨을 비롯한 다른 사람들의 용감한 증언에도, 가부장적 섹스에 대한 과격한 비판에도, 대다수 남성들은 부인하던 태도에서 벗어나 섹스에 대한 진실을 말하지 않고 있다. 그들은 고통, 절망, 혼란을 꾹 눌러 참고 있다. 가부장적 규칙을 따르고 있다.

가부장적인 남성들과 여성들은 변화를 택하기보다 성적 영역의 성평등이라는 논리를 이용해 여성이 가부장적 섹스를 옹호하고 남성처럼 자신도 그것이 성적 자유인 듯 행동하도록 부추겼다. 뮤직비디오나 〈섹스 앤 더 시티〉 같은 텔레비전 프로그램들(가부장적 남성들과 여성들이 쓰고 만든)에서는 여성들, 특히 젊은 여성들에게 바람직한 여성 동반자는 지배적인 역할이나 종속적인 역할도 기꺼이 하려는 사람, 어떤 가부장적 남성 못지않게 섹스에 대해 무심할 수 있는 사람이라고 가르친다. 가부장적 남성의 성 규범에 더 순응하도록 여성을 사회화하는 것은 가부장제가 남성의 분노를 다루고 싶어 하는 한 가지 방식이다. 비판적 인식을 촉발하는 기폭제가 될 수도 있는 고통을 이 분노가 숨기므로, 분노를 가라앉혀야 한다. 대중매체와 보통의 성행위에서 나타나는 포르노물 같은 성적 폭력을 정상적으로 보이게 하는 것은 반페미니스트의 반발만이 아니다. 자신의 고통을 느끼고 정확히 말하려고 하지 않는 남성들의 바람이 사람들을 끊임없이 세뇌할 필요성을 키운다.

대개 처음에는 분노로 표현되는 남성의 절망은 가부장적 성 질서에 페미니스트 운동보다 훨씬 더 큰 위협이 된다. 여전히 많은 남성들이 가부장적 섹스와 포르노물을 이용해 스스로 무감각해지지만, 또 다른 많은 남성들은 이처럼 무감각해지

남자다움이 만드는 이상한 거리감

는 것에 싫증을 내고 자아를 되찾을 방법을 모색한다. 이 회복 과정에는 새로운 성행위를 찾는 일도 포함된다. 몸이 현대의 질병, 그러니까 낮아진 성충동, 완전한 불능에 공격당하는 것도 개개의 남성들이 가부장적 섹스에 의문을 제기하고 성적으로 만족을 얻을 수 있는 새로운 방법을 찾는 계기가 되었다.

무지한 남자들이 성생활이라는 영역에서 '이름이 없는 문제'를 나름의 형태로 겪으면서 괴로워하고 있다면, 더는 부인 하지 않고 지배와 복종이라는 가부장적 대본을 없애버림으로써 그 고통을 덜 수 있다. 〈왜 남자들은 섹스에 그처럼 집착하는가〉라는 글에서 비어만은 날카로운 통찰력으로 남성들에게 선택지가 있음을 깨우쳐준다.

우리는 서서히, 그리고 체계적으로 자신에게서 형성된 인간성의 본질적인 면들을 계속해서 표현하고 경험할 수 있게 해주는 하나의 수단으로 성생활을 직간접적으로 전해 받는다. 섹스는 진정한 친밀함과 완전한 가까움으로 가는 길, 드러내놓고 사랑해도 괜찮고 부드럽고 나약해져도 괜찮으며 그래도 여전히 안전하고 또 지독한 외로움을 느끼지 않아도 되는 무대로 제시되었고 지금도 그렇다. 섹스는 관능성이 허용되는 듯 보이는 곳이며, 여기에서 우리는 자신의 몸에 너그러울 수 있고 넘치는 열정을 스스로에게 허락할 수 있다. 이런 이유로 남자들이 그처럼 섹스에 집착한다. (……) 하지만 섹스는 절대 이런 욕구를 완전히 충족해주지 못한다. 남자들이 길들여진 결과로 생긴 상처를 치유하고 우리 삶의 모든 영역을 올바른 관계 맺기와 생명력으로 채울 때 비로소 그 욕구는 실현될 수 있다.

여느 중독과 마찬가지로 강박적인 성행위 또한 남성들이 바꾸기는 어렵다. 이들이 자기 몸을 사랑하고 그 사랑으로 다른 인간의 몸, 여성들과 아이들의 몸이 있는 더 큰 공동체 속으로 들어가려면 치유에 필요한 장소가 있어야 하기 때문이다.

비어만은 "아무리 많은 섹스를 하더라도, 누군가를 사랑하고 가까워지며 자신의 열정을 표현하고 자신의 감각을 기뻐하고 자신의 근육과 피부를 통과하는 생명력을 느끼려는 거대한 욕구를 채우기에는 충분치 않을 것이다"라고 남성들에게 이야기한다. 만일 많은 남성들이 자신의 몸에 대한 이 근본적인 열정을 회복할 수 있다면, 가부장적 섹스에서 벗어나는 그 움직임을 통해 우리는 진정한 성혁명으로 인도될 수 있다. 가부장적 공격으로 훼손되지 않는 성생활의 힘과 열정을 되찾기 위해서는 나이를 막론하고 모든 남성이 자신의 성적 갈망을 드러내놓고 말할 수 있어야 한다. 그들은 더는 가부장적 사고의 영향으로 성폭행이 성적 쾌락을 얻는 유일한 수단이 되지 않는 그런 공간에서 성을 올바르게 누리는 존재가 될 수 있어야 한다. 이것은 어려운 일이다. 그리고 남성들은 그렇게 하는 법을 배우지 못한다면 절대 만족을 얻을 수 없을 것이다.

6

사랑과 일 사이에서

페미니스트 운동 이전에는 가정과 학교에서 남자아이들이 일을 통해 성취감을 얻을 수 있다고 배우는 경우가 많았다. 오늘날 남자아이들은 약간 다른 메시지를 듣는다. 그들은 돈이 성취감을 주며 일은 돈을 얻는 하나의 방법이라고—하지만 유일한 방법은 아니라고—배운다. 복권에 당첨되고, 돈 많은 상대를 찾고, 범죄를 저지르고 잡히지 않는 것 역시 성취감을 이루는 길이며, 이런 방법도 일하는 것과 마찬가지로 용인된다. 가부장 사회에서 일의 본질에 대한 이런 태도는 자본주의의 영향으로 일의 본질이 바뀌면서 달라졌다. 현재에서든 미래에서든 완전 고용을 기대할 수 있는 사람은 거의 없다. 요즘은 계층을 막론하고 일하는 사람들은 어느 때고 실직을 당한다. 신의를 지키기 위해 가부장 문화는 남성들이 자신의 가치를 판단하는 데 일이 아닌 다른 기준을 제시해야 했다.

한동안 많은 남성들에게 일은 가부장적 자존심을 지켜주는 역할을 하지 못했다. 남성들은 완전히 시대에 뒤떨어진 가부장적 대본을 거부해서 우리 문화에서 일의 본질이 바뀔 수 있게 하기보다는 만족을 주지 못하는 일을 그런대로 참을 만하게 하는 다른 중독들을 제공받았다. 섹스에 대한 가부장적 강박과 그로 인해 생산되는 포르노물은 남성들이 지루하고 따분하며 흔히 인간성을 파괴하는 일, 건강과 평안이 위태로워지는 일을 하는 동안 알게 모르게 그들을 진정시키는 역할을 하는 것으로 권장된다. 우리 미국에서 대부분의 남성 근로자들은 여성 근로자들과 다름없이 착취당하는 환경에서 일하고 있다. 그들은 하는 일과 상급자들의 태도에서 종종 자존감에 상처를 입는다.

최근 몇 년 동안 더 강력해진 반페미니스트 가부장적 정서들 중 하나는, 많은 남성들이 부양자의 역할을 다하기 위해 하찮은 노동을 기꺼이 노예처럼 했으며 이런 남성들이 불만을 갖도록 만든 것은 바로 페미니스트들이 주장한 일터에서의 성평등이라는 개념이다. 그리고 이런 인식의 기초가 되는 것은 일터에 오는 여성들, 더는 함께 사는 남자를 가정의 유일한 부양자로 보지 않는 여성들이 가부장 문화에서 남성들의 평안을 침해했다는 개념이다. 하지만 페미니스트 운동 이전에 실시된 일터의 남성들에 관한 여러 사회학 연구를 보면, 남성들은 이미 자신들이 하는 일의 본질과 의미에 대해 심각할 정도로 불만과 우울함을 표현하고 있었음을 알 수 있다. 이런 불만은 남성 근로자들이 일터에서 느끼는 불행을 페미니스트 탓으로 돌릴 때보다는 관심을 받지 못한다.

방대한 저서 《스티프트》에서 수잔 팔루디는 일부 남성들, 특히 나이 지긋한 남성들이 일자리를 놓고 여성들과 벌이는 경쟁뿐만 아니라 일의 평가와 가치에서 나타난 변화 역시 부양자로서 느끼는 자부심을 빼앗아갔다고 느끼게 되면서 그녀가 "남성성의 위기"라고 명명한 현상이 나타난 현실을 기록한다.

남성성의 위기 바깥 층, 즉 남성들의 경제적 권한 상실은 1990년대 초 경기침체가 휘몰아치면서 남성 실업이라는 대대적인 참사가 한층 격렬해졌을 때 가장 두드러지게 나타났다. 가족의 생계를 책임지는 가장의 역할은 기업 '합병'과 감원이 이뤄지는 동안 많은 남성들을 위험한 인력 시장으로 내몬 경제적 힘에 의해 눈에 띄게 약화되었다. 한 번도 해고당한 적이 없는 많은 남성들도

자신이 다음 차례가 될 수 있다는 두려움—부양자로서 자신의
기반이 무서우리만큼 불안하다는 두려움—에 종종 사로잡혔다.

우리 문화에서 많은 남성들은 자신과 가족을 부양하는
능력이 자신의 남자다움을 나타내는 척도라고 믿을지 모르지
만, 다른 사람을 부양하기 위해 실제로 자신의 재산을 사용하
지 않는 경우도 흔히 있다.

얼마 전부터 나를 비롯한 페미니즘 이론가들은 돈을 벌
면서도 위자료나 자녀 양육비를 지급하지 않으려 하거나, 가정
을 책임지긴 하지만 개인적 쾌락에 급료를 낭비하는 남자들의
행동은 남자라면 으레 가정을 돌보고 부양하려 한다는 가부장
적 주장이 맞지 않음을 보여주는 것이라고 주장해왔다. 바버라
에런라이크Barbara Ehrenreich의 《남자들의 마음The Hearts of Men: American
Dream and the Flight from Commitment》은 많은 남자들이 부양자가 되고
싶어 하지 않는 현실, '플레이보이'라는 개념이 부양자라는 역
할에서 도망치고 다른 방법으로 자신의 남자다움을 입증하고
싶은 갈망에 뿌리를 두고 있다는 현실을 강조하는 초창기 저서
다. 한 가정을 책임지면서 가족에게 필요한 것을 마련하는 데
자신의 급료 중 아주 일부만을 제공하는 남성은 그러면서도 여
전히 자신이 부양자라는 착각을 할 수 있다. 수많은 가부장적

남자다움이 만드는 이상한 거리감

남성들이 스스로 부양자라고 주장하면서도 약물, 알코올, 도박, 혹은 성적인 모험을 하는 데 급료를 허비하는데, 요즘은 여성들의 수입이 이들을 위한 지원금이 되기도 한다.

　　오늘날 남성 근로자는 경제적으로 자립하려고 애를 쓴다. 그리고 자신과 가족을 부양하고 있다면, 그는 훨씬 더 혹독하게 노력해야 하며 실패에 대한 두려움도 훨씬 더 강하게 느낀다. 우리 사회에서 돈을 많이 버는 남성들과 원래 가진 돈이 많지 않은 남성들은 대개 오랜 시간 일을 하므로 사랑하는 사람들과 보낼 시간이 거의 없다. 그리고 돈을 많이 벌지 못하면서 오랜 시간 일을 하는 남성들도 이런 상황에 처하긴 마찬가지다. 대부분의 남성들에게 일은 사랑하는 데 방해가 되는데, 오랜 시간 일을 하다 보면 대개 에너지가 고갈되어버리기 때문이다. 그리고 감정의 노동에 쓸 수 있는 시간, 그러니까 사랑이라는 일을 하는 데 쓸 수 있는 시간이 거의 남지 않거나 전혀 남지 않는다. 일을 할 시간을 찾는 것과 사랑과 사랑하는 사람들에게 쓸 시간을 찾는 것 사이의 갈등은 좀처럼 말로 표현되지 않는다. 가부장 문화에서는 남자가 일을 제대로 해내려면 중요한 사람과 감정적으로 연결되는 건 기꺼이 희생해야 한다고 당연하게 생각한다. 남성들이 아이들과 배우자, 연인과 보내는 시간을 잃는 것에 대해, 그리고 자기계발의 시간을 잃는 것에 대해 어떻게 느끼는지를 지금까지 아무도 제대로 살피려 하지 않았다. 수잔 팔루디가 《스티프트》에서 이야기하는 근로자들은 자기 성찰을 할 시간과 자신이나 다른 사람들과 감정적으로 연결될 시간을 충분히 갖지 못하는 상황에 우려를 표하지 않는다.

남성들이 일의 본질에 대한 우울함 때문에 가정생활에서 폭력적인 행동을 하는 정도를 입증하는 조사는 거의 없다. 현대 가부장제는 낙담한 남성 근로자들에게 하나의 타협점을 제시했다. 불경기 때문에 빼앗겨버린 남자다움이라는 특전을 성의 영역에서 여성을 지배하는 것으로 만회할 수 있다는 것이다. 그래서 성행위의 세상에서 충족감을 얻을 수 없을 때 남성은 분노한다. 실제로 여성들은 특히 성의 영역에서 남성지배에 진절머리를 내며, 남성들이 일에서 얻지 못하는 만족을 섹스에서 얻으려 할 때 '가정의 행복'이 더 커지기보다 갈등만 심해진다. 많은 여성들이 일터로 갔다고 해서 남성 근로자들이 경제적으로 취약해진 것은 아니다. 그들은 여전히 일과 급료에서 제일 좋은 몫을 차지한다. 이런 이유로 일하는 여성들은 집에 있으면서 남성의 급료에 의존해 살아가는 여성들보다 지배에 저항할 권리가 있다는 생각을 더 강하게 갖게 되었다.

내가 이야기를 나눠본 노동자 계급과 중산층의 여성들은 몇 년간 집에 있다가 밖으로 나가 일하면서 그들의 자존감이 얼마나 강해졌고 관계를 보는 시각이 어떻게 달라졌는지에 대해 말한다. 종종 이 여성들은 배우자와 연인에게 감정의 교감을 더 많이 요구하기 시작한다. 이런 요구를 받을 때 일하는 남성들은 자신이 얼마를 벌든 상관없이 절대적인 힘을 휘두를 수 있도록 그 하찮은 여성이 그냥 가정에 있기를 바라곤 한다. 여성의 급료가 상대 남성보다 많은 경우, 대체로 남성들은 자신이 지배한다는 감각을 되찾기 위해 행동한다. 그는 여성의 급료를 압수해 자기 마음대로 쓰면서 상대를 의존적으로 만들 수도 있다. 아니면 성행위를 더 요구하며, 그 방법이 효과가 없으면 섹스를 아예 하지 않아서 섹스를 원하는 일하는 여성이 자기 힘이 약해졌다고 느끼도록 할 수도 있다.

오랜 시간 일하는 여성들 대부분은 집에 돌아오면 가사 일을 하느라 두 번째 근무를 한다. 일하는 남성들처럼 그들 역시 감정적으로 교감하고 느낌을 이야기하고 다른 이들을 보살필 시간이 없다고 느낀다. 일하는 남성들처럼 그들 역시 그저 쉬고 싶을 것이다. 일하는 여성들은 그렇지 않은 여성들보다 훨씬 더 화를 잘 낼 수 있다. 하루 종일 집에 있는(아이들을 돌볼 수도 있고 아닐 수도 있다) 여성에 비해 다른 사람의 요구에 너그럽게 맞춰주는 경향이 덜하다. 일하는 남성들과 마찬가지로 일하는 여성들 또한 종종 피곤에 절어 집에 오는 탓에 감정적으로 전혀 베풀 수 없는 것이 현실인데도 성차별주의가 식구들을 감정적으로 보살피고 사랑하는 일이 전적으로 여성의 일이라고 결정하면서 눈에 띄게 가정에 어려움이 생긴다. 성차별적 사고를 하는 남성들과 여성들은 이런 딜레마를 해결하는 방법은 감정적 보살핌이라는 일을 함께 하도록 남성을 독려하기보다 성차별적 성역할로 더 확실하게 돌아가는 것이라고 믿는다. 그들은 더 많은 여성들, 특히 어린아이가 있는 여성들이 가정에 있기를 원한다.

　　당연히 그들은 모든 성인이 밖에 나가 일할 수밖에 없도록 만드는 경제를 비판하지는 않는다. 대신 그들은 페미니즘의 영향으로 여성들이 일터에 나간다고 주장한다. 대부분의 여성들이 일을 하는 이유는 집을 벗어나고 싶기 때문이고 또 가족이 살아가려면 수입이 있어야 하기 때문이지 일하는 것이 해방의 표시라고 믿는 페미니스트여서가 아니다. 남자가 가사를 돌보고 아이를 키우기 위해 집에 있을 때, 이를 보면서 아직도 많은 사람들은 이런 역할 분담이 '부자연스러운' 것이라고 생각한다. 가사를 돌보는 남성을 관계 속 한 사람으로서 해야 하는 일을 하고 있는 사람으로 보는 게 아니라, 가정 밖에서 일하며 힘과 특권을 누릴 수 있는데도 가정에서 여성의 일을 하기 위해 희생하는, 그러니까 기사도 정신이 특별히 강한 사람으로 본다.

남자다움이 만드는 이상한 거리감

개개의 남성들이 성차별주의 인식에 용감하게 도전하고 가사 일을 하면서 관계의 기술 역시 배울 수 있었던 것은 아이들을 사랑하는 부모 역할에 동참하면서였다. 이들은 남성들이 아이의 양육에 동등하게 참여한다면 여성들이 그러는 것처럼 감정에 대한 요구를 비롯해 다른 사람의 요구를 살피는 법을 배울 거라고 주장하는 페미니즘 이론이 옳았음을 증명한다. 이전의 어느 때보다 많은 남성들이 적극적으로 부모 역할에 동참하고 있다. 하지만 아직도 상당히 많은 수의 남성들은 아이의 감정 발달에 여성들과 동등한 역할을 하지 않으려 한다. 그들은 주로 일을 핑계 대면서 감정적으로 멀어진다. 스스로를 페미니즘에 찬성하는 사람으로 보든 혹은 반대하는 사람으로 보든, 대부분의 여성들은 남성들이 그들의 관계에서 감정적인 일을 더 많이 해주길 바란다. 그리고 아직도 대부분의 남성들은 감정적인 일은 여성의 몫이라고 믿고 있고, 심지어 일터에서 성평등을 진심으로 지지하는 남성들도 그렇다. 대부분의 남성들이 일의 세계에서 감정이 차지할 자리는 없으며 가정에서의 감정 노동은 여성이 해야 한다는 성차별주의 결정을 여전히 옹호한다.

많은 남성들이 일을 자신으로부터, 감정의 인식으로부터 도망칠 수 있으며 자신을 의식하지 않고 감정적으로 무감각한 채 뭔가를 할 수 있는 장소로 이용한다. 실업은 감정적으로 굉장히 무시무시하게 느껴진다. 실업은 채워야 할 시간이 있을 것임을 의미하며, 가부장 문화에서 대부분의 남성들은 자신이 책임져야 할 시간이 생기는 걸 원치 않기 때문이다.《남성성의 재발견Rediscovering Masculinity》에서 빅터 세이들러Victor Seidler는 한가한 시간을 갖는 두려움을 이렇게 고백한다. "하루 한 시간이라 해도 내게 시간을 주는 것이 얼마나 어려운지 알게 되었다. 내가 하고 있어야 하는 일들이 늘 있다. 내게 더 많은 시간이 있어서 그 시간을 보내야 한다는 생각을 하면 극심한 공포와 불안이 느껴진다." 그는 남자들 대부분이 자신의 자아를 제대로 인식하지 못하므로 "우리가 연결되고 싶어 했던" 자아가 스스로에게 있음을 확신하지 못한다고 주장한다. 그는 이어서 이렇게 말한다. "우리는 '자아'를 단단히 통제해야 하는 어떤 것이라고 배우는 듯하다. 그렇게 하지 않으면 자아가 우리의 계획을 망칠 수 있기 때문이다. (······) 우리는 자신을 더 잘 알 수 있거나 혹은 자신과 더 많은 접촉을 할 수 있는 기회를 스스로에게 절대 많이 주지 않는다. 우리가 자라면서 '남성성'과 동일시해온 '통제'를 이 모든 것이 위협하기 때문이다. 우리는 덫에 갇혀 있다고 느끼면서도, 스스로 어떤 식으로 이 덫을 끊임없이 새로 만들고 있는지는 알지 못한다."

남자다움이 만드는 이상한 거리감

일터에서 다른 남성들과 벌이는 경쟁 때문에 남성들이 느낌을 표현하거나 혹은 혼자만의 시간을 갖기가 더 어려울 수 있다. 일터에서, 특히 휴식 시간 동안 혼자 있으려 하는 남성은 의심스러운 사람으로 취급받는다. 하지만 남성들은 일터에서 모일 때 의미 있는 대화를 거의 하지 않는다. 그들은 조롱하고 과시하고 농담을 할 뿐 서로에게 자신의 느낌을 말하지는 않는다. 그들은 제한된 방식으로 정해놓은 이야기를 하면서 남성성에 대해 가부장적 사고가 정해놓은 감정적 경계선을 넘지 않으려고 조심한다. 가부장적 남자다움의 법칙들은 서로 관계 맺기를 거부하는 것이 남자인 그들의 의무라고 일깨워준다.

《1분 경영The One Minute Manager》의 저자이며 《윤리경영의 힘 The Power of Ethical Management》의 공저자인 켄 블랜차드Kenneth Blanchard와 같은 남성 근로자들은 일의 본질과 일터에서의 관계를 개선하기 위해 남성들이 관계의 기술을 발전시켜야 한다는 지혜를 들려준다. 하지만 대다수 작업 환경에서는 근로자들끼리 감정적으로 얽히는 것, 특히 상사와 하급자가 감정적으로 얽히는 것은 일을 하는 데 좋지 않다고 여긴다. 더 많은 남성들이 관계의 기술을 배우고 감정에 충실한 삶을 산다면, 적어도 가끔은 진정으로 행복을 느낄 수 있는 일을 선택할 것이다.

남성들에 관한 글을 쓰는 수잔 팔루디나 수잔 보르도와

사랑과 일 사이에서

같은 특권 계급 여성들은 대부분 남성들이 스스로를 강력한 존재로 보지 않는다는 사실에 놀라움을 나타내지만, 가난한 노동자 계급 가정에서 자란 여성들은 남성들이 그들 삶에서 느끼는 감정적 고통과 일에서 느끼는 불만을 언제나 뼈저리게 인식해왔다. 우리가 아주 자세하게 알고 있는 가난한 노동자 계급 남성들에 대해 유색 인종 페미니스트 여성이 쓴 작품을 수잔 팔루디가 읽어보았다면, 아마도 수많은 남성들이 힘들어하고 불만스러워하는 모습을 보면서 그리 '놀라지' 않았을 것이다. 특권 계급 여성들은 남성이 전능하다는 개념을 영속시킨 유일한 집단이었는데, 대부분의 경우 그들 가정의 남성들이 '강했기' 때문이다. 팔루디는 남성이 전능하다는 일반적 페미니스트 개념을 비판할 때, 페미니스트 작품에 대한 독자들의 무지를 이용해 페미니스트들은 남성의 고통을 이해하지 못한다는 개념을 영속시킨다. 독자들의 무지는 팔루디가 부정확한 내용을 전개하게 하는 역할을 한다.

팔루디가 《스티프트》를 구상하기 한참 전에 선구적인 페미니스트들은 노동자 계급 남성들이 스스로를 강력하다고 느끼기는커녕 가부장제에 의해 크게 상처를 받았다는 사실을 기록하고 있었다. 팔루디가 그런 글을 알지 못했다고 상상하기는 어렵다. 팔루디가 여성들이 자신들의 '이름 없는 문제'에 맞

남자다움이 만드는 이상한 거리감

서기 위해 만들어낸 해방 운동이 계급을 막론하고 모든 여성에게 해당되는 듯 행동하는 것 또한 솔직하지 못하다. 페미니스트 운동은 그 운동 이전에 일터에 있었고 여전히 그곳에 있으면서 그들 삶의 남성들처럼 자신의 운명에 불만족하고 불만스러워하는 가난한 노동자 계급 여성들에게 거의 영향을 미치지 못했다. 가난한 노동자 계급 여성들은 남성들이 매일 일해야 하는 상황 탓에 자신이 무력하다고 느끼고 가부장적 용어로 분명히 표현할 수 없는 환경에 있게 된다는 사실을 예전부터 알고 있었다. 팔루디의 표현을 빌리면, 그들은 "남성적이지 못하다"고 느낀다.

이 나라에서 페미니즘의 성과가 주로 특권 계급 여성들에게 긍정적인 영향을 주었던 것처럼, 자신이 하는 일의 본질을 가부장적 문화의 경계 안에서 변경할 수 있었던 '노동하는' 남성들은 계급 권력을 가진 사람들인 경향이 있다. 1980년대 후반과 1990년대 초반의 몇몇 대중 영화는 질병이나 위기를 통해 자신의 삶을 평가하고 일의 본질에서 엄청난 변화를 추구하기로 선택하는 강력한 남자들을 묘사했다. 영화 〈라이프 애즈 어 하우스〉에서는 자기 작품이 과소평가되자 일을 그만둔 백인 남성 건축가가 자신이 암에 걸려 살 날이 얼마 남지 않았다는 걸 알고 가부장제를 다시 생각하기 시작한다. 물론 가부장제라는 용어는 사용되지 않지만 말이다. 자신의 삶을 평가하면서 그는 남은 몇 달을 가족, 특히 십 대 아들, 그리고 친구들과 감정적으로 연결되는 데 쓰기로 한다. 그는 사랑을 주고받는 방법을 배우는 데 시간을 쓴다. 또한 전처의 부유한 사업가 남편은 죽어가는 주인공의 모습에 자극을 받아서 자기 삶의 본질을 다시 생각하며 일에 시간을 덜 쓰고 감정적 연결에 더 많은 시간을 쓰기로 결심한다. 이전의 영화들처럼 이 영화도 일하는 남성이 느낄 줄 아는 남성이 되려 한다면 내면의 감정적인 자아와 접촉할 수 있는 시간을 만들어야 한다는 점을 분명하게 이야기한다.

아주 큰 인기를 끌었던 아카데미상 수상작 〈아메리칸 뷰티〉에서는 자신의 삶, 자신의 일, 자신의 결혼, 그리고 자신의 가족에 대해 우울해하는 주인공 번햄이 등장한다. 그는 느낄 수 있는 능력을 잃었다. 그는 일을 진지하게 받아들이지 않으며, 마지막에 가서는 자신의 느낌에 닿지만 삶을 되찾지는 못한다. 〈라이프 애즈 어 하우스〉의 주인공처럼 그 역시 죽는다. 이 영화들은 성장 과정에 있는 남성들의 모습으로 관객을 유혹하지만 그런 다음 이 남자들을 절대 살려두지 않음으로써 영화 속 인물들과 관객을 배신한다. 영화는 만일 한 남자가 일을 중단하면 그는 살아갈 이유를 잃는 거라는 가부장적 메시지를 그대로 전한다.

《남성성의 재발견》에서 빅터 세이들러는 일을 통해 자신의 자아를 규정하는 남성은 "예전부터 우리가 가질 수 있는 유일한 정체성이 일이었기 때문에 그렇게 하려는 것이며 (……) 우리가 다른 이들에게서 그 무엇도 필요로 하지 않는다는 걸 보여줌으로써 남성성을 입증할 수 있다고 믿기 때문이다"라고 언급한다. 〈아메리칸 뷰티〉에서 레스터는 혼자 괴로워한다. 그는 머릿속에서 자신의 느낌을 비판적으로 살핀다. 그리고 그는 그처럼 철저하게 약하고 고립된 채 제대로 살아가지 못한다.

결국 이 영화들은 남성들이 사랑하는 법을 배우면 살아가는 데 필요한 힘을 갖추지 못한다는 메시지를 남성 관객들에게 보낸다. 마지막으로 〈아메리칸 뷰티〉는 낙담한 채 자신의 삶을 기꺼이 비판적으로 되돌아보려는 남성들에게는 희망이 없다고 관객들에게 말한다. 이 영화는 남성들이 기꺼이 변화하려 해도 가부장 문화에서는 그들이 설 자리가 없다고 우리에게 말한다. 영화의 첫 대사가 이 모든 것을 이야기한다. "내 이름은 레스터 번햄이다. 나는 마흔두 살이다. 일 년도 안 되어서 나는 죽을 것이다. 물론, 아직은 그걸 모른다. 그리고 어쨌든, 나는 이미 죽었다." 대중문화는 감정적으로 죽어가는 남성들이 되살아나는 이미지를 거의 제공하지 않거나 전혀 제공하지 않는다.

'잠자는 숲속의 공주'와 달리 그들은 다시 살아나지 못한다. 실제로 개개의 남성들은 매일 감정을 되찾으려는 작업을 하지만 이 작업은 쉽지 않다. 가부장 문화에서는 그들을 지지해주는 시스템이 없고, 특히 가난한 노동자 계급의 경우라면 더욱 그렇기 때문이다. 그래서 가부장제를 거부하고 자신의 길을 찾는 남자를 보여주는 〈라이프 애즈 어 하우스〉가 〈아메리칸 뷰티〉만큼 성공을 거두지 못한 것은 우연이 아니다.

　　업무 우울증, 친밀함이 없는 삶에 대한 절망, 소외감, 인생에서 길을 잃었다는 자각에 시달리는 가난한 노동자 계급의 남성들은 자신의 고통을 누그러뜨리기 위해 약물 남용에 종종 의지한다. AA^{Alcoholics Anonymous}(알코올중독자협회)는 그들이 회복이라는 작업을 하기 위해 찾을 수 있는 몇 안 되는 장소들 중 하나다. 치유 집단에서 그들이 가장 처음 배우는 것은, 자신의 느낌에 닿는 일이 중요하며 그들에게는 그 느낌을 명확히 표현할 권리가 있다는 사실이다. AA의 성공은 실패에 대한 수치심을 표현할 수 있고 치유를 하려는 남성의 갈망이 용인되는 공동체의 배경에서 회복이 이루어진다는 사실과 연관된다.

　　존 브래드쇼처럼 선구적인 남성 치료자들은 이런 환경에서 치유하는 방법을 찾았다. 내가 인터뷰했던 노동자 계급 남성들로 회복 과정에서 다시 자신의 감정과 연결되는 길을 찾은

남자다움이 만드는 이상한 거리감

사람들은 이처럼 근본적으로 반가부장적인 작업에 참여했다가 그 환경을 떠나 가부장 문화로 다시 들어가는 일이 굉장히 어렵다고 말한다. 한 남자는 자신이 느낌을 표현하고 자기 이야기를 하자 상대 여성이 관심을 보이지 않았다는 이야기를 했다. 그녀가 보기에 이런 태도는 나약함이었다. 그녀는 그 남자가 이제는 괜찮아졌으므로 더는 '그런 느낌을 표현할' 필요가 없다고 주장했다.

성역할의 본질에 변화가 나타났다 해도, 우리 문화는 여전히 성차별주의가 득세하는 가부장 문화다. 만일 그렇지 않다면, 남성들은 실업 기간을 자아실현과 치유라는 작업을 할 수 있는 휴식기로 볼 수도 있다. 우리 문화에서 일하는 남성들 중에는 제대로 읽거나 쓰지 못하는 사람들이 많이 있다. 일에서 벗어나 남는 시간을 가난한 노동자 계층 남성들을 위한 흥미로운 읽기와 쓰기 프로그램에 쓸 수 있다면 어떨지 상상해보자. 이런 자기계발에 급료가 지급된다고 상상해보자. 가부장제가 더는 득세하지 않을 때, 남성들이 자신을 전인적으로 보고 일을 자신의 존재 전체가 아닌 삶의 일부로 보는 것이 가능해진다. 딘 오니시Dean Ornish는《관계의 연금술Love and Survival》에서 일을 줄여 자아실현을 할 시간을 만들려고 애쓴 자신의 이야기를 하며 이런 통찰력을 보여준다.

어떤 일을 하려는 목적이 인정과 힘을 얻는 거라면—"이봐, 나 좀 봐. 나는 특별해. 나는 중요한 사람이야. 나는 너의 사랑과 존경을 받을 가치가 있어"—당신은 다른 사람들과 연결되려고 하면서 오히려 그들과 멀어지는 것이다. 이런 태도가 자기파멸적인 이유는 아주 분명해 보이지만, 이것은 흔히 우리 문화에서 규범으로 여겨진다. (······) 나의 가치가 내가 하는 일로 규정되었을 때에는 설령 다른 이들과의 관계가 악화된다고 해도 내게 생기는 중요한 기회는 모두 잡아야 했다.

전인적으로 살기로 선택하면서 오니시는 일에 관한 이런 생각을 바꿀 수 있었다.

게일 쉬히Gail Sheehy의 《남자의 인생지도Understanding Men's Passages》에는 자신이 하는 일이 심각한 우울증과 불행을 키운다는 걸 알고서 이를 해결하려고 애쓰는 남성들의 자전적 이야기가 실려 있다. 이 남성들은 급료, 그리고 부양자라는 자신의 이미지보다 감정의 평안을 선택하려고 노력한다. 리 메이는 이렇게 기억한다. "나는 두 가지 어려운 선택에 직면했다. 내가 하고 있는 일을 계속 하면서 심리적으로 질식하고 목 졸려 죽거나, 아니면 일을 그만두고 재정적으로 무너질 수도 있는 가능성을 감당하는 것." 그는 일을 하면서 느끼는 불행 때문에 가정에서 편안함을 느끼기 힘들었음을 인정한다. "우리 가정은 불행한 장소였다. 하지만 내가 옛날에 하던 일들을 계속 했더라면, 내가 느낀 불행이 우리 관계에까지 침범했을 것이다." 메이는 그 불행한 일을 떠나기로 선택할 수 있었고, 그가 그다음에 한 일—세계를 돌아다니는 저널리스트로서 자신의 삶에 관한 책을 쓰고, 정원 가꾸기에 대한 대중적 칼럼을 쓰는 일—은 그의 자기 인식, 자아실현을 향상시키는 일이었다. 현실 부정을 극복할 때의 두려움을 솔직하게 표현한 그의 이야기는 내면의 자아가 중요하지 않다는 이야기를 매일 듣는 세상에서 자기 내면의 자아를 올바르게 존중하는 법을 배우려는 많은 남성들에게 좋은 본보기가 된다.

오랫동안 자신의 사고를 지배해온 가부장적 가치와 절연하는 일이 얼마나 어려운지를 용감하게 들려주면서, 오니시는 친밀한 관계를 만들 때 치유가 이루어진다고 말한다. "우리 생존의 핵심은 사랑이라는 걸 나는 배우고 있다. 우리가 누군가를 사랑하고 그들에게 사랑받고 있다고 느낄 때, 어쩐 일인지 괴로움이 누그러지고 가장 깊은 상처가 치유되기 시작하며 마음이 약해지고 조금 더 열려도 안전하다는 느낌이 든다. 우리는 자신의 감정과 주위에 있는 사람들의 느낌을 알아가기 시작한다."

모든 남성이 자신에게 가장 잘 맞는 일, 즐겁게 할 수 있는 일을 찾는 데 도움을 얻기 위해 상담을 받을 수 있는 반가부장 문화를 상상해보자. 비록 고되고 마음을 우울하게 하는 노동의 본질 자체를 바꾸지는 못한다 해도, 휴식기간이 있어서 근로자들이 관계 회복 강좌를 들을 수 있으며 다른 근로자들과 동료애를 쌓고 결속이 단단한 공동체를 만들어서 일터를 좀 더 견딜 만하게 바꾸는 작업 환경을 상상해보자. 어떤 이유로든 일자리를 얻지 못한 남성들이 자아실현 방법을 배울 수 있는 세상을 상상해보자. 여성 근로자들은 혼자 집에 있어야 하는 상황에서 벗어나 다른 사람들과 함께 있는 환경에서 일할 때, 급료가 낮고 전혀 자유롭지 않다고 해도(그들이 그럴 거라고 몇몇 페미니스트 사상가들이 순진하게 주장했던 것처럼) 감정적으로 더 평안해진다는 걸 알게 된다. 만일 남성들이 이런 본보기를 따라 일터를 공동체를 형성해 관계의 기술을 실천하는 환경으로 이용한다면, 일과 관련된 남성의 위기는 더 효과적으로 다뤄질 수 있을 것이다.

우리 문화에서 은퇴한 많은 남성들, 특히 예순이 넘은 남성들은 나이를 먹은 덕에 가부장제에서 벗어날 수 있다는 것을 종종 느낀다. 마음대로 쓸 수 있는 시간이 생긴 결과 극심한 외로움, 소외, 의미의 위기, 혹은 그 밖의 여러 상황을 겪으면서 어쩔 수 없이 감정적 자아가 발달한다. 그들은 나이 든 세대로서 젊은 남성 세대에게 일에 관한 가부장적 믿음이 틀렸음을 이야기해줄 수 있다. 그들의 목소리를 들을 필요가 있다. 그들의 목소리는 젊은 남성들에게 이렇게 말한다. "삶이 거의 끝날 때가 되어서야 자신의 느낌을 찾고 마음을 따라서는 안 된다. 기다리다가 때를 놓쳐서는 안 된다." 일은 모든 남성에게 삶의 질을 높여주는 것일 수 있으며 또 그래야 한다. 용감한 남성들이 사랑하고 사랑받으면서 일터에 온다면 일의 본질은 달라질 것이며, 일터에서 일을 해내기 위해 마음이 무너져야 할 필요도 더는 없을 것이다.

7

페미니스트 남성성

당신이 페미니스트라고 말하면 대다수 남성들에게 자동적으로 당신은 적으로 보인다. 당신은 남성을 혐오하는 여성으로 보일 위험이 있다. 대다수 여성들이 자신을 페미니스트라고 말하면 남성들의 호의를 잃을까 봐, 남성들에게 사랑받지 못할까 봐 두려워한다. 페미니스트 운동이 남성들 삶에 미친 영향에 관한 대중의 견해는 페미니즘이 남성들에게 상처를 준다는 것이다. 보수적인 반페미니스트 여성들과 남성들은 페미니즘이 가정생활을 파괴한다고 주장한다. 그들은 여성들이 일터로 나가는 탓에 가정에 가정주부가 없고 아이들이 엄마의 보살핌을 받지 못한다고도 주장한다. 그러면서 그들은 페미니즘이 아닌 소비자본주의 문화가 어느 정도로 여성들을 일터로 내몰고 일터에서 떠나지 못하게 하는지는 계속해서 무시한다.

　　페미니스트 여성들이 가부장제가 여성혐오를 조장한다고 세상에 말했을 때, 이에 대한 반응은 페미니스트들이 너무 극단적이고 문제를 과장한다는 것이었다. 하지만 페미니즘에 대해 전혀 모르는 남성들이 페미니스트들이 남자를 혐오한다고 주장했을 때, 반페미니스트 세상에서 이를 가리켜 지나치게 극단적이라고 하는 반응은 보이지 않았다. 페미니스트들은 남자를 죽인 적도 없고 강간도 하지 않았다. 페미니스트들은 남자들에게 폭력을 휘둘러 감옥에 갇히지도 않았다. 어떤 페미니스트도 어린 여자아이들을 전면에 내세우는 아동 포르노물을 만드는 것을 비롯해 여자아이들에게 지속적인 성적 학대를 가한다는 이유로 기소된 적이 없다. 오히려 이런 것들은 일부 페미니스트 여성들이 남성을 여성혐오자로 규정하도록 하는 남성들의 행동 중 일부다.

　　모든 남성이 여성을 혐오하는 것은 아니지만, 가장 기본적이고 순수한 형태에서 가부장제가 여성에 대한 두려움과 증오를 조장한다는 페미니스트 사상가들의 주장은 정확했다. 부끄러움 없이 드러내놓고 가부장적 남성성을 따르는 남성은 그 문화에서 여성적이고 부드럽다고 여겨지는 모든 것을 두려워하면서 동시에 증오한다. 하지만 대부분의 남성들은 가부장제라는 이데올로기가 자신의 삶과 믿음, 행동을 지배하도록 의식적으로 선택하진 않았다. 그들은 가부장 문화에서 태어나고 또 그 시스템을 받아들이도록 사회화되었지만, 자신들 삶의 모든 분야에서 소소한 방식으로 그 시스템에 반항해왔으며 가부장적 사고와 실천을 완전하게 따르는 것에도 저항했다. 그들은 가부장제가 개인의 욕구에 방해가 될 때면 분명하게 저항하려 했다. 하지만 가부장제에 도전하고 그것을 바꾸고 결국 끝낼 운동으로 페미니즘을 받아들이려 하지는 않았다.

　시작부터 페미니스트 운동은 대중매체를 통해 대부분의 남성들에게 반남성적으로 보였다. 정직하게 말하면, 현대 페미니스트 운동에는 심각한 반남성적 분파가 있다. 그처럼 남성을 혐오하는 여성들은 여성 해방 운동 지지자들 중 소수에 지나지 않았는데도 가장 많은 관심을 받았다. 여성들을 올바로 사랑하지 못한 남성들은 지배라는 행동을 지속하면서 사실상 페미니스트 반란이 일어나는 문화적 배경을 만들었다. 《모두를 위한 페미니즘Feminism Is for Everybody》 중 〈페미니즘 남성성〉에서 나는 이렇게 말했다. "이성애자 여성들은 잔인하고 냉담하며 폭력적이고 바람을 피우는 남성들과의 관계에서 벗어나 페미니즘 운동에 참여했다. 그런 남성들 중 다수는 사회 정의를 위한 운동에 참여해 노동자들과 가난한 이들의 이익을 대변하는가 하면, 인종 간 정의를 주장한 급진적인 사상가들이었다. 하지만 그런 남성들이 성 문제에서만은 보수적 집단과 다름없이 성차별적 태도를 취했다. 여성들은 이런 남성들의 태도에 분노했다. 그리고 그 분노를 여성 해방을 위한 기폭제로 삼았다. 페미니스트 운동이 진행되고 페미니즘 사상이 발전하면서, 각성한 페미니스트 운동가들은 남성들이 문제가 아니며 진짜 문제는 가부장제와 성차별주의, 남성중심주의라는 것을 알게 되었다."

페미니스트 변화에 몰두한 여성들이 문제가 남성들에게만 있는 건 아니라는 현실을 인식하기란 어려웠다. 그런 현실을 인식하려면 좀 더 복잡한 설명이 필요했다. 말하자면, 가부장제와 성차별주의를 유지하고 영속시키는 데 여성들이 일정한 역할을 했음을 인정해야 했다. 남성과의 파괴적인 관계에서 벗어나는 여성이 많아질수록 전체 그림을 보기가 더 쉬워졌다. 개개의 남성들이 스스로 가부장적 특권을 벗어버린다 해도 가부장제와 성차별주의, 남성중심주의라는 시스템은 여전히 그대로이며 여성들은 여전히 착취와 억압을 당할 거라는 사실은 명확했다. 페미니스트 논의에 이런 변화가 나타났어도, 절대 반남성 성향을 취하지 않았던 선구적인 페미니스트 사상가들은 대중매체의 관심을 받지 못했고 지금도 여전히 그렇다. 그 결과 페미니스트들이 남성을 혐오한다는 여론이 계속해서 만연해 있다.

　　내가 만나는 페미니스트 여성들 중 대다수는 남성을 증오하지 않는다. 그 여성들은 남성들이 가부장제로 상처를 받으면서도 여전히 그 문화를 고집하는 모습을 보며 안쓰러워한다. 선구적인 사상가들이 가부장제가 남성들에게 어떤 식으로 상처를 주는지 이야기해왔지만, 남성들의 고통을 해결하기 위해 지속적인 노력을 기울이는 일은 절대 없었다. 오늘날까지 나는 개개의 페미니스트 여성들이 가부장제에서 남성들이 겪는 곤경에 관심을 보이는 이야기를 듣지만, 그들은 남성들을 교육하고 변화시키는 데 자신의 에너지를 기꺼이 쏟으려고는 하지 않는다. 페미니스트 작가 미니 브루스 프랫Minnie Bruce Pratt은 이런 상황을 분명하게 언급한다. "남자들이 어떻게 변할 것인가? 두 사람이 만나고, 한쪽이 다른 쪽에 반대하는 것, 이것이 변화의 지점이다. 하지만 나는 개인적인 접촉은 원하지 않는다. 나는 그 일을 하고 싶지 않다. (……) 우리가 남자들에게 에너지를 쏟지 말아야 한다는 말에 나는 동의한다. (……) 그들은 스스로 해결해야 한다." 페미니스트 사상에 대해 대다수 남성들이 보이는 부정적인 태도와 함께 이런 태도는 남자아이들과 남성들이 페미니스트 운동에 함께 참여해 가부장제에서 벗어나도록 하는 집단적이고 분명한 요구가 전혀 없었음을 의미했다.

개혁적 페미니스트 여성들은 이런 요구를 할 수 없었다. 그들은 모든 남성이 강력하다는 개념을 처음부터 내세웠던 여성 집단(대부분 특권 계층의 백인 여성들)이었기 때문이다. 이 여성들에게 페미니스트 해방은 대다수 여성들 혹은 힘을 별로 갖지 못한 남성들을 성차별적 억압에서 벗어나게 하는 것이라기보다 그들 몫의 힘을 더 얻는 것이었다. 그들은 가난한 남성들을 착취와 억압에서 벗어나지 못하게 한 그들의 힘 있는 아버지와 남편에게 분노하지 않았다. 그들은 자신들도 똑같이 힘을 가질 수 없는 것에 분노했다. 그런 여성들 중 다수가 힘을 얻었으므로, 특히 그들 계층의 남성들과 경제적으로 동등해졌으므로, 그들은 페미니즘에 한층 흥미를 잃었다.

페미니스트 사상과 실천에 대한 흥미가 시들해지면서, 남성들이 겪는 역경에 대해서도 페미니스트 운동의 전성기에 비해 훨씬 관심이 줄어들었다. 이처럼 관심이 줄었다고 해서, 페미니스트가 남성성을 받아들이고 남자아이들과 남성들을 사랑하며 우리가 여자아이들과 여성들이 누리길 바라는 모든 권리를 그들을 대신해 요구하는 방향을 띨 때 비로소 우리 사회의 남성들을 새롭게 바꿀 수 있다는 사실이 변하지는 않는다. 페미니스트 사고는 삶을 발전시키고 인정하는 방식으로 정의와 자유를 사랑하는 법을 우리 모두에게, 특히 남성들에게 가르쳐준다. 분명 우리에게는 페미니스트 남성성이 번창하는 세상을 만드는 법을 알려줄 새로운 전략, 새로운 이론, 지침이 필요하다.

안타깝게도, 최근에는 이해하기 쉽고 명확하고 간결하게 남성들에 대해 설명하는 페미니스트 저서가 없다. 페미니스트 관점에서 남성의 어린 시절에 집중해 서술한 작품이 거의 없다. 남자아이들을 직접 대상으로 하면서 그들에게 성차별주의에 근거하지 않는 정체성을 확립하는 방법을 알려주는 눈에 띄는 페미니스트 저서가 없다. 아동도서 세계에 넘쳐나는 가부장적 시각의 대안이 되어줄 페미니스트 아동문학이 없다. 우리들 중 다수, 특히 엘리트 교육을 받은 특권 계층인 우리들이 성인이 되고 나서 당연하게 받아들이는 성평등은 아동도서의 세계 혹은 공교육과 사교육의 세계에서 나타나지 않는다. 아이들을 가르치는 선생님들은 성평등을 주로 기존의 사회 구조에서 여자아이도 남자아이와 같은 특권과 권리를 갖게 해준다는 차원으로 본다. 그들은 성평등을 남자아이에게 여자아이와 같은 권리—예를 들어 공격적이거나 폭력적인 놀이에 참여하지 않을 권리, 인형을 가지고 놀거나 옷 갈아입기 놀이를 하고 어느 쪽이든 마음에 드는 성별의 옷을 입고 선택할 권리—를 준다는 차원으로는 보지 않는다.

개혁적 페미니스트 사상가들이 자유를 그저 여성들이 강력한 가부장적 남성들처럼 될 권리를 갖는 것으로 보는 것(특권 계층의 페미니스트 여성들은 자신의 운명이 가난한 노동자 계급 남성들처럼 되는 것을 원한다고 절대 주장하지 않았다)이 잘못되었듯, 해방된 남성이 남장한 여자가 될 거라고 상상하는 것은 지나치게 단순한 생각이었다. 하지만 이것은 주류 페미니스트 사고가 남성들에게 제시한 자유의 모델이었다. 그들은 남성들이 가부장적 사고의 일부인 힘과 부양자에 관한 개념은 고수하면서도 지배자 역할에서 좀 더 벗어나 감정 발달에 더 노력을 기울일 거라고 기대했다. 페미니스트가 그린 이런 남성성은 모순투성이였으며 실현 불가능했다. 따라서 배려하고 기꺼이 변화하려던 남성들이 결국 포기하고 자신들이 그처럼 문제가 많다고 생각했던 가부장적 남성성으로 돌아가는 일이 흔한 것도 당연하다. 페미니스트가 생각하는 남성 해방의 모습을 띠었던 개개의 남성들은 그런 변화를 존중하는 여성들이 거의 없다는 것을 알게 되었을 뿐이다.

한때 페미니즘에 의해 변화한 남자인 '새로운 남자'는 겁쟁이, 남자다움을 과시하는 남성을 마음속으로 갈망하는 강한 여성들에게 지배당하는 약한 남자, 지나치게 익힌 브로콜리처럼 흐물흐물한 남자로 보이면서 대다수 남성들의 흥미를 잃었다. 이런 식으로 성역할이 달라지는 것에 반응하면서, 처음에 동조적이었던 남성들은 여성이 주도하는 페미니스트 운동에서 어떤 역할을 하려던 기존 입장을 바꿔 남성들의 운동에 참여했다. 긍정적인 면에서 보면, 남성들의 운동은 그들이 자신의 느낌에 닿고 다른 남성들과 이야기해야 할 필요성을 강조했다. 부정적인 면에서 보면, 남성들의 운동은 그들이 완전하게 자기실현을 하려면 여성들에게서 분리되어야 한다고 암묵적으로 주장하면서 여전히 가부장제를 조장했다. 진정한 자아를 발견하려면 남성들이 여성들에게서 분리되어야 한다는 그 개념은 옛날의 가부장적 메시지에 새 포장지만 두른 것처럼 보였다.

〈페미니즘과 남성성〉이라는 글에서 크리스틴 A. 제임스Christine A. James는 로버트 블라이가 주도한 남성들의 운동을 다음과 같이 설명한다.

블라이는 주로 페미니즘 이후로 여성들이 남성들, 특히 젊은 남성들이 약하고 무력하며 스스로에 대해 확신하지 못한다고 느끼는 상황을 만들었으며, 나이 든 남성들이 이 상황을 되돌려야 한다고 주장한다. (……) 블라이는 '거친 남자'를 남성들이 지향해야 하는 모범으로 보는 잘못된 믿음을 내세우면서 그가 남녀 사이에서 인식하는 긴장과 아주 밀접하게 연관된 위계적 이원론에 절대 이의를 제기하지 않는다. '거친 남자'라는 개념을 내세울 때, 남성적인 것과 여성적인 것뿐만 아니라 남성과 여성 사이에도 새로운 관계가 발전하기보다는 '진정한 남성성'에 대한 틀에 박힌 생각이 더 강해지는 것은 거의 확실하다.

남성들의 운동은 가부장제에 대해 일관된 비판은 하지 않으면서 여성과 페미니즘에 대해서는 종종 비판적이었다. 결국 이 운동들은 남성들이 가부장제에 도전하거나 혹은 가부장제에서 벗어난 남성성의 모델을 생각해야 한다는 요구를 이어가지 않았다.

남성들이 만든 뉴에이지 모델들 다수는 그들이 남성과 여성의 관계에 이전과 다른 대본을 제시하는 듯 보이게 하면서 예전의 성차별적 패러다임을 재구성한다. 흔히 남성들의 운동은 남자다움을 강조하는 가부장적 모델에 저항하면서, 아버지가 여전히 통제권을 쥐고 있지만 다정하고 친절한 자애로운 가부장제의 모습을 내세운다. 페미니스트 운동과 다양한 남성들의 해방 운동이 남성과 여성을 가까워지게 하지 못했으므로, 가부장적 남성성의 대안은 무엇인가라는 질문에 답해야 하는 과제가 여전히 남아 있다.

분명히, 남성들에게는 자신을 규정하기 위해 여성이든

남자다움이 만드는 이상한 거리감

혹은 여성적인 것의 상징이든 '상대'를 꼭 적으로 만들지 않고도 자기주장을 할 수 있도록 하는 새로운 모델이 필요하다. 아주 어린 시절부터 남성들은 완벽한 남성의 모델, 즉 완전하고 스스로 분열되지 않는 남성의 모델을 필요로 한다. 싱글맘으로 살아가는 개개의 여성들은 그들이 건강하고 사랑이 충만한 아들을 책임감 있고 사랑이 충만한 남자로 키울 수 있음을 보여주었지만, 이런 양육 모델이 성공한 모든 경우를 보면 여성들이 자신의 아들에게 성인 남성―아버지, 할아버지, 아저씨, 남자 친구, 동료―의 모습을 모범으로 제시하며 그런 남성성을 갖추기 위해 노력해야 한다고 교육했다.

의심할 여지없이, 선구적인 페미니즘이 우선 해야 할 획기적인 행동 하나는 지배자 모델에서 벗어난 윤리적이고 생물학적인 범주의 남성다움과 남성성을 되찾는 것이어야 한다. 이런 이유로 가부장적 남성성이라는 용어가 아주 중요하다. 이용어로 인해 남성과 여성의 관계에서 남성만이 자신에게 종속된 여성들 혹은 자신보다 약하다고 여겨지는 모든 집단을 필요하다면 어떤 수단을 써서든 언제나 지배할 수 있는 우월한 권리를 가진 존재로 규정되기 때문이다. 이런 모델을 거부하고 페미니스트 남성성을 제시한다는 것은 우리가 남성다움을 성과보다 존재라는 상태로 규정해야 함을 의미한다. 남성이라는 존재,

남자다움, 남성성은 그 자신, 페니스를 가지고 있는 인간의 몸에 담긴 본질적인 핵심 선을 상징해야 한다. 남성성에 관해 글을 썼던 비평가들 중 다수는 우리가 그 용어를 없애야 하며 '남자다움을 끝낼' 필요가 있다고 주장한다. 하지만 이런 입장에서는 남성다움에는 본질적으로 악하고 나쁘거나 혹은 무가치한 어떤 것이 있다는 개념이 더 강해진다.

이런 입장은 가부장제가 페니스를 가진 자아에 부과해 온 남성다움과 남자다움에 관련된 모든 특징으로부터 이 남성다움과 남자다움을 분리할 수 있는 창의적이고 사랑이 담긴 반응이라기보다는 가부장적 남성성에 대한 반발로 보인다. 사랑을 토대로 우리가 해야 할 일은 남성성을 되찾고 그것이 더는 가부장적 지배에 사로잡히지 않게 하는 것이어야 한다. 비지배자 문화에는 창의적이고 생명력이 유지되며 삶의 질을 높여주는 남성성이 발전할 수 있는 여지가 있다. 그리고 우리들 중 가부장제를 끝내기 위해 노력하는 사람들은 진짜 남자들이 살고 있는 그들의 심장과 접촉할 수 있다. 이는 그들에게 남자다움이나 남성다움을 포기하도록 요구함으로써 가능한 게 아니라 그들이 남자다움의 의미를 다르게 받아들이고 가부장적 남성성을 거부해 남자답다는 것을 지배나 폭력을 행사하려는 의지와 동일시하지 않도록 요구함으로써 가능하다.

가부장 문화가 남성들의 심장을 계속 지배하는 이유는 바로 이 문화가 남성이 가장의 역할을 하지 않는다면 존재할 이유도 없다고 믿도록 그들을 사회화하기 때문이다. 지배자 문화는 우리 정체성의 핵심이 다른 사람들을 지배하고 통제하려는 의지로 규정된다고 우리 모두에게 가르친다. 우리는 이 지배하려는 의지가 여성보다 남성 안에 더 확실하게 생물학적으로 장착되어 있다고 배운다. 실제로 지배자 문화는 우리 모두 원래 살인자로 태어났지만 그 포식자 역할을 남성이 더 잘 실천할 수 있다고 가르친다. 지배자 모델에서 외부의 힘을 추구하는 것, 그러니까 다른 사람들을 조종하고 통제하는 능력을 추구하는 것은 가장 중요한 일이다. 어떤 문화가 지배자 모델에 근거할 때 그 문화는 폭력적으로 변할 뿐만 아니라 모든 관계를 권력 투쟁으로 제시할 것이다.

수많은 현대의 선지자들이 권력 투쟁은 인간관계에 효율적인 모델이 아니라고 분명하게 말한다 해도, 제국주의 백인 우월주의 자본주의 가부장적 문화는 지배가 오늘날 문명을 구성하는 원칙이 되어야 한다고 여전히 주장한다. 《영혼의 심장》에서 게리 주커브와 린다 프랜시스도 한때 인간이 종의 생존을 위해 외부의 힘을 가져야 할 필요가 있었을지도 모르지만 더는 그렇지 않다고 분명히 밝힌다. "숭배를 하든 안 하든, 외부의 힘을 얻으려 하는 것은 폭력과 파멸로 이어질 뿐이다. 이제 그것은 효과가 없는 진화 형태다. 그것은 잘못된 약이며, 어떤 방법으로도 그것을 다시 적절한 약으로 만들 수 없다." 가부장적 남성성은 남성들에게 그들의 자아는 오직 외부의 힘을 찾으려 할 때에만 의미가 있다고 가르친다. 바로 이런 남성성에서 지배자 모델이 만들어진다.

남성들의 현실이 바뀔 수 있으려면, 그 전에 우리가 우리 문화의 근거로 삼았던 이데올로기인 지배자 모델이 없어져야 한다. 가부장 문화에서도 남성들이 더 감정에 충실할 수 있고 부모 노릇을 할 수 있으며 성차별적 역할과 단절할 수 있지만, 그 기저에 있는 원칙이 그대로 존재하는 한 남성들은 결코 진정으로 자유로워질 수 없다는 걸 우리는 이미 알고 있다. 이 기저에 도사리고 있는 가부장적 정신이 언제 어느 때든 그것을 거스르는 행동들을 덮어버릴 수 있다. 페미니스트 운동이 강력한 힘을 발휘하며 사회 변화를 이루려 할 때 많은 남성들이 잠시 사고를 바꾸기도 했지만, 가부장적 사고가 여전히 사회를 지탱하고 있는 한 그 운동의 에너지가 약해지면서 이전의 질서가 다시 자리 잡는 모습을 우리는 이미 보았다. 페미니스트 운동이 전성기를 구가하는 동안 혹독하게 비판받던 성차별적 사고와 행동이 차츰 다시 용인되는 것이다. 분명히 말하는데, 남성 모두가 자유로워지기 위해서는 가부장제를 끝내야 한다. 이는 대부분의 남성들이 경험하는 남성성의 위기에 대한 유일한 해결책이다.

남성들에게 다른 존재 방식을 제시하기 위해 우리는 먼저 서로 의존하며 어울려 살아가는 것을 모든 생명체의 유기적 관계로 보는 파트너십 모델로 지배자 모델을 대체해야 한다. 파트너십 모델에서는 자아(여성이든 남성이든)가 언제나 한 사람의 정체성에서 핵심을 이룬다. 가부장적 남성성은 남성들에게 병적으로 자기애에 빠지고 유치해지며 남성으로 태어났다는 사실에서 얻는 특권(상대적이라 해도)에 심리적으로 의존해 자기규정을 하라고 가르친다. 이런 이유로 많은 남성들이 그 특권을 빼앗기면 자신의 존재 자체가 위협받는다고 느낀다. 파트너십 모델에서 볼 때 여성이라는 정체성과 마찬가지로 남성이라는 정체성 또한 그 중심에는 본래 관계를 지향하는 본질적 선이라는 개념이 있다. 이 문화에서는 남성이 공격 의지를 가지고 태어난다기보다보다 관계를 맺으려는 내재적 의지를 가지고 태어난다고 믿는다.

페미니스트 남성성은 남성들이 가치를 가지려 하는 것만으로 충분하며, 확인받고 사랑받기 위해 '뭔가를 하고' '성과를 내야' 할 필요가 없다고 전제한다. 페미니스트 남성성은 힘을 '누군가를 이기는 권력'으로 규정하기보다 자신과 다른 사람에게 책임을 지는 한 사람의 능력으로 규정한다. 이 힘은 남성과 여성이 갖춰야 하는 특징이다.

오늘날, 성차별에 근거해 남성의 역할을 정의하려는 문화에서는 남성다움을 승리, 남들보다 한 발 앞섬, 지배로 규정하려 한다. 《좋은 남자를 키울 용기》에서 올가 실버스타인은 성차별적 규범과 절연하는 방식으로 남성의 성역할을 재규정할 필요가 있다고 강조한다. "심리학자 로버트 레반트가 남성의 성역할의 주요 구성 요소로 열거하는 일곱 가지 규범과 고정관념(여성성 피하기, 감정 억제, 성취와 지위 추구, 자립, 공격성, 동성애 혐오, 성생활에서 관계를 중시하지 않는 태도) 대부분을 비롯해 남성의 성역할과 관련된 세부 내용 다수에 기꺼이 의문을 제기하지 않는다면, 우리는 남성들이 완전한 인간임을 부인하게 될 것이다. 페미니즘에서 규정하는 남성성의 구성 요소는 상대에게 감정이입을 하고 자주적으로 행동하며 상대와 감정적으로 연결되는 능력을 비롯해 온전함, 자기애, 감정 인식, 자기주장, 관계의 기술이다." 페미니스트 남성성의 핵심은 성평등과 상호성을 서로 어울려 협조하면서 삶을 이루고 유지하는 데 가장 중요한 요소로 여기고 이를 위해 노력하는 것이다. 이런 노력에서는 언제나 폭력보다 비폭력을, 전쟁보다 평화를, 죽음보다 삶을 우위에 둔다.

올가 실버스타인은 "지금 세상에 필요한 것은 다른 종류의 남자"(그녀는 우리에게 '좋은' 남자가 필요하다고 단정한다)라고 말하는데, 옳은 말이긴 하지만 이런 식의 이분법적 범주에서는 둘 중하나라는 지배자 모델이 자동적으로 만들어진다. 지금 세상에필요한 것은 실버스타인이 말하는 특징을 가진 해방된 남성들, '상대에게 감정이입을 하고 강하며 자주적으로 행동하고 상대와 연결되고 자신과 가족과 친구, 그리고 사회에 책임감을 갖고그 책임감들이 근본적으로 서로 분리될 수 없다는 것을 이해할수 있는' 남성들이다. 남성들에게는 페미니스트 사고가 필요하다. 페미니스트 사고는 남성들이 정신적으로 발전하고 가부장적 모델에서 탈피하는 것을 지지하는 생각이다. 가부장제는 남성들의 평안을 파괴하고 그들의 삶을 매일 좀먹는다.

실버스타인이 성차별적 성역할의 변화를 강조하는 워크숍을 할 때, 앞에서 설명한 특징을 가진 남성이 생존할 수 있을지에 대해 실버스타인에게 의문을 제기한 사람들은 바로 여성들이다. 그녀는 다음과 같은 진실을 지적하면서 그들이 느끼는두려움에 답한다.

남자들은 별로 잘 살고 있지 않습니다! 우리는 죽이고 죽으라면서 그들을 전쟁터에 보냅니다. 그들은 대학 미식축구에 관한 최근 영화의 한 장면을 흉내 내면서 자신의 남자다움을 증명하기 위해 고속도로 한가운데에 누워 있습니다. 그들은 중년의 나이가 되고 얼마 안 있어 심장마비로 죽고, 남자답게 술을 마시고 담배를 피우다가 간과 폐의 질병으로 죽고, 대략 여성들보다 네 배 많은 비율로 자살을 하고, 대개 여성들보다 세 배 많은 비율로 살인의 희생자가 되며(주로 다른 남자들의 손에), 그 결과 여성들보다 약 8년 덜 삽니다.

여기에 나는 많은 남성들이 가부장적 남성성을 증명하려고 잔인하고 불필요한 폭력을 휘두르다가 평생 감옥에 갇혀 산다는 말도 덧붙이고 싶다. 분명히, 많은 여성들은 그들 자신을 폭력으로 이끄는 정체성을 받아들이지 않기 때문에 행복하고 충만한 삶을 산다. 남성들도 같은 선택을 해야 한다.

남성들이 완전한 존재로 자란다면 세상이 어떻게 될지 상상하지 못하는 건 여성들만이 아니다. 남성들은 온전한 사람, 사랑할 수 있는 사람으로 자란다면 자신들이 강해지지 못하고 필요할 때 폭력적으로 행동하지 못할 거라는 두려움이 있는 것 같다.

마사이의 현자는 테렌스 리얼에게서 좋은 전사의 특징을 말해달라는 요청을 받고 이렇게 대답했다. "무엇이 좋은 모

남자다움이 만드는 이상한 거리감

라니(전사)를 만드는지는 말하지 않겠습니다. 하지만 무엇이 위대한 전사를 만드는지는 말하겠습니다. 맹렬함이 필요한 순간이 올 때, 좋은 모라니는 아주 흉포해집니다. 그리고 친절함이 필요한 순간이 올 때, 좋은 모라니는 굉장히 다정해집니다. 자, 위대한 모라니를 만드는 것은 어떤 순간에 무엇이 필요한지 아는 능력입니다." 완전한 사람이 보여주는 특징을 갖추고 자란 여성들은 다정하게, 단호하게, 그리고 혹시라도 공격성이 필요할 때면 공격적으로 행동할 수 있다는 것을 우리는 알고 있다.

완전하고 자아가 분열되지 않은 남성들은 마사이의 현자가 훌륭하게 설명한 그 감정적 식별을 실제로 할 수 있는데, 그들은 단순히 반응하기보다 상황에 관련된 반응을 할 수 있기 때문이다. 가부장적 남성성에 갇힐 때 남성들은 정도의 차이는 있지만 무조건적으로 반응하고 과잉반응한다. 페미니스트 남성성은 남성다움에 이처럼 단순하게 반응하고 거칠고 통제되지 않은 요소가 있다는 개념을 만들어내지 않는다. 그보다 페미니스트 남성성은 우리가 남성들의 통제력 상실을 두려워할 필요가 없다는 사실을 남성들, 그리고 남성들에게 관심을 갖는 우리들에게 확신시킨다. 가부장제의 힘은 남성다움이 두려움의 대상이 되도록, 그리고 남성들이 사랑받는 것보다 두려움의 대상이 되는 것이 더 낫다고 느끼도록 하기 위해 존재했다. 고백할 수 있든 없든, 남성들은 그것이 사실이 아님을 알고 있다.

남성들은 자신의 남성다움으로 두려움을 주려다가 오히려 그들 삶의 모든 여성과 어느 정도로든 멀어지고 그 결과 상실감을 느낀다. 그러니까, 가부장제에 충성하고 받는 감정적 대가가 미덥지 않아 보이는 것이다. 만일 가부장 문화에서 우리 여성들과 여자아이들이 자신들과 친밀한 남성들을 비롯해 모든 남성을 잠재적 강간범과 살인자로 보도록 배운다면, 우리는 그런 남성들을 신뢰할 수 없으며 신뢰 없이는 사랑도 없다. 내가 어릴 적 아버지는 가정에서 가부장적 부양자이자 보호자로 존경받았다. 그리고 그는 두려움의 대상이었다. 두려움을 불러일으키던 그 능력은 아버지가 진정 남자답다는 표시였다. 아버지가 스스로를 책임질 수 있다는 사실을 알고 있어서 마음이 놓이긴 했지만, 아버지가 우리—아버지가 사랑하는 가족—에게 폭력을 휘두르려고 하는 순간 우리는 그를 잃었다. 우리에게는 단지 두려움만 있었을 뿐이며, 그 폭력을 가라앉히고 바꾸고 아버지가 우리 마음을 알도록 할 만큼 아버지와 우리가 감정적으로 연결되지 않았다는 걸 알 수 있었을 뿐이다.

얼마나 많은 남성들이 가부장적 남성성에 내재된 개념, 그러니까 모든 남성의 내면에 살인을 할 준비가 돼 있는 굶주린 포식자와 사냥꾼이 있다는 개념을 행동으로 옮기면서 자신과 관계있는 사람들에게 폭력을 휘둘러 사랑이라는 유대를 잃었는가? 실버스타인은 결국 '여성들과 멀어지도록' 하는 소외의 의식을 실천해야 한다는 가부장적 주장 때문에 남성들이 고통을 받는다고 주장한다. 그녀는 이렇게 말한다. "나이 지긋한 이들과 일하는 사람들이라면 다들 말하듯, 80대 남성들이 유언을 할 때 그들이 찾는 사람은 '엄마'이며 '아버지'가 절대 아니다. 이 남성들은 실제 엄마가 아니라 양육, 보살핌, 유대감, 우리가 혼자가 아니라는 걸 알게 해주는 사랑을 베푸는 존재인 상징적인 엄마를 필요로 하는 것일 수도 있다."

가부장적 남성성은 진짜 남자라면 고립과 단절을 이상적으로 그리면서 자신의 남자다움을 증명해야 한다고 주장한다. 페미니스트 남성성은 진짜 남자란 다른 사람들과 연결되는 행동과 공동체 형성을 통해 되는 것이라고 남성들에게 말한다. 혼자 있는 한 사람의 남자만으로 구성되는 사회는 세상에 없다. 소로조차도 자신의 오두막에서 혼자 살면서 매일 어머니에게 편지를 썼다. 《화성에서 온 남자, 금성에서 온 여자Men Are from Mars, Women Are from Venus》에서 존 그레이John Gray는 독자들에게 남성들이 자신의 동굴로 들어간다고—남성들이 관계를 끊고 단절한다고—말하면서 가부장적 남성성을 정확하게 설명하고 있다. 그는 남성들이 그 동굴에서 살면서 충만해질 수 있다고는 절대 주장하지 않는다. 하지만 가부장적 믿음에 사로잡힌 많은 남성들은 영혼의 황무지에서 철저하게, 그리고 늘 혼자 살아간다.

성차별적 지배와 억압을 끝내기 위한 하나의 운동으로서 페미니즘은 우리 모두에게 가부장 문화에서 벗어나는 길을 제시한다. 이 진실을 자각하는 남성들은 대체로 비교적 젊은 남성들, 성평등이 좀 더 명확한 규범이 된 세상에서 태어난 남성들이다. 나이 든 남성 세대와 달리, 이들에게는 여성이 그들과 동등한 존재라는 사실을 설득할 필요가 없다. 이들은 여성학 수업을 듣고, 자신을 페미니즘 지지자로 인정하기를 두려워하지 않는다. 이들은 페미니스트 어머니에게서 자란 페미니스트 아들들이다. 이런 이유로 마이클 실버스타인은 그의 어머니의 저서 《좋은 남자를 키울 용기》에 쓴 후기에서 그 작품에 찬사를 보낸다. "어머니와 단절된 남성은 자신의 일부와 단절된 거라는 개념은 강력한—변화를 촉발할 정도로 강력한—개념이다. 내 어머니가 나와 그녀 자신, 그리고 다른 어머니들과 아들들을 위해 용기 있게 이런 문제를 드러냈다는 사실이 자랑스럽다." 이 남성들은 페미니스트 남성성이 남성을 해방시키는 방식을 보여주는 살아 있는 예다.

나이 든 남성 세대가 성차별적 사고에서 벗어나 페미니스트 남성성을 받아들인 경우 대개는 그들 삶의 여성들 덕에 마음이 움직여서 사고와 행동을 바꾼 것이지만, 다른 많은 남성들이 의식과 행동을 정말로 바꾼 것은 동등하게 육아 역할을 맡으면서였다. 딸을 키우면서 아이의 행동과 존재가 성차별주의로 위협받는 순간을 경험하고 나서야 그때까지 인식하지 못했거나 혹은 전혀 신경 쓰지 않았던 가부장적 편견에 어느 순간 격분하게 되었다는 남성들과 나는 많은 대화를 나눴다. 페미니즘 이론가들은 남성들이 적극적으로 육아에 참여한다면 변화할 것이라고 그 운동이 시작되었을 때부터 주장했다. 여성들이 대개 타고난 것처럼 보이는 관계의 기술을 남성들 또한 개발할 수 있을 것이다. 여전히 육아는 남성이 지배자 모델을 놓아버리고 함께 낳은 아이를 함께 키우는 여성과 동등한 관계를 맺으면서 사랑을 실천할 수 있는 배경이 된다. 남성중심주의에서는 서로 간의 친밀함이 나타날 수 없다. 아버지들은 아이들의 심장에 닿지 못한다.

　　남성이 여성을 지배하는 한, 그들 사이에 사랑은 존재할 수 없다. 사랑과 지배가 공존할 수 있다는 말은 가부장제가 우리 모두에게 하는 아주 강력한 거짓말들 중 하나다. 대부분의 남성과 여성이 여전히 그 말을 믿지만, 사실 사랑은 지배를 바꿔놓는다. 남성들이 가부장적 틀을 벗어나 자아를 만들어갈 때 그들은 사랑을 배우는 데 필요한 감정을 인식한다. 페미니즘은 여성과 남성이 사랑을 알 수 있게 해준다.

선구적인 페미니즘은 현명하고 사랑이 담긴 정책이다. 그것은 남성과 여성의 사랑에 뿌리를 두고 있으며, 어느 한쪽에게 다른 한쪽을 지배할 특권을 주는 것을 거부한다. 페미니스트 정책의 정신은 여성과 남성, 여자아이와 남자아이의 가부장적 지배를 끝내기 위한 노력이다. 사랑은 지배와 강압에 근거하는 어떤 관계에서도 존재할 수 없다. 남성들이 가부장 문화에서 그 가부장적 법칙에 굴복해 자기 인식을 한다면 스스로를 사랑할 수 없다. 어떤 관계에서든 서로의 성장과 자아실현의 가치를 강조하는 페미니스트 사고와 실천을 남성들이 받아들인다면 그들은 감정적으로 평안해질 것이다. 진정한 페미니스트 정책은 언제나 우리를 속박에서 자유로, 사랑이 없는 상태에서 사랑이 있는 상태로 데려다준다.

상호 파트너십은 사랑의 기초다. 페미니스트 사고와 행동은 상호 관계가 성장할 수 있는 조건을 만든다.

페미니스트 정책의 진정한 동지이며 옹호자인 존 스톨튼버그John Stoltenberg는 남자다움보다 정의를 더 사랑할 수 있게 해주는 윤리적 감수성을 키우라고 끊임없이 남성들을 설득했다. 〈남자다움으로부터의 치유〉라는 글에서 그는 "남자다움보다 정의를 더 사랑하는 것은 그저 가치 있는 추구만이 아니다. 그것은 미래다"라고 말한다. 그는 또 이렇게 설명한다. "자아보다 남자다움에 충실하기로 선택한다면 어쩔 수 없이 부당함에 이른다. (……) 남자다움보다 정의를 더 사랑할 때—서로의 관계에서, 현실적으로—그의 자아가 정체성이 된다." 페미니스트 사고를 옹호하는 다른 남성들처럼 스톨튼버그 역시 남성들이 가부장적 사고에 저항하고 자신과 다른 사람들을 사랑하는 법을 배우는 일이 쉽지 않다는 것을 경험으로 안다. 페미니스트 남성성은 남성다움의 본질적 선을 드러내고 남성과 여성 모두가 사랑이 담긴 남자다움에서 아름다움을 찾을 수 있도록 하면서, 남성들에게 자아와 다시 연결되는 방법을 제시한다.

8

대중매체가
보여주는 남성성

대중매체는 남자아이들과 남성들에게 가부장적 사고와 실천에 관한 법칙들을 가르치면서 끊임없이 그들을 세뇌하는 역할을 한다. 가부장제에 도전하고 그것을 변화시켜야 한다는 페미니즘의 주장이 남성들에게 그처럼 별 영향을 미치지 못한 주요 이유 중 하나는 그 이론이 주로 책에 실려 있었기 때문이다. 대부분의 남성들은 페미니스트 책을 사거나 읽지 않는다. 백인 여성이 주도하는 현대 페미니스트 운동이 최고 절정기를 구가하는 동안, 60대 후반에서 70대 초반의 남성 저자들은 가부장제를 비판하면서 파괴적인 남성성의 문제를 담은 책들을 출간했다. 《일하는 기계The Male Machine》, 《남성 해방Men's Liberation》,

《해방된 남성The Liberated Man》,《남성성의 한계The Limits of Masculinity》,《성차별주의에 반대하는 남자들을 위하여For Men against Sexism》,《남자가 된다는 것Being a Man》,《백인 영웅, 흑인 야수White Hero, Black Beast》와 같은 책들은 남성들이 정형화된 성역할을 수동적으로 받아들이는 데 이의를 제기한다.

이 책들과 여기에서 비롯된 논의들은 남성들의 의식에 전혀 영향을 미치지 못했는데, 여성에 초점을 맞춘 페미니스트 책들이 여성들의 의식에 영향을 미친 것과 대조된다. 대개 이런 백인 남성 작가들은 남성성의 개념을 재확립하려는 노력을 하지 않았다. 대신 그들은 이전에 여성에게 해당되었던 행동양식을 배우라며 남성들을 독려했다. 그들 모두는 여성 지위의 변화와 함께 경제적 변화로 남성성의 위기가 초래되었다는 점에 동의했다.

현대의 선진자본주의 사회에서 남성적 힘은 예부터 남성이 재정적으로 가정을 부양하는 능력과 같은 것으로 여겨졌다. 하지만 일의 영역, 가정 부양의 영역으로 진입하는 여성이 점점 더 많아지면서 가부장적 남성성을 규정하는 이 주요 특질은 의미를 상실했다. 일터에서 성평등이 나타나면서 많은 남성들이 자신이 부양자라는 역할에 꼭 흥미가 있는 건 아니라는 진실을 자유롭게 말할 수 있게 되었다. 페미니즘이 여성들에게

남자다움이 만드는 이상한 거리감

스스로의 힘으로 살아가야 한다고 가르친다는 생각에 많은 남성들이 만족스러워했다. 동시에 페미니스트 운동과 소위 성혁명으로 오직 남성들만 성행위에서 주도권을 가질 수 있다는 개념이 변하면서 가부장적 남성성의 또 다른 특질 역시 의미를 잃었다. 일터와 성의 정치에서 나타난 성관계의 변화는 다수의 사람들, 특히 여성들에게 성역할이 달라졌음을 의미했지만, 그런데도 남성성에 관한 가부장적 개념은 그대로 남아 있으며 그 개념들이 현실에 근거하지 않을 때 역시 그렇다. 이런 이유로 남성성의 위기가 생긴다. 전통적으로 제도화된 가부장적 사회질서는 성차별적 사고에 눈에 띄는 변화가 없었을 때부터 도전받고 변화되고 있었다.

　　이런 위기를 겪는 남성들은 안정감과 안전을 위해 가부장적 이데올로기의 기반이 되는 전제를 고수할 수도 있었고, 페미니스트 운동에 참여해 남성성을 새롭게 이해하고 사회적으로 남성의 정체성을 형성할 새로운 가능성을 만들기 위해 노력할 수도 있었다. 변화를 선택한 남성들, 그러니까 페니미스트 운동에 참여하는 남성들은 대개 동성애자이거나 양성애자였으며, 혹은 급진적 페미니스트 여성들과 이성애자 관계에 있었다. 이런 남성들과 관계를 맺고 있던 많은 여성들은 상대 남성들이 처음 페미니스트에 가졌던 열정이 가라앉은 후 남성성을 바꾸는 일에서 흥미를 잃는 모습을 목격했다.

특히 영화와 텔레비전을 비롯한 주류 대중매체는 가부장적 사고와 행동을 여전히 강화하면서 이런 모순을 보여주었다. 대부분의 남성들은 변화하지 않기로 선택했으며, 보수적인 대중매체는 그들이 제자리에 남는 것을 지지했다. 남성들이 더는 예전의 조건으로 완전히 실현될 수 없는 남성성의 개념에 여전히 매달리면서 물리적 힘과 학대 성격을 띠는 심리적 테러리즘으로 상대를 지배하고 통제하는 자신의 능력을 더 강조하게 되었다. 이제 더는 남성들이 가부장적 통제력을 주장하지 않는 공적 무대(직장의 관리자와 고위급 상사들이 여성일 수 있다)에서 일할 수밖에 없게 되었으므로, 이 남성들은 사적 영역에서만 가부장적 지배라는 의식을 완전하게 행할 수 있었다. 그 결과 일이라는 영역에서 페미니스트 변화가 있는데도 여성과 아동을 대상으로 한 남성 폭력의 발생 빈도는 늘어났다. 특히 텔레비전 토론 프로그램을 비롯한 대중매체는 남성 폭력에 초점을 맞추면서도 그것을 가부장제를 끝내야 할 필요성과는 연결 짓지 않았다. 여성에 대한 남성중심주의는 새로운 형태의 대중오락이 되었다(이런 이유로 O. J. 심슨 재판이 돈벌이 장면이 되었다). 남성들은 일의 영역 밖에서 다른 남성들과 사회적 관계를 맺으면서도 어느 때보다 지배라는 의식을 더 행사해야 했다. 흑인 남성들 사이에서,

남자다움이 만드는 이상한 거리감

흑인 대 흑인의 살인은 단기간에 열여섯 살에서 마흔다섯 살 사이 남성들의 주요 사인이 되었다.

　텔레비전이라는 세계에서는 아이들을 겨냥한 프로그램들이 성차별적 신화 만들기를 절대 멈추지 않았다. 남성성을 암시하는 아주 인기 있는 어린이 프로그램 하나는 〈두 얼굴의 사나이〉였다. 다양한 계층과 인종의 남자아이들이 좋아한 이 프로그램은 남자가 어떤 위기 상황에서든 물리적 힘을 행사할 수 있다는 개념을 가르쳤다. 헐크는 폭력이 당연하게 등장하는 놀이에 남자아이들을 참여시키는 최근 비디오 게임들과 함께 여전히 인기 있는 파워레인저 장난감의 선구자다.

　그 뒤에 나타난 텔레비전과 영화의 여러 주인공들처럼 〈두 얼굴의 사나이〉의 주인공은 바버라 에런라이크의 책 《남자들의 마음》에 들어갈 완벽한 후보자다. 그는 늘 쫓기기 때문에 지속적인 유대나 친밀감을 키울 수가 없다. 좋은 교육을 받은 과학자(이성적인 남자를 최대치로 나타내는 모습) 헐크는 극도로 분노하면 녹색 괴물로 변하고 폭력적인 행동을 한다. 폭력을 행한 뒤에는 평소 모습인 이성적인 백인 남성으로 되돌아간다. 그는 자신의 행동을 기억하지 못하므로 그 행동에 책임을 질 수도 없다. 그는 (인기 있는 성인 드라마 〈도망자〉의 주인공처럼) 친구나 가족과 지속적으로 감정적 유대를 쌓지 못하기 때문에 사랑을 할 수도

대중매체가 보여주는 남성성

없다. 그는 관계의 단절과 분리를 즐긴다. 비트 세대 남자들처럼, 혹은 이후의 엑스 세대 남자들처럼, 그는 가부장적 남성의 극치를 보여준다. 거리에서, 혼자, 끝없이 떠돌면서 내면의 야수에 의해 조종당하는 남자.

〈두 얼굴의 사나이〉는 성차별주의, 인종차별주의와 관련된다. 침착하고 신중하고 이성적인 백인 남성 과학자는 감정이 격렬해질 때마다 녹색의 야수로 변했다. 이 변화를 알고서 괴로워하던 그는 치료할 방법, 즉 자신을 내면의 야수와 분리할 방법을 찾는다. 폴 호크Paul Hoch는 《백인 영웅, 흑인 야수》에서 인종차별주의와 남성성의 관련성에 대해 이렇게 주장한다. "서구에서 남자다움에 관한 두드러진 개념과 인종(그리고 종) 지배의 개념 사이에는 실제로 밀접한 상호작용이 있다. 원래 신화와 우화에서 비롯된 이 개념은 남자다움은 다른 무엇보다 남성성의 절정—'백인 주인공'—이 '흑인 야수'를 상대로 혹은 다른—어떤 의미에서 '피부색이 더 검은'—인종, 나라, 사회 계층의 야만적인 야수들을 상대로 승리를 쟁취함으로써 얻어진다는 것이다." 〈맨 인 블랙〉, 〈인디펜던스 데이〉, 〈매트릭스〉 같은 영화는 판타지 영역에서 가부장적 백인의 남성성을 표현하기 위해 어둠 대 빛이라는 인종차별적 묘사를 이용한다. 우리의 실제 삶에서, 정부의 제국주의 백인우월주의 정책들은 걸프전쟁과 이

남자다움이 만드는 이상한 거리감

라크에 대항한 전쟁 모두에서 그랬던 것처럼 더 어두운 세계에 대한 백인 남성의 폭력적 지배를 행하는 것으로 이어진다. 위협적인 남성성—강간범, 테러리스트, 살인자—이 실제로 어두운 상대편으로 보이게 만들면서, 백인 남성 가장들은 그들 자신의 여성혐오, 여성과 아동에 대한 그들의 폭력으로부터 관심을 돌릴 수 있다.

음악계에서 백인 남성 간부들이 진두지휘한 갱스터 랩의 대중화는 대중의 목소리로 가부장제와 여성혐오를 이야기하게 했다. 하지만 젊은 흑인 남성들(그들 중 다수는 처음부터 최하층 계급 출신이었다)의 목소리를 내게 함으로써 지배계급의 백인 남성들은 가부장적 남성성이 지닌 유혹(돈, 권력, 섹스)에 대한 그들 고객의 갈망을 이용하면서 동시에 그들의 반페미니스트 메시지를 젊은 백인 남성들이 배워야 하는 교훈으로 만든다. 우리 정부를 통제하는 보수적인 백인 남성들이 미국 대중에게 전쟁의 복음을 설파하기 위해 개개의 흑인 남성들을 이용하는(피부색이 검은 상대는 영웅적인 백인 남성이 전멸시켜야 하는 위협적 존재라고 단언하면서) 것처럼—예를 들어, 콜린 파월^{Colin Powell}—대중매체는 흑인 남성들을 잔혹한 가부장적 남성성의 전형인 것처럼 악마화하면서 백인 남성들의 가부장적 남성성과 이에 수반되는 여성혐오에서 관심을 돌린다.

가부장적 백인 남성들이 페미니즘에 맞서 전쟁을 벌이기 위해 대중매체를 이용하는 방법들 중 하나는 폭력적인 여성 혐오 남성을 일탈적이고 비정상적으로 일관되게 묘사하는 것이었다. 가부장적 백인 남성들이 자신들의 가부장적 폭력을 부인하기 위해 어디까지 가는지를 보여주는 완벽한 예는 PBS에서 방영했던 힐사이드 스트레인글러에 대한 다큐멘터리였다. 시청자들은 정신과 의사들이 성인 여성들과 두 명의 소녀를 살해한 백인 남성 연쇄살인마와 이야기하는 장면을 볼 수 있었다. 이 이야기는 몇 부분으로 나뉘어 전개되는데 각 부분은 굉장히 극적이고 긴장감이 넘친다. 시청자들은 그 피고인이 사랑스러운 금발의 아내와 갓난아기 아들이 있는 잘생긴 전형적인 미국의 백인 소년(내가 '소년'이라는 단어를 사용하는 이유는 아나운서들이 그의 소년 같은 특징들을 반복하고 반복해서 언급하기 때문이다)이라는 사실을 알게 된다. 사람들은 그의 외모가 악랄한 살인자의 모습이 아니라고 말한다. 그가 근면하고 인기가 있다고 말한다. 이 모든 특징들 때문에 수사관과 경찰(모두 백인이며 남성이다)은 그를 쉽사리 체포하지 못했다. 그는 그들에게 '용의자 같지 않게' 보였다. 그가 체포된 뒤에도, 백인 남성인 정신건강 관리 전문가들은 만일 이 전형적인 미국 백인 남성이 여성들에게 그 모든 폭력적인 범죄를 저질렀다면 그가 제정신이 아니었기 때문이었음을 서류로

남자다움이 만드는 이상한 거리감

라도 증명하기 위해 사건에 동원되었다.

　결국, 한 예리한 의사가 그 피고인은 처벌을 피하기 위해 미친 척하는 것임을 밝혀냈다. 그는 미친 사람으로 보이는 방법을 알아내기 위해서 범죄를 저지르기 전에 심리학을 공부했던 것 같다. 의사가 마침내 그의 '가면을 벗길' 때, 힐사이드 스트레인글러는 이렇게 말한다. "여자는 내게 아무것도 아니다. 나는 여자를 눈 깜짝할 새에 죽일 수 있다." 재판이 끝나고 그 사건에 대한 최종 판결을 읽으면서 백인 남성 판사는 시청자들에게 힐사이드 스트레인글러가 여성을 혐오하는 남자라고 말한다. 하지만 그 판사는 이 여성혐오를 가부장제나 성차별주의 혹은 남성중심주의와 연결하지 않는다. 대신 시청자들은 그의 어머니가 폭력적이고 괴팍한 노름꾼 남편을 향한 분노 때문에 그를 때렸다는 이야기를 듣는다. 최종 분석에서 이 남성이 여성들에게 가한 폭력의 책임은 다른 한 여성에게 돌아간다. "내가 그 행동을 한 것은 그녀 때문이다"의 또 다른 경우다. 그가 용의주도하게 생각해낸 위장 전략, 즉 멋진 남자와 자상한 가장인 척하면서 많은 여성들과 다른 사람들을 속인 방법에 대해서는 어떤 이야기도 들을 수 없었다.

　현대 페미니스트 운동이 시작된 이래 미스터리 소설 장르는 가정 폭력, 강간, 근친상간 같은 페미니즘 문제를 이용해 여성을 혐오하는 남성 악한을 만들었다. 《톱니바퀴의 칼날^{Jagged} Edge》에서 이후 《정신분석을 받는 사람^{The Analysand}》에 이르는 소설들은 가부장적 폭력의 필요성을 옹호하면서도 페미니즘 주제를 이용한다. 폭력 범죄의 90퍼센트 이상이 남성에 의해 발생하는 현실 세계에서 대중문화가 남자답다는 것의 부정적이고 긍정적인 모습 모두를 제시하는 것은 별로 놀랍지 않다. 여성을 혐오하고 지배하는 남성들은 혼자 지내는 사람, 어린 시절에 학대를 당했을지도 모르며 정상적인 사회에 적응할 수 없는 사람으로 끊임없이 묘사된다. 아이러니하게도, 이 '나쁜' 남자들은 그들을 뒤쫓고 죽이는 '좋은' 남자들과 같은 특성을 지닌다. 두 경우 모두에서 그 남자들은 위장하며(자신의 정체성에 대한 다른 사람들의 인식을 조종하기 위해 다양한 모습을 띠고 변장한다), 감정적으로 다른 사람들과 연결되는 능력이 부족하다.

〈굿 윌 헌팅〉과 같은 영화에서 그 감성적인 남자는 마음 밑바닥에 폭력성이 있는 것으로 보인다. 영화에서 월은 노동자 계급 청년으로, 어린 시절 받았던 마음의 상처를 직면하고 다시 느끼는 법을 배운다면 건강한 남성이 될 수 있는 기회를 가진 인물이다. 영화 속 그는 가부장 문화에서 다른 사람들과 다시 연결되기 위해 노력하는 남자의 모습을 보여준다. 테렌스 리얼은 이 영화에 대해 이렇게 이야기한다.

남자다움이 만드는 이상한 거리감

윌 헌팅이 우리에게 보여주듯, 한 남자는 다른 사람들과 연결되면서도 자신의 심장과 여전히 분리된 채 있을 수는 없다. 다른 이들과 친밀한 관계를 맺을 때 있는 그대로의 느낌이 아주 풍부하게 살아난다. 그 느낌과 싸우는 것은 친밀한 관계를 유지하기 위해 필요한 일이다. 하지만 단절이라는 금욕, 자신의 느낌을 피하는 전략은 바로 남자아이들이 배우는 가치다. (……) 자신과 다른 사람들에게 공감하는 것은 여전히 평가절하되고 탐험되지 않는 영역—여성의 영역—으로 남아 있다. (……) 윌이 가진 고통의 근원, 그리고 그 고통을 자신이 가장 좋아하는 사람들에게 가하는 대신 그것에서 도망칠 수 있는 권리의 근원 모두 가부장제의 핵심—모든 남자아이들이 배우는 남자다움이라는 암호—에 있다.

이 가부장적 암호는 세대를 이어 전해진다. 상을 받은 영화 〈몬스터 볼〉은 힘겨운 삶, 술, 담배의 피해자이면서 집안을 다스리는 가장, 교도소장으로 일하며 아버지에게 복종하는 아들, 그리고 할아버지와 아버지의 발자국을 그대로 따라가는 손자, 이렇게 백인 3세대를 묘사한다.

가부장적 남성성의 이상적인 모습을 실현하기 위해 이 백인 남성들은 자신의 느낌과 단절하는 법을 배워야 한다. 집안을 다스리는 가장은 아들에게 악담을 내뱉으면서 이렇게 말한다. "네 엄마는 그래도 쓰레기는 아니었어." 수치심을 주는 것은 그가 통제력을 유지하는 방법이다. 아들은 인종차별주의자이며 여성혐오자인 아버지를 맹목적으로 따르지만, 어느 순간 반인종차별주의자이며 자신의 감정을 느낄 수 있다는 이유로 유약한 남자 취급을 받는 손자가 자신의 아버지에게 맞선다. 그는 왜 아버지가 자신을 사랑하지 않는지 묻고 그런 다음 입에 총구를 겨누어 자살한다. 그의 자살은 가부장적 사이클을 끝내고 아버지의 변화를 가져온다. 아들을 잃은 그 남자는 이전에는 증오했던 흑인들 사이에서 구원을 찾는다.

다른 어떤 현대 영화도 〈몬스터 볼〉처럼 능숙하게 가부장제의 해악을 폭로하지 않는다. 구원으로 가기 위해서는 백인 남성의 가부장적 지배를 거부해야 한다. 하지만 가부장제에 저항하는 남성들을 묘사하는 많은 영화가 그렇듯, 그 변화의 끝에는 폭력적인 지배자 가장이 자애롭고 멋진 가장으로 변하는 모습이 있을 뿐이다.

오늘날의 책과 영화는 가부장제의 해악을 명확하게 묘사하면서도 변화의 방향은 제시하지 않는다. 결국 이런 책과 영화는 남성이 생존하려면 가부장제의 어떤 흔적에 매달려야 한다는 메시지를 보낸다. 〈몬스터 볼〉에서 정말로 다르고, 인간적이고, 자신의 감정을 느끼고, 반인종차별주의자이고, 과거 가

남자다움이 만드는 이상한 거리감

부장 사회에서의 성적 대상화에서 벗어나 진정한 친밀함을 이루고자 했던 그 남성은 결국 희생자다. 그는 자살을 한다. 이 영화를 보고 나서 어떤 남성도 가부장제라는 시스템에 진정으로 도전하려는 자극을 받지 않을 것이다.

또 다른 영화 〈이그비 고즈 다운Igby Goes Down〉에서 자신의 느낌에 닿는 아버지는 조현병 환자다. 아버지는 가장이라는 책임이 주는 무게를 견디기 힘들다고 아들에게 말하지만, 이그비는 그와 감정적으로 연결되지 못한다. 어머니에 대한 증오를 견디지 못하는 이그비는 자신을 둘러싸고 있는 세상의 잔인함을 받아들이면서 도망자, 그러니까 그가 찾을 수 없는 자아를 찾아 도망 다니는 사람이 되기로 선택함으로써 폭력적이 되는 것을 피할 뿐이다. 많은 현대 영화들이 남성은 내면의 야수를 피할 수 없다는 메시지를 보낸다. 그들은 피하는 척할 수 있을 뿐이다. 그들은 위장할 수는 있지만 자신의 의식을 잡고 있는 가부장제에서 절대 놓여나지 못한다.

가부장제를 옹호하지 않으면서 남성성을 긍정하고 높이 평가하는 대중문화를 만들 때까지, 우리는 다수의 남성들이 자기 정체성의 본질을 다른 방식으로 생각하는 그런 변화를 절대 볼 수 없을 것이다. 〈굿 윌 헌팅〉에서 윌은 사랑을 알 수 있는 기회를 앞에 두고 선택을 해야 한다. 그는 과거에 받은 상처로 생긴 수치심과 자신이 무가치하다는 느낌을 놓아버려야 한다. 죽음이 아닌 삶을 선택해야 한다. 그가 사랑하고, 살기로 선택하는 것은 가부장적 모델과 절연하고 자신의 영혼을 해방하는 것이다. 관객인 우리는 자신의 본질적 선함을 새롭게 인식하는 그의 모습, 그가 얻은 구원을 기뻐하며 지지한다. 그의 회복에서 우리는 희망을 얻는다.

대중매체는 이 가능성의 기술을 가르칠 수 있는 아주 효과적인 매개체다. 각성한 남성들은 대중매체를 자신의 목소리를 공개적으로 낼 수 있는 공간으로 주장해야 하며, 다른 사람들과 연결되는 법, 그리고 의사소통하고 사랑하는 법을 남성들에게 가르치는 진보적인 대중문화를 만들어야 한다.

9

남성의 영혼을 치유하기

가부장 문화에서 남성들은 자신의 고통을 말할 수 없다. 남자아이들은 아주 어린 시절에 이런 사실을 배운다. 어릴 적 나는 내가 다니는 교회의 부제였던 한 남자에게 경외심을 품었는데, 그는 회중 앞에 서서 신에 대한 자신의 사랑을 이야기하곤 했다. 종종 그는 한창 증언을 하다 말고 흐느껴 울면서 커다란 하얀 손수건을 눈물로 적셨다. 그의 눈물을 지켜보던 여자아이들과 남자아이들은 어쩔 줄 몰라 했는데, 그들 눈에는 그가 스스로를 약한 사람으로 보이고 있었기 때문이다. 그가 울 때, 그 옆에 서 있던 남자들은 시선을 돌렸다. 그들은 강렬한 느낌을 표현하는 남자를 보는 것을 부끄러워했다.

남성의 영혼을 치유하기

어린 시절 이야기를 담은《본 블랙Bone Black》에서 나는 자신의 감정을 느낄 줄 아는 이 아름다운 남자를 다음과 같이 회상했다.

그녀의 어린 마음에 나이 든 남자들은 감정을 느끼는 남자들일 뿐이었다. 그들은 술과 달콤한 향수 냄새를 풍기며 오지 않았다. 그들은 나비처럼 다가왔고, 가볍고 아름답게 이리저리 옮겨 다니다가 잠깐 동안만 한 자리에 머물렀다. (……) 그들은 피부가 갈색이었고 얼굴 표정은 진지했으며 교회의 부제, 신의 오른쪽에 있는 사람들이었다. 그들은 신의 사랑을 느낄 때면 눈물을 흘리며 우는 남자들, 목사가 선하고 충실한 종에 대해 말할 때면 흐느껴 우는 남자들이었다. 그들은 꾸깃꾸깃한 손수건을 주머니에서 꺼내 마치 컵에 우유를 붓듯 그 손수건에 눈물을 쏟았다. 그녀는 우유처럼 자신에게 영양분을 공급하고 자랄 수 있게 해줄 그 눈물을 마시고 싶었다.

성인용 책을 쓸 때든 아동용 책을 쓸 때든, 나는 가부장제에서 남성을 느낌이 없는 존재로 묘사하는 것에 반박하면서 자신의 아름다움과 영혼의 온전함을 보여주는 남성의 이미지를 만들기 위해 노력했다.

비록 우리가 '가부장제'라는 단어를 거의 쓰지 않지만, 성차별적 남성성이 남성들의 영혼을 어떻게 공격했는지는 모두가 알고 있다. 남성들이 감정에 무감각해진 것을 두고 암묵적으로 여성들을 탓한 것은 잘못이지만, 시인 로버트 블라이는 남성들이 안전한 공간에서 자신의 마음을 표현하며 울부짖고, 울고, 춤추고, 놀고, 그리고 내면의 영혼을 다시 한 번 찾을 수 있기를 바라면서 그들더러 자기 안의 '거친 남자'를 찾으라고 권했다. 당연히 블라이가 진행한 것과 같은 여러 워크숍에 참석한 남성들은 잠시 마음대로 했다가 그 거친 영혼은 뒤에 남겨두고 가부장 세계로 다시 돌아갔다. 로버트 블라이의 《무쇠 한스 이야기Iron John》를 읽은 독자라면 그의 언어로 어머니를 비난하는 소리를 들을 수 있다. 남자아이들의 영혼을 죽이는 일에 어머니가 하는 역할을 우리 모두 알아야 한다는 블라이의 주장은 옳지만, 그는 '어머니의 사디즘'을 행하는 그 어머니들이 가부장 사회가 좋은 어머니가 해야 하는 일이라고 가르쳐준 '돌봄'을 그대로 실천하고 있음을 인정하지 못한다.

어머니들이 아들을 키울 수 있을지 의문을 가지라는 말을 듣는 시대에, 그렇게 많은 가부장적 남성들이 가부장제의 신념과 가치를 어머니에게서 직접 배워온 시대에 우리가 지금 살고 있다는 것이 참으로 아이러니하다. 가부장 문화에서 많은 어머니들이 자신의 아들에게 분노를 돌리는 것으로 남성에 대한 분노를 표현한다. 《파트너십의 힘The Power of Partnership》에서 리안 아이슬러Riane Eisler는 이렇게 설명한다. "일부 여성들은 자신의 억압된 분노를 그들이 허약하거나 연약하다고 느끼는 남자들—예를 들어, 아들—에게 돌린다. 심리학자 데이비드 윈터David Winter는 남성이 막강한 지배력을 발휘하는 나라나 시대에 살고 있는 여성들은 자신의 아들, 그러니까 그들이 안전하게 분노를 퍼부을 수 있는 유일한 남성인 아들을 굉장히 심하게 통제하는 경향이 있음을 발견했다. 이런 환경에 있는 여성들은 흔히 미묘하게 혹은 그렇게 미묘하지 않게 자신의 아들을 학대한다." 가부장 문화에서 많은 어머니들은 아들이 약해질까 봐, 남자다운 남자, 진짜 남자, 다른 남자들이 부러워하고 우러러보는 남자가 될 준비를 갖추지 못할까 봐 두려워하면서 아들의 내면에 있는 거친 영혼, 경이롭고 장난기 많고 사랑스러운 영혼을 침묵하게 한다.

남성들이 어머니에게 보이는 분노의 대부분은 어머니가 가부장제가 가하는 해악에서 아들의 영혼을 보호하지 못한 것에 대한 반응이다. 테렌스 리얼은 《어떻게 당신의 마음에 닿을 수 있을까?》에서 어느 가족을 치료하던 기간에 경험한 일화를 소개한다. 여기에서 아들은 어머니와의 감정적 유대를 가부장 문화에 침해당할 때 어머니가 묵인하던 이야기를 한다. 아들은 이렇게 회상한다. "어머니는 내게 말하고 있었다. 애야, 그냥 나를 놓아줘. 날 좀 놓아줘. 네 아버지가 짐승이라는 걸 우리는 알잖니. 우리는 네 아버지가 절대 이해할 수 없는 고결한 느낌의 세계에 함께 살고 있어. 하지만 애야, 너도 알다시피 나는 아무 힘이 없지 않니. 내가 무엇을 해야 할까?" 매일 어머니들은 실제의 냉담한 아버지든 혹은 상징적인 아버지든 가부장제에 남자아이를 맡기기 위해 그 아이와의 감정적 연결을 무자비하고 잔혹하게 끝내고 있다. 남자아이들은 고통을 느낀다. 그리고 그 아이들은 고통을 내려놓을 곳이 없다. 그래서 그 고통을 마음속에 지니고 있다. 그들은 고통이 분노로 바뀌는 곳으로 그 고통을 가져간다.

감추는 법을 배우면서 남성들은 자신의 분노와 무력감을 가리는 법도 배운다. 하지만 남성들이 남성중심주의를 유지하기 위한 하나의 방법으로 거짓 자아를 만드는 법을 배울 때, 그들은 건강한 자존감을 형성할 견고한 기반을 잃는다. 남성적인 존재를 주장하는 하나의 방법으로 늘 가면을 쓰는 것은 늘 거짓으로 사는 것이며, 정체성을 제대로 인식하고 평안함을 느끼는 감각을 지속적으로 박탈당하는 것이다. 이처럼 거짓으로 살 때 남성들은 강렬한 감정의 고통을 느낀다. 지배라는 행동은 그 고통을 조정하는 데 도움이 된다. 지배라는 행동은 환상에 불과한 자아감, 정체성을 제공한다. 시인이자 농부인 웬델베리Wendell Berry는《소농, 문명의 뿌리The Unsettling of America: Culture and Agriculture》에서 이렇게 주장한다. "만일 우리가 '남자답다'고 분류하는 파괴적인 행위에서 지위와 보상을 없앤다면, 남성들은 여성들만큼 괴로워하게 될 것이다. 그들은 여성들과 같은 이유로 괴로워할 것이다. 그들은 남성, 그리고 여성과의 교감에서 밀려나는데, 이 교감은 모든 생물체와의 교감 중 가장 깊이 연결되는 것이다."

우리 사회의 많은 남성들이 어떤 지위도, 특권도 갖고 있지 않다. 그들은 자본주의 가부장제에서 어떤 보상도 거저 받지 못하며 어떤 특전도 받지 못한다. 이런 남성들에게 여성과 아이에 대한 지배는 가부장적 존재를 주장할 수 있는 유일한 기회일 것이다. 이런 남성들은 괴로워한다. 그들의 고통과 절망에는 한계나 경계가 없다. 그들은 남성들이 변하기를 바라지 않는 사회, 사회적으로 남성의 정체성을 형성하는 기반이 지배 윤리에 근거하지 않도록 남성들이 남성성을 재구성하기를 원치 않는 사회에서 고통받는다. 그들은 자신이 느끼는 그 강렬한 괴로움을 인정하기보다는 감추려 한다. 아닌 척한다. 그들은 무력하다고 느낄 때에도 힘과 특권을 가지고 있는 양 행동한다. 남성들이 자신이 느끼는 고통의 깊이를 인정하지 못하기 때문에 가부장적 남성성에 도전하고 이를 바꾸는 일이 어려워진다.

부모와 맺는 감정적 유대가 무너지고 나서, 그처럼 많은 남성들이 경험하면서도 정확히 말하지는 못했던 감정적 방치와 유기라는 정신적 외상은 남성들의 영혼에 손상을 주고 상처를 입혔다. 많은 남성들이 자신의 괴로움을 말하지 못한다. 여성들처럼, 극심한 괴로움을 겪는 그들은 자신의 괴로움을 만들어낸 바로 그 요인에 매달리면서 성차별주의나 성차별적 억압에 저항하기를 거부한다. 그들의 거부는 자신의 나약함이 드러날 거라는 두려움에 뿌리를 두고 있다. 그들은 자신이 느끼는 고통의 깊이를 인정하길 두려워한다. 그들의 고통이 심해질 때, 폭력을 행하고 다른 사람을 강제로 지배하고 학대하려는 욕구도 강해진다. 바버라 데밍은 이렇게 설명한다. "나는 남성들이 그처럼 폭력적인 이유가 자신이 거짓으로 행동하고 있다는 걸 내면 깊숙이 알고 있고, 그래서 몹시 화가 나기 때문이라고 생각한다. 누구나 거짓으로 살면서 행복할 수 없고, 그래서 그들은 거짓에 사로잡혀 있다는 사실에 몹시 화가 나는 것이다. 하지만 그들은 그 상태에서 벗어나는 법을 알지 못하며, 그런 이유로 그 상태로 더 깊숙이 들어갈 뿐이다."

많은 남성들에게는 폭력에 연결되는 순간만이 친밀함에

이르고, 가까워지고, 극도의 고통을 방출하는 순간일 수 있다. 페미니스트 여성들이 모든 남성은 힘을 가진 위치에서 상대를 괴롭히는 강한 압제자라고 주장할 때, 그들은 많은 남성들이 피해자의 입장에서 상대를 괴롭힌다는 현실을 모호하게 만든다. 남성들이 다른 사람들에게 행하는 폭력은 대개 자신에게, 그리고 자신 안에서 벌어진 폭력을 반영하는 것이다. 많은 급진적 페미니스트들은 남성중심주의에 굉장히 격분했기 때문에 남성들이 고통을 겪을 수도 있음을 인정하거나 용서하지 못한다. 우리 여성들이 남성들이 겪는 희생을 제대로 살피지 못한다면, 남성다움을 이해하지 못하며 더 많은 남성들이 페미니즘에 따라 변화하기 위해 노력하도록 그들과 연결될 여지를 찾기 어려워진다. 바버라 데밍은 여성들에게 남성의 분노에 대한 두려움을 극복하라고 설득하면서 이렇게 말한다. "남자들은 거짓으로 행동하기 때문에 격분하는데, 이것은 그들이 마음 깊숙한 어딘가에서는 그 거짓에서 구조되기를 바라며 진실을 그리워한다는 의미다." 그녀는 또 이렇게 설명한다. "그들의 분노는 우리를 두렵게 하기도 하지만, 또한 희망을 품게도 한다."

　페미니즘 옹호자들이 남성다움에 대해 새로운 방식으로 생각하는 것, 페미니즘 시각에서 남성성을 재구성하는 새로운 패러다임을 만드는 것은 지금까지 굉장히 어려웠다. 페미니스트 운동이 성공했음에도, 남자아이들의 사회화—가부장적 남성의 정체성을 형성하는 것—는 근본적으로 변하지 않았다. 소설이든 이론이든, 페미니스트 글은 남성의 변화에 좀처럼 초점을 맞추지 않는다. 남학생들에게서 그들이 가부장제의 문제점을 알아보고 진보적 정체성을 만들려 할 때 지침이 될 만한 참고 문헌을 소개해달라는 요청을 받을 때마다 나는 마음이 불편한데, 그들에게 권할 문헌이 거의 없기 때문이다. 이와 반대로, 여학생이 성차별적인 여성의 역할을 비판적으로 이해하고 바꾸려고 한다는 말을 할 때면 나는 언제든 아주 많은 참고 문헌들을 소개해줄 수 있다. 남성의 문제를 명확하게 다루는 페미니스트 작품이 더 많아져야 한다. 그들에게는 변화를 위한 페미니즘의 청사진이 필요하다.

페미니즘 이론 강의에서 나는 학생들에게 그들이 재구성된 페미니스트 남성성의 예를 접할 수 있었던 책, 영화, 텔레비전 프로그램 혹은 개인적 경험을 말해달라고 요청했다. 학생이 마흔 명이 넘는 그 수업에서 긍정적인 반응은 거의 없었다. 몇몇 학생은 예전 존 세일즈John Sayles의 영화 〈다른 행성에서 온 형제The Brother from Another Planet〉와 그의 또 다른 영화 〈선샤인 스테이트Sunshine State〉에 대해 말했다. 나는 앨리스 워커Alice Walker의 소설 《더 컬러 퍼플The Color Purple》에 학생들이 관심을 갖게 했다. 이 소설을 논할 때 흔히들 주인공 실리가 대상에서 주체로 변화하는 과정에 관심을 갖지만, 이 소설이 또한 미스터의 변화, 즉 그가 가부장적 남성성에서 벗어나 공동체에 참여할 수 있는 존재로, 남을 배려하고 보살피는 사람으로 변화하는 과정을 기록하고 있다는 사실에 대해서는 아무도 말하지 않는다.

페미니스트 소설에서는 남성들을 위한 전혀 새로운 역할이 나타난다. 판타지로서《더 컬러 퍼플》은 파괴적인 성차별주의 남성성을 그대로 지닌 남성들이 변화하는 과정을 이상적으로 그리고 있다. 이 작품에서 작가 워커는 남성들이 가정에서 힘을 유지하기 위해 사용하는 가부장적 지배의 기술을 묘사하면서 학대와 테러리즘을 생생하게 설명하고, 또한 그 지배하는 남성이 새로운 자각과 새로운 삶의 습관을 획득하는 과정도 묘사한다. 그녀가 이상적으로 그리는 남성의 변화 모습에서는 그 변화의 짐을 남성들에게만 지우지는 않는다.

실리 또한 남성들에 대한 그녀의 태도를 바꾸어야 한다. 그녀는 앨버트의 변화를 확인해서만은 안 되고 그를 이해하고 용서해야 한다. 그녀가 받아들일 때 앨버트는 공동체에 다시 들어갈 수 있으며 함께 만드는 파트너십이라는 미래의 모습을 인정할 수 있게 된다. 소설 마지막에서 실리는 앨버트에 대해 이렇게 말한다.

남자다움이 만드는 이상한 거리감

그가 내게 온갖 나쁜 짓을 했는데도 왜 내가 그를 미워하지 않는지 궁금해할 거라는 걸 알아. 내가 그를 미워하지 않는 건 두 가지 이유 때문이야. 하나는 그가 슈그를 사랑하기 때문이고, 또 하나는 슈그가 한때 그를 사랑했기 때문이야. 그리고 그는 자신을 더 발전시키려고 애쓰는 것 같아. 일을 하고 뒷정리를 하고 하느님이 장난삼아 만들어놓은 듯한 것들에 감사한다는 의미만은 아니야. 내 말은, 그에게 무슨 말을 하면 이제 그가 정말로 귀 기울여 듣는다는 뜻이야. 한번은 같이 이야기를 나누다가 그가 불쑥 이렇게 말하는 거야. 실리, 나는 한 사람의 자연인으로 이 지구에서 살아온 것에 처음으로 만족감을 느껴. 그것이 새로운 경험처럼 느껴져.

변화하기 위해서 앨버트는 자신이 왜 여성을 학대했는지 이해해야 한다. 그는 존재의 일부가 가부장제에 세뇌당한 채 진짜 자아에 반해 선택을 하도록 강요당한 어린 시절의 상처에서 학대 의지가 생긴 것으로 생각한다. 자신의 인간성이 말살되었으므로, 그는 다른 사람들의 인간성을 말살하는 것이 정당하다고 느끼기 쉽다. 책 끝부분에서 앨버트는 인간 존재의 이유를 이해하고 싶어 하는 사색가가 된다. 그는 이렇게 말한다. "우리가 이 세상에 태어난 건 스스로 생각하기 위해서인 것 같아.

생각 말이야. 질문을 하기 위해서지. 그리고 커다란 문제들에 대해 생각하고 커다란 문제들에 대해 묻다 보면, 자기도 모르는 새에 작은 것들을 알게 돼. 하지만 처음에 생각하던 커다란 일들에 대해서는 절대 더 알게 되질 않아. 생각을 더 많이 하면 할수록, 나는 더 많이 사랑하게 돼." 가장으로서 앨버트는 사랑을 하지 못했다.

　　워커의 소설 속 인물 앨버트와 달리, 대부분의 남성들은 자신들이 통제할 수 없는 상황 때문에 어쩔 수 없이 변하지는 않는다. 남성성의 위기를 겪고 있는 대부분의 남성들은 어디에서부터 변화를 찾아야 할지 알지 못한다. 영화 〈앤트원 피셔〉(실화를 영화화한 것)에서 그 힘겨운 흑인 젊은 남자는 이런 말로 자신의 위기를 표현한다. "뭘 해야 할지 모르겠어." 남성들에게 페미니스트의 미래는 변화와 치유를 가능하게 할 수 있다. 성차별주의와 성차별적 억압을 끝내려는 페미니즘 옹호자들인 우리는 남성들이 자신의 고통을 말할 때 기꺼이 들어야 한다. 우리가 외면하지 않고 남성들의 고통을 용감하게 마주할 때, 비로소 그들이 감정을 인식하고 치유되도록 해줄 수 있다.

　　치유되기 위해 남성들은 느끼는 법을 다시 배워야 한다. 그들은 침묵을 깨고 고통을 말하는 법을 배워야 한다. 고통을 말할 때, 대개 남성들은 우선 함께 지내는 여성이 들어주길 기대했다가 거절당한다. 여러 면에서 여성들은 가부장적 남성이라는 신비감에 속아 넘어갔다. 남성이 느낌을 표현하면서 여성에게 그 모습을 지켜보고 이야기를 듣고 응답해달라고 요구할 때, 여성들은 그저 외면해버릴지도 모른다. 나는 함께 지내는 남자에게 그의 느낌을 말해달라고 종종 요청하던 때가 있었다. 그러다가 그가 이야기를 시작하면, 나는 그런 느낌은 다른 누군가가 감당하기에 너무 버거우므로 혼자만 간직하는 게 가장 좋다는 메시지를 보내면서 말을 막거나 입을 다물게 했다. 내가 앞에서 말한 만화《실비아》를 보면 알 수 있듯, 여성들은 남성들이 자신의 느낌을 말하는 것을 듣기를 두려워한다. 나 또한 내 상대 남자가 고통을 말할 때 듣고 싶지 않았다. 가부장 사회에서 그렇듯 나 역시 남성을 상처받은 사람의 보호자라는 이상적인 모습으로 생각하고 있었는데, 그의 이야기를 들으려면 그런 모습을 포기해야 했기 때문이다. 그가 상처받는다면, 그러면 그가 어떻게 나를 보호할 수 있겠는가?

하지만 점차 성숙해지면서, 그리고 가부장제가 남성에게 가한 학대를 인정할 만큼 페미니스트 의식이 성장하면서 나는 남성들의 고통을 들을 수 있었다. 남성을 그저 여성을 든든하게 지지해주는 존재가 아닌 동지, 인생이라는 여행길을 함께 가는 동료로 볼 수 있었다. 남성들이 자신의 감정을 인식하고 표현할 권리를 분명히 밝히는 페미니스트 남성 운동을 아직 조직하지 못했으므로, 우리 여성들은 얼마나 많은 남성들이 느낌을 표현하려고 애쓰다 함께 지내던 여성을 떠나보냈거나 그저 외면당해버렸는지 알지 못할 것이다.

남성들과 이야기하면서 나는 개개의 남성들이 동성의 친구에게 강렬한 느낌을 이야기했지만 그 친구가 방해를 하거나 말을 하지 못하게 하거나 아무 반응도 보이지 않거나 혹은 거리를 두었을 뿐이라는 고백을 들으면서 충격을 받았다. 나이를 막론하고 자신의 느낌을 말하고 싶어 하는 남성들은 대개 다른 남성에게 가지 말라고 배운다. 그리고 그들이 이성애자라면 성적으로 친밀했던 여성들과 이야기를 해보려 할 가능성이 훨씬 더 크다. 여성들은 남성과의 친밀한 대화가 대개 섹스 전후의 짧은 시간에 이루어진다고 말한다. 물론 우리의 대중매체는 성매매 종사자에게 가서 자신의 느낌을 말하는 남성들의 모습을 반복하고 반복해서 보여주기도 한다. 그런 관계에서는 친밀함이 없고, 따라서 감정을 그대로 내보였다가 상처받을 위험도 없기 때문이다.

'유약한' 것은 대부분 남성들이 피하고 싶어 하는 감정 상태다. 어떤 남성들은 회피 상태로 평생을 보내고 그 결과 한 번도 친밀한 감정을 느끼지 못한다. 슬프게도, 우리 모두는 남성들에게 가까운 척함으로써, 그러니까 실제로는 그렇게 친하다고 느끼지 않으면서도 그런 척함으로써 가부장제에 공모했다. 우리는 상대 남성들이 정말로 어떤 사람인지 전혀 알 수 없다고 느끼면서도 말로는 사랑한다고 한다. 우리는 아버지에 대한 느낌, 만일 아버지 뜻을 순순히 따르지 않으면 버려지고 쫓겨날지도 모른다는 두려움을 말하는 것이 겁나면서도 아버지를 사랑한다고 말한다. 이런 식으로 우리 모두는 가부장 문화와 공모해 남성들이 모든 걸 가질 수 있다고, 가부장적 남성다움을 받아들이면서도 여전히 사랑하는 사람들을 소중히 여길 수 있다고 느끼도록 만든다. 사실 한 남자가 가부장적으로 변할수록 그는 점점 더 느낌과 단절될 수밖에 없다. 그가 느낄 수 없다면, 연결될 수도 없다. 연결될 수 없다면, 친밀해질 수 없다.

대부분의 남성들이 친밀함이 뭔지 모르며, "한쪽은 위에 한쪽은 아래에 있는 남성성의 세계에서는 다정함을 위한 공간이 거의 남아 있지 않고 (……) 그곳에서는 누구나 통제받는 쪽 혹은 통제하는 쪽, 지배하는 쪽 혹은 지배받는 쪽"이라는 테렌스 리얼의 주장은 아주 중요하다. 테렌스 리얼은 "그들이 친밀함을 두려워한다고 말할 때, 그 말이 정말로 의미하는 것은 그들이 정복을 두려워한다는 것이다"라는 인상적인 통찰력을 들려준다. 정복에 대한 이 두려움은 가부장적 어머니에게서 자란 남자아이들이 어머니와 친밀해지고 싶다는 그들의 갈망으로 통제당하는 현실에서 주로 촉발된다. 어머니의 사디즘에서 여성은 아이를 자신의 뜻에 따라 움직이고 지배하는 데 아이의 감정적 나약함을 이용하고 조종한다. 성인이 된 남성들이 여성과 친밀해지는 것을 두려워하는 주된 이유는 어린 시절에 겪은 이런 경험 때문이다. 그리고 이런 과정은 가부장 문화에서 왜 그처럼 많은 남성들이 여자아이 혹은 자신의 딸뻘인 젊은 여성과 친밀해지려 하는지 설명해준다.

　　남자아이들에게 가하는 어머니의 사디즘을 주제로 한 페미니스트 논쟁은 거의 존재하지 않는다. 가부장 문화라는 넓은 사회적 배경에서 그토록 무력한 어머니들이 자신의 아이에게 휘두르는 힘을 명명할 언어를 페미니스트 사상가들이 찾기 어려웠기 때문이다. 하지만 그처럼 많은 여성들이 남자아이들에게 감정적으로 힘을 행사해 상처를 주는 이유는 아마도 그들이 가부장제에서 성인 남성들에게 느끼는 바로 그 무력감 때문일 것이다. 그러므로 어머니가 제 역할을 하지 못하고 어머니의 사디즘이 흔히 나타나는 한부모 가정은 어머니의 사디즘이 규범으로 자리 잡고 부모가 제 역할을 하지 못하는 양부모 가정만큼이나 남자아이들을 키우는 데 건강하지 못한 장소가 된다. 양부모 가정에서 정확한 판단력으로 상황을 관찰하고 어머

남자다움이 만드는 이상한 거리감

니의 사디즘이 나타나지 않도록 개입하는 역할을 하는 성인 남성이 있다면, 아이에게는 아주 다행한 일일 것이다. 이런 개입은 어머니 혼자 꾸려나가는 가정에는 존재하지 않는다.

여성이 선천적으로 남성보다 더 다정한 것은 아니다. 여성은 상대를 보살피면서 동시에 감정적으로 학대할 수 있다. 가부장 문화에서는 여성이 다정하고 친밀한 관계를 맺을 수 있으며 상대와 친밀해지는 관계의 기술을 습득하지 못해도 대개는 눈에 띄지 않는다고 쉽게 짐작하는 경향이 강하다. 대부분의 여성들이 관계의 기술을 배우라는 부추김을 받지만, 자존감이 손상될 때 그런 기술을 건강한 방식으로 적용하는 일은 어려울 것이다. 만일 우리 여성들이 페미니스트 남성성이 성장할 수 있는 문화를 만들려 한다면, 어머니 역할을 하는 여성들은 비판적 의식을 습득할 필요가 있을 것이다. 친밀해지는 법을 가르쳐주는 다정한 부모가 있을 때(함께 있든 떨어져 있든) 남자아이들이 더 잘 살아갈 수 있음을 보여주는 자료를 우리가 가까운 미래에 더 많이 얻을 수 있기를 바란다. 그때까지는, 관계의 기술이 부족한 남성들이 그 기술을 배울 수 있는 공간을 우리가 만들어보자.

《영혼의 심장》에서 주커브와 프랜시스는 다음과 같이 대담하게 말한다. "친밀함과 외부 힘—조종하고 통제하는 능력—의 추구는 양립할 수 없다." 대다수 남성들은 다른 사람들과 친밀해지려면 우선 자신과 친밀해져야 한다. 그들은 자신의 감정을 느끼고 인식하는 법을 배워야 한다. 느낌을 감추거나 억압하는 남성들은 그 고통을 느끼고 싶지 않은 것이다. 감정적 고통은 대부분의 남성들이 가리거나 무감각해지거나 차단해 온 느낌이기 때문에 감정으로 되돌아가는 여정은 흔히 고통으로 시작된다. 남성이 느끼는 분노의 대부분은 이 괴로움의 장소를 안 보이게 가린다. 그 비밀은 잘 유지된다. 그 가면 뒤에 있는 여린 감정을 보면서 남성의 고통에 다가가는 여성은 흔히 분노의 표적이 된다.

감정의 나약함 때문에 느끼는 수치심은 대개 감정적으로 단절된 남성들이 숨기려 하는 것이다. 자신의 느낌에서 멀어져 가부장적 남성이라는 가면을 쓰도록 남자아이들을 사회화하는 데 이 수치심이 종종 사용되기 때문에, 많은 성인 남성들의 내면에는 수치심이 내는 목소리가 있다. 가부장적인 아버지들이 아들에게 죽임을 당하는 일은 거의 없다는 사실이 여러 연구에서 나타난다. 이에 비해 어머니들은 살해당하는 일이 많은데, 많은 남성들이 수치를 주는 아버지에게서 느끼는 분노를 또 다른 부모인 여성에게 돌리기 때문이다. 남성의 내면에 있는 그 상처받은 아이는 여성에게는 보복당할 두려움 없이 분노할

남자다움이 만드는 이상한 거리감

수 있다. 관계가 친밀할수록, 여성은 분노의 표적이 되는 동시에 비밀을 지키는 사람이 될 가능성이 더 커지면서 그가 분노에 중독되어 있다는 사실을 아무에게도 말하지 않는다. 이것은 그런 행동을 하는 남성이 어머니나 혹은 자기보다 약한 형제자매에게 물리적 폭력을 가하는 아들인 경우에 특히 그렇다. 아들, 특히 청소년기 아들이 어머니에게 휘두르는 폭력은 우리 문화에서 거의 언급되지 않는다. 아주 많은 독신 성인 남성이 집으로 다시 돌아가 어머니와 살거나 혹은 처음부터 집을 떠나지 않기 때문에, 겉으로 드러나지 않는 감정적·물리적 가정불화의 문제는 점점 더 커진다.

친밀한 관계의 남녀 커플에서 나타나는 테러리즘은 문제, 특히 감정 학대로 인정된다. 하지만 성인 자녀와 부모라는 친밀한 사이에서 나타나는 테러리즘에 대해서는 거의 언급되지 않는다. 영화 〈피아니스트〉는 성인 자녀와 부모 사이에 존재할 수 있는 폭력, 감정적·신체적 학대의 형태를 띠는 가학피학성 폭력을 생생하게 보여주었다. 이 영화에 등장하는 성인들은 여성이며, 관객들은 자신들이 보는 장면을 여성 간 경쟁이라는 전통적인 성차별 개념에 따라 해석할 수 있다. 하지만 실제 생활에서는 편모와 성인 아들 사이에 명확히 밝혀지지 않는 심각한 감정 학대가 존재한다. 가부장 문화에서 여성은 남성의 학

남성의 영혼을 치유하기

대를 가리고 감추도록 훈련받는다. 그 범인이 아들이고 피해자가 어머니일 때에는 더욱 그렇다. 이처럼 건강하지 못한 친밀함이 존재하는 이유는 우리 문화에서 여성과 남성에게 친밀함이 무엇인지 가르치지 못했기 때문이다. 그리고 부모 중 여성이 주로 자녀 양육을 담당하는 한, 우리 여성들이 친밀해지는 방법을 배우고 그렇게 해서 알게 된 내용을 아들과 딸에게 들려주어야 하는 중요한 책임을 맡을 것이다.

친밀해지는 방법을 배우는 것은 자기 이해의 가치를 알려주는 관계의 기술을 배우는 것이다. 게리 주커브와 린다 프랜시스는 누군가와 가까워지는 것이 나약해지는 것이라는 예전 개념에서 벗어나 친밀함에 대한 좀 더 폭넓고 의미 있는 정의를 제시한다. "외부의 힘—조종하고 통제하는 능력—을 추구하는 것을 멈추고 진정한 힘—자신의 개성을 곧 영혼처럼 여기는 것—을 추구할 때 친밀함이 만들어진다." 요즘 시대에는 자신의 영혼을 보살피라고 강조하는 자기계발서가 굉장히 많이 출간되고 있다. 제임스 힐먼James Hillman, 토머스 무어Thomas Moore, 게리 주커브가 쓴 그런 책들은 전국적 베스트셀러가 되었다. 아이러니하게도, 이 남성들은 우리의 영혼을 보살펴야 한다고 말하면서 그 보살핌으로 가는 길이 여성와 남성에게 같은 것처럼 말한다.《영혼의 돌봄Care of the Soul》서문에서 토머스 무어는 독자들에게 이렇게 말한다. "성취감을 주는 일, 만족스러운 관계, 개인의 힘, 그리고 증상 완화 모두 영혼의 선물이다. 이런 것들은 우리 시대에서 특히 모호한데, 우리가 영혼의 존재를 믿지 않는 탓에 우리의 가치 체계에 영혼이 차지할 자리를 전혀 내주지 않기 때문이다. (······) 우리는 깊은 분열의 시대에 살고 있으며, 여기에서 마음은 몸과 분리되고 영성은 물질주의와 어긋난다. 이 분열을 어떻게 없앨 것인가?" 선구적인 사상가들은 지배 논리가 어떤 식으로 이 분열을 만들었는지 설명하면서, 우리가 서로 의존하고 함께 존재하는 모델을 선택할 때 다시 온전함을 되찾는 일을 시작할 수 있으며 그렇게 온전해질 때 영혼을 돌볼 수 있다고 믿는다.

가부장적 남성성의 논리에 사로잡힌 남성들은 자신의 영혼이 중요하다는 사실을 좀처럼 믿지 못한다. 토머스 무어가 우리 모두에게 영혼의 충만함을 가꾸라고 전하는 글을 마치면서 "영혼을 돌보는 것은 자기를 개선하는 일이 아니다. (······) 영혼의 돌봄은 제대로 사는 것 혹은 감정이 건강한 상태로 사는 것과 전혀 관계가 없다"라고 주장하는 것은 아마도 가부장적 편견 때문일 것이다. 영혼의 돌봄과 자기 보살핌의 관계를 이처럼 부인하는 것은 무어가 비판하는 바로 그 의식의 이분을 나타낸다. 누구라도 감정이 더 평안해지지 않고는 자신의 영혼을 제대로 돌보지 못한다.

　　남성들은 자신의 영혼이 중요하며 영혼을 돌보는 일이 그들 존재의 주요 과제라는 것을 알아야 한다. 모든 남성이 지배자 모델을 통해 힘을 추구하기보다 살아가면서 영혼의 충만함을 더 드러내려 한다면, 우리가 아는 세상은 더 나은 방향으로 변할 것이다.

　　자신의 영혼을 돌봄으로써 이 세상에서 더 나은 삶을 살아갈 수 있는 길을 알려주는 선구적인 남성 스승들이 가난한 나라 출신의 유색 인종 남자들, 망명 생활을 하는 남자들, 제국주의 남성 폭력에 희생당해온 남자들인 것이 단순한 우연일 리는 없다. 생각나는 두 남자는 달라이 라마 성하와 베트남 승려 틱낫한이다. 《새 천 년을 위한 윤리Ethics for the New Millennium》에서 달라이 라마는 영적 혁명을 해야 한다고 말한다. 그는 모든 인간은 행복을 바라며 진정한 행복의 주된 특징은 내면의 평화라는 자신의 믿음을 들려주면서 내면의 평화는 다른 사람을 더 배려하는 것과 관련 있다고 말한다. 그의 영혼이 담긴 이 메시지는 남성들이 관계의 기술—다른 사람들에게 공감하고 그들을 돌보는 능력—을 개발할 때 자신의 영혼을 치유할 수 있다고 세상에 말하는 페미니스트 사상가들의 메시지를 그대로 담고 있다.

남자다움이 만드는 이상한 거리감

사람들을 영적으로 안내하는 선구적인 남성 스승들의 존재는 남성들의 심장이 사랑과 연민에 의해 변화한다는 사실을 끊임없이 일깨워준다. 달라이 라마는 연민을 실천해야 한다고 늘 우리에게 가르친다. 스스로가 가부장제를 끝내기 위해 노력한다고 보든 아니든, 어떤 남자라도 연민을 실천하기로 한다면 영혼을 치유하고 지배에서 벗어난다는 사실에는 변함이 없다. 달라이 라마는 이런 지혜를 들려준다.

연민은 우리 삶을 의미 있게 만드는 중요한 것들 중 하나다. 연민은 지속되는 모든 행복과 즐거움의 원천이다. 그리고 따뜻한 마음이 존재하는 토대다. 우리가 다른 모든 사람들에게 친절과 애정과 정직과 진실과 정의를 베풀 때, 우리 자신도 분명 혜택을 얻는다. 이것은 복잡한 이론으로 설명해야 하는 문제가 아니다. 상식의 문제다. (······) 우리의 행복이 다른 사람의 행복과 불가분하게 연결되어 있다는 것은 부인할 수 없다. 만일 사회가 고통받는다면, 우리 자신도 고통받는다는 것은 부인할 수 없다. (······) 그러므로 우리는 다른 모든 것, 그러니까 종교, 이데올로기, 모든 사회적 통념을 거부할 수 있다. 하지만 사랑과 연민의 필요성은 피할 수 없다.

이 지구상에서 계속 살아가려면, 충만하게 잘 살아가려 한다면, 남성과 여성 모두 바로 이 영혼을 돌보는 일에 관심을 기울여야 한다.

우리 사회의 대다수 남성들이 신의 존재를 믿지만, 그러면서도 그들은 영적 삶을 평가절하하며 신성한 존재에 대한 자신의 감각을 부정하도록 배웠다. 이런 이유로, 우리가 남성들이 사랑할 수 있는 문화를 만들려고 한다면 영적 회복─남성의 영혼을 신성한 것으로 보는 일─이 가장 중요하다. 남성들의 심장이 연민으로 가득 차고 사랑으로 열려 있을 때, 그럴 때 다음과 같은 달라이 라마의 말처럼 된다. "사원이나 교회, 모스크나 회당이 필요 없고, 복잡한 철학이나 교리 혹은 신조도 필요 없어진다. 우리 자신의 심장, 우리 자신의 마음이 신전이며 교리는 연민이기 때문이다."

현대 페미니스트 운동이 가장 공격적이었을 때, 우리 여성들 중 남성 신을 숭배하는 사람들은 종종 자신이 배신자인 것처럼 느껴야 했다. 하지만 우리들 대다수는 남성 신이 보여주는 강렬한 이미지, 사람들을 따뜻한 사랑으로 보살피는 그 이미지를 가부장적 이데올로기와 구분하는 것이 남성에 대한 우리의 사랑을 유지하고 그들 영혼의 신성함을 인식하는 데 큰 도움이 된다는 사실을 알게 되었다. 기독교 배경에서 상처받으며 자란 딸들인 우리들 다수는 시편 23편을 매일 묵상하는 일이 도움이 된다는 걸 알았는데, 우리가 이 땅에서 살아갈 것이며 선함과 인자함을 받을 것이고 아버지가 우리를 영원히 보살필 것임을 분명히 약속하면서 우리의 영혼을 보살피는 아버지의 이미지를 떠올려주기 때문이다.

이처럼 사랑이 가득한 아버지의 모습은 페미니스트 남성성을 가장 신성한 형태로 보여주는 것이다. 남자아이들과 남성들의 마음을 치유하고 그들의 영혼을 돌보면서, 우리는 지배자인 남성이 아닌 신의 다정한 모습을 드러내는 남성, 우리가 두려움을 주지 않는 완벽한 사랑이 존재함을 확신하면서 헤어질 염려 없이 하나가 될 수 있는 남성에게 우리의 찬양을 거리낌 없이 표현하고 고개를 숙여야 한다.

10

남성의 온전함을 되찾기

남성들의 심장이 겪는 위기를 치유하기 위해서는 가부장 문화가 남성들에게 분열된 영혼이 되어야 한다고 요구했다는 사실을 우리 모두 기꺼이 인식해야 한다. 이 요구에 굴복하지 않은 남성들도 있다는 걸 알지만, 대부분의 남성들은 온전해질 수 있는 자신의 능력을 포기했다. 온전함을 되찾는 일은 남성성의 위기를 치유하고 남성의 심장이 사랑을 주고받을 준비를 갖추게 해주는 용감한 여정이다.

가면(이 단어는 '남성성'이라는 용어에 이미 박혀 있다) 쓰는 법은 남자아이들이 가부장적 남성성을 배울 때 첫 번째로 배우는 것이다. 아이는 자신에게 가장 중요한 느낌이라 해도 그것을 표현하

남성의 온전함을 되찾기

는 행동이 성차별주의에 따라 남성적인 것으로 정의되고 용인
되지 않는다면 해서는 안 된다고 배운다. 가부장제에서 정한 이
상적인 모습을 실현하기 위해 진짜 자아는 포기하도록 요구받
으면서, 남자아이들은 일찌감치 자기 배반을 배우고 영혼을 죽
이는 이런 행동에 보상을 받는다.

　　치료사 존 브래드쇼는 아이가 자연스럽게 느끼는 방식
이 용인되지 않는다는 걸 배울 때 일어나는 분열을 설명한다.
자신의 진짜 자아는 부적절하고 잘못된 것이라는 가르침에 대
한 반응으로 아이는 거짓 자아를 입는 법을 배운다. 브래드쇼
는 이렇게 설명한다. "내가 뭔가를 잘못했다는 느낌, 그 잘못한
것이 무엇인지 정말로 알지 못한다는 느낌, 내 존재 자체에 끔
찍하게 잘못된 뭔가가 있다는 느낌은 완전한 절망이라는 감각
으로 이어진다. 이 절망은 혼란스러운 상태의 가장 깊숙한 부
분이다. 그것은 나 자신으로 존재하는 한 내게는 가망이 없다
는 것을 의미한다. 나 자신으로 남아 있는 한 나는 중요한 사람
이 되거나 다른 이의 사랑을 받을 가치가 있는 사람이 절대 되
지 못한다는 것을 의미한다. 나는 누군가 다른 사람―사랑스러
운 누군가―이 될 방법을 찾아야 한다. 내가 아닌 누군가가 되
어야 한다." 성차별적 역할로 남자아이와 여자아이의 정체성
형성이 방해받지만, 그 과정은 남자아이들에게 훨씬 더 해롭

남자다움이 만드는 이상한 거리감

다. 그들이 요구받는 역할이 더 엄격하고 제한적이기 때문만이 아니라 그런 역할에서 벗어날 때 심한 처벌을 받는 경우가 훨씬 더 많기 때문이기도 하다.

현대 페미니스트 운동의 결과 여자아이들이 성차별적 정의와는 다른 자아감을 형성하는 것이 사회적으로 용인되었다. 그 똑같은 자유를 아직 남자아이들은 얻지 못했다. 그러므로 가부장 문화에서 남자아이들이 예전과 다름없이 계속 거짓 자아를 만들고 분열되는 것은 당연하다. 남자아이들과 남성들의 내면에서 일어나는 그 분열은 흔히 구분하는 능력으로 특징지어진다. 정신 질환의 온상이 되는 것은 남성들의 심리와 영혼에서 일어나는 이 분열이며, 이 분열은 근본적으로 상처를 입힌다. 남성들이 거짓 자아라는 가면을 써야만 할 때, 충만하고 자유롭게 살아가는 그들의 능력은 크게 약해진다. 그들은 즐거움을 경험하지 못하고 절대 진정으로 사랑하지 못한다.

거짓 자아를 가진 사람은 누구라도 부정직해질 수밖에 없다. 자신과 다른 이들에게 거짓말하는 법을 배우는 사람들은 사랑을 할 수 없는데, 그들이 진실을 말하지 못하므로 신뢰하지도 못하기 때문이다. 이것이 가부장제에서 남성들이 받는 심리적 피해의 핵심이다. 그리고 이 문화가 계속 부인해오는 학대의 한 형태다. 가장이 되도록 사회화되는 남자아이들은 학대당하고 있다. 가부장 사회가 정한 이상적인 모습에 가까워지도록 사회화하는 아동 학대의 피해자로서 남자아이들은 자신이 사랑스럽지 않다고 배운다. 브래드쇼에 따르면, 이 아이들은 "관계가 힘, 통제, 비밀 유지, 두려움, 수치, 고립, 거리에 근거한다"고 배운다. 이런 것들은 흔히 사람들이 가부장적 성인 남성에게서 높이 평가하는 특징들이다.

남자아이들의 감정에 상처를 주는 것은 가부장 문화에서 사회적으로 용인되며 심지어 요구되기도 한다. 그들의 완전해질 권리와 온전함을 가질 권리를 인정하지 않는 것은 그저 권장될 뿐만 아니라 일을 처리하는 올바른 방식으로 여겨지기도 한다. 테렌스 리얼은 "우리는 우리 아이들이 자기 삶을 시작할 때의 완전함과 유대감에서 벗어나게 하고" 그런 다음 "자신의 가장 깊은 자아를 묻고, 진실을 말하거나 진실에 관심을 두는 것을 멈추고, 우리 모두가 선천적으로 가장 갈망하는 친밀함의 상태를 불신하거나 심지어 경멸하도록" 그들을 부추긴다고 말한다. 가부장제가 심리에 얼마나 가혹한 영향을 미치는지 그 실체를 드러내면서 리얼은 용감하게 이런 진실을 말한다. "우리는 관계를 부정하고 나약함을 경멸하는 문화, 즉 다른 사람과 연결되는 기술을 키우지 못할 뿐만 아니라 그것을 굉장히 두려워하는 문화에서 살고 있다." 남자아이들에게 자신의 나약

남자다움이 만드는 이상한 거리감

함을 경멸하도록 가르치는 것은 그 아이들 스스로 자신의 영혼을 죽이도록 사회화하는 한 가지 방법이다. 남성의 마음에 있는 이 상처, 분열과 분리와 단절을 학습하면서 만들어진 이 상처는 온전함을 실천할 때 비로소 치유될 수 있다. 상처 입은 남성들은 가부장적 남성다움의 모습을 따르느라 그들 자신이 버렸던 자아를 완전하게 회복해야 한다. 그런 회복은 남성이 온전함을 되찾기 위해 필요한 토대다.

랍비 해럴드 쿠슈너Harold Kushner는 《당신은 어떤 사람으로 살고 싶은가Living a Life That Matters》에서 온전함의 의미에 대해 이렇게 명확한 정의를 내린다. "온전함은 완전하며 중단되지 않고 분열되지 않는 것을 의미한다. 온전함은 자기 개성의 여러 부분을 결합해 더는 그 영혼에 분열이 없는 사람을 설명하는 말이다." 가부장제는 남성들이 자신의 온전함을 포기하고 부정하는 삶을 살도록 부추긴다. 구획, 위장, 분리의 기술을 배운 결과 남성들은 사실은 그렇지 않을 때에도 자신이 온전하게 행동한다고 생각할 수 있다. 심리적 거부라는 학습된 상태는 심각하다. 모건 스콧 펙도 《끝나지 않은 여행Further along the Road Less Traveled》에서 온전함의 정의를 말하는데, 그는 '온전함integrity'이라는 용어의 어원이 동사 '통합하다integrate'라는 점을 설명하며 이것은 구획compartmentalization과 반대라고 강조한다. "온전하지 못한 사람들은 자연히 구획한다. 그리고 가부장적 남성성은 남성의 구획을 정상적인 것으로 만든다."

펙은 구획이 고통이라는 느낌을 피하는 하나의 방법이라고 주장한다. "일요일 아침이면 교회에 가서 자신이 하느님과 하느님의 피조물과 모든 인류를 사랑한다고 믿으면서, 월요일 아침이면 유독성 폐기물을 강에 버리라는 회사의 방침을 아무렇지도 않게 따르는 사람을 우리 모두 익히 알고 있다. 그는 종교를 하나의 구획 안에 넣고 일을 또 다른 구획 안에 넣기 때문에 이렇게 할 수 있는 것이다." 대부분의 남성들은 이런 식의 구획이 긍정적인 행동이라고 믿도록 사회화되었기 때문에, 구획을 하면서 올바른 일을 했다고 느끼며 편안해한다. 그러므로 온전함을 실천하기가 어렵다. 이 과정은 상처를 준다. 펙은 중요한 점을 지적한다. "온전함은 고통스럽다. 하지만 온전함이 없다면 완전함도 있을 수 없다." 완전한 남성이 되기 위해서는 온전함을 실천해야 한다.

온전함은 건강한 자존감을 위해 필요하다. 대부분의 남성들은 자존감이 낮은데, 그들이 성차별적 남성의 역할을 수행하기 위해 끊임없이 거짓말을 하고 위장하기(거짓 모습을 띠기) 때문이다. 너새니얼 브랜든Nathaniel Branden은 이 주제를 다룬 획기적인 작품《자존감의 여섯 기둥The Six Pillars of Self-Esteem》에서 온전함의 실천을 자존감을 떠받치는 핵심 기둥으로 설명하면서 거짓이 어떤 식으로 자존감에 상처를 주는지 이야기한다. 너새니얼 브랜든은 많은 남성들처럼 자신도 한때 다른 사람들을 보호하기 위해 거짓말을 하는 것이 중요하다고 믿었지만 결국 '거짓말은 효과가 없다'는 진실을 받아들여야 했다고 고백한다. 그는 자존감을 지키고 온전함을 실천하기 위해 진실을 말해야 한다는 것과 '머뭇거리고 미룬다면 모든 사람에게 더 끔찍한 결과를 안겨줄 뿐'이라는 것을 배웠다. 그는 또 이렇게 말한다. "나는 아무도 보호하지 못했고, 특히 나 자신은 더더욱 보호하지 못했다. 거짓말을 한 이유 중에 내가 관심을 가졌던 사람들을 아끼고 싶다는 마음이 있었다면, 나는 거짓말을 하지 않았을 때 그들이 겪었을 고통보다 더 큰 고통을 그들에게 안겨주었다. 거짓말을 한 이유 중에 내가 생각하는 가치와 내가 반드시 따라야 하는 일 사이의 갈등을 피함으로써 자존감을 보호하려는 마음도 있었다면, 거짓말을 하면서 내가 훼손한 것은 바로 내 자존감이었다." 그가 말하는 이런 잘못된 논리는 많은 가부장적 남성들이 진실을 말하고 온전함을 실천하지 않으려 할 때 이용하는 바로 그 논리다.

우리는 남성들이 거짓과 구획을 통해 더 큰 힘을 얻는다고 믿을 때가 아주 많다. 하지만 그렇지 않다. 거짓 자아를 지키고 보호하라고 강조하는 것은 남성들의 감정적 평안에 해를 미친다. 그것은 자존감을 약하게 한다. 남성들이 겪는 우울증의 대부분은 그들이 완전해지지 못하는 것과 직접 관련이 있다. 비록 그들이 거짓 자아를 만들고 유지하도록 사회화되었다고 해도, 대부분의 남성들은 한때 존재했던 진짜 자아를 기억한다. 그리고 이 잃어버린 자아에 대한 기억—자아를 포기하게 했던 세상을 향한 분노와 함께—에서 우울증이 생긴다. 이 괴로움은 사라지지 않고 계속되는데, 성인 남성들의 내면에서 그 근원은 대개 확인되지 않는다. 이 괴로움으로 많은 남성들이 일중독이든 약물중독이든 어떤 종류의 중독에 빠진다. 일중독은 남성에게 가장 흔하게 나타나는 중독이다. 대개는 보상이 주어지며, 남성의 감정적 평안을 해치는 것으로 심각하게 받아들여지지 않기 때문이다.

흔히 남성들에게 일은 그들이 느낌으로부터 분리되는 영역이다. 주커브와 프랜시스는 일중독을 감정으로부터의 도피로 설명한다. "일중독은 가장 강력한 마취제만큼이나 효과적인 약이다. (……) 일중독은 깊은 잠이다. 그것은 고통스러운 감정을 일시적으로 인식하지 못하게 하는 자기 유발 최면 상태다." 하지만 중독으로도 고통을 억누르지 못하게 되는 순간, 많은 남성들이 우울증에 빠진다. 남성들의 고통 대부분이 그렇

남자다움이 만드는 이상한 거리감

듯, 남성들이 우울증을 인정해도 된다는 허락을 사회적으로 받은 것은 최근에 이르러서다. 충족되지 않은 기대 혹은 완벽주의 (인간은 불완전한 존재이므로 완벽주의는 절대 충족될 수 없다) 때문에 남성들은 우울증을 자주 겪는다. 페미니스트 운동이 '남성의 힘'을 없애거나 약화했고, 그 결과 남성들이 상실감을 느낀다는 주장이 종종 제기된다. 이 주장의 바탕이 되는 개념은 여성들이 남성의 우울증에 대해 비난을 받아야 한다는 것이지만, 일터에서 남성들보다 적은 보수를 받으며 늦게 퇴근을 하고 또 집안일을 하는 다수의 여성들에게 남성들이 위협을 느낀다고 믿기는 어렵다. 가정 밖에서는 여성이 한 가정을 책임지는 가부장적 가장의 지배를 받지 않으므로, 가정 바깥에서의 이 운동은 여성이 밖에서 하는 일보다 더 남성의 힘을 위협할 것이다.

남성들에게 엄청난 영향을 준 페미니스트 운동의 관점 하나는 여성들이 집단적이고도 개별적으로 남성들을 비난할 권리를 가지고 있다는 주장이었다. 내가 자란 가부장적 가정에서 아버지의 힘이 지닌 중요한 측면은 그가 비난에서 벗어나 있다는 것이었다. 엄마는 절대 페미니스트가 되진 않았다. 하지만 40년이라는 세월을 복종하면서 보내고 나자 페미니스트가 남성의 힘과 특권에 도전하는 모습 그대로 아버지를 비난하기 시작했다. 많은 여성들처럼 엄마도 남편이 감정적으로 냉담하다며 불만을 드러냈다. 많은 여성들처럼 엄마도 아버지가 개인의 성장에 관심을 갖기를 원했다. 오랫동안 가부장 문화는 남성들에게 그들의 자아, 그들의 남자다움은 개인의 성장에 관심을 갖지 않음으로 확실해진다고 가르쳤다. 그런데 페미니스트 운동이 나타난 뒤 갑자기 여성들은 이제부터 감정을 표현하라면서 남성들을 공격했다. 이런 요구에 대한 반응으로 남성들은 집단적으로 우울증을 느꼈다.

유명한 정신요법 의사 모건 스콧 펙은 모든 사람은 어느 때든 성장을 위한 중요한 발걸음을 내디디려 할 때 부정, 분노, 타협, 우울, 수용(엘리자베스 퀴블러 로스가 말하는 죽음을 맞을 때 경험하는 단계와 같다)을 경험한다는 사실을 일깨워준다. 그는 자신의 성격 결함 때문에 사랑하는 사람들에게 비난을 받고 그 비난에 저항했던 이야기를 들려준다.

만일 그들이 진정으로 나를 사랑해서 계속 비난한다면, 그렇다면 아마도 나는 '그들의 말이 옳은 걸까? 이 위대한 스콧 펙에게 잘못된 뭔가가 있을 수도 있는 걸까?'라고 생각하는 지점에 이를 것이다. 그리고 내가 그렇다고 인정한다면, 그 생각 때문에 나는 우울해질 것이다. 하지만 내가 나를 우울하게 하는 그 생각—아마도 내게 잘못된 것이 정말로 있을지 모른다는 생각—에 무너

남자다움이 만드는 이상한 거리감

지지 않고 그것이 무엇인지 궁리해볼 수 있다면, 그것이 무엇인지 곰곰이 따져보고 분석해보고 구분해내고 확인한다면, 그렇다면 나는 그 생각을 끝내고 내게서 없애는 과정을 시작할 수 있다. 우울증이라는 작업을 마치고—완전히 끝내고—나면 나는 새로운 남자, 부활한 존재, 더 나은 사람이 되어 다른 편 끝에서 나타날 것이다.

하지만 대개의 경우 남성들은 분노가 있는 곳에 갇혀 있다. 그러므로 완전해지려 하는 많은 남성들이 자신의 강렬한 분노와 그 분노가 숨기는 고통을 먼저 밝혀야 하는 것은 당연하다. 자신이 죽어가고 있음을 안 조지프 빔Joseph Beam은 〈형제가 형제에게〉라는 글에서 이렇게 고백한다.

내게 아주 중요한 것이라면 상처 입거나 오해받을 위험이 있다 해도 입 밖으로 소리 내어 말해야 한다. 나는 분노를 알고 있다. 내 몸은 물만큼이나 많은 분노를 담고 있다. 그 분노는 내가 내 집을 지은 재료다. 그것은 빗속에서 우는 피처럼 붉은 벽돌이다. (……) 그것은 내가 세상에 보이는 얼굴과 자세다. 그것은 내가 관객을 허락받는 방식이며, 때로는 단 하나뿐인 방식이다. 때로 그 것은 내가 애정을 보이는 방식이다. 나는 내가 흑인이라서 받는

남성의 온전함을 되찾기

대우에 화가 난다. 그 불같은 분노는 내가 동성애자라는 이유로 공동체로부터 받는 경멸과 멸시를 연료 삼아 더욱 타오른다. 나는 나 자신 그대로의 모습으로 집에 갈 수가 없다.

분노는 종종 우울증과 깊은 슬픔을 감춘다. 흔히 우울증은 슬퍼하지 못하는 마음을 가린다. 남성들에게는 슬퍼할 수 있는 감정적 공간이 허락되지 않는다. 여자아이들과 여성들은 살아가는 내내 울 수 있고 슬픔을 표현할 수 있다. 여성들은 슬픔을 풀어낼 수 있다. 하지만 남성들은 여전히 슬픔을 감추라고 배우며, 더 나쁜 경우에는 그들이 울고 싶어 하는 마음까지도 부정하라고 배운다. 도널드 더턴은 자신의 저서 중 〈사랑과 분노〉라는 장에서 남성이 상실을 인정하지 않으려 하는 것이 남성의 분노를 이루는 주요 요소라고 말한다.

남자들이 보고 따라할 만한 슬퍼하는 모습은 거의 없다. (……) 특히 남자들은 개인적으로 슬퍼하고 애도하지 못하는 것 같다. 아마도 그런 이유로 남자들에게서 우울함이 그처럼 흔하게 나타난다. 우울함은 이런 상실과 도달할 수 없는 과정을 표현하는 사회적으로 용인된 형태다. (……) 아티스트 로버트 존슨이 "나는 학대받았고 죽어도 상관없다"며 우울함을 노래할 때, 많은 남자들이

남자다움이 만드는 이상한 거리감

그들 자신의 충족되지 않은 갈망을 느끼고 동의하며 고개를 끄덕인다.

많은 사춘기 여자아이들이 어린아이에서 성숙한 소녀로 성장할 때 슬퍼하는 과정을 겪는다. 여자아이들은 변화를 슬퍼하는 것이 허락된다. 하지만 남성들은 남자아이 혹은 남자로서 슬퍼하는 과정이 허락되지 않는다.

교회가 흑인 남성들의 삶에서 그처럼 중요했던 이유들 중 하나는 그곳이 그들이 감정을 표현해도 되는 장소, 그들이 슬퍼해도 되는 장소였기 때문이다. 제임스 볼드윈James Baldwin은 《다음 번 화재The Fire Next Time》에서 이처럼 교회에서 감정을 배출하는 모습을 이야기한다. "그 이후에 일어난 어떤 일도 설교가 한창 진행 중이고, 어찌된 일인지, 그러니까 어떤 기적이 일어나 내가 그들의 표현대로 '말씀'을 진정으로 받아들이고 있음을 알았을 때, 교회와 내가 하나라는 걸 알았을 때 이따금 느끼곤 하던 그 힘이나 영광과 같지는 않다. 그들의 고통과 즐거움은 나의 것이었고, 내 고통과 즐거움은 그들의 것이었다. 그들은 자신들의 즐거움을 내게 넘겨주었고, 나는 나의 즐거움을 그들에게 내주었다." 내가 남성들이 애통해하는 모습을 처음 본 것도 어린 시절의 교회에서였다.

심리적으로, 그리고 영적으로 성장하기 위해서 남성들은 애통해할 필요가 있다. 자기 회복을 행하는 남성들은 그들이 고통을 느낄 수 있을 때에야 비로소 치유를 시작할 수 있다는 사실을 증명한다. 용기와 통찰력을 지닌 닐 룬드그렌Neale Lundgren은 어린 시절에 관한 자전적 글 〈잠에서 깨어난 밤〉에서 이런 내면의 갈등을 이야기하고 아버지의 모습을 찾고자 하는 자신의 열망, 남자다움에 다시 연결되고자 하는 열망을 고백했다. "아버지를 찾는 일에 지쳤다고 생각한 바로 그때, 나는 치료에서 도움을 구하기로 했다. 만성적이고 설명할 수 없는 우울증을 몇 번 겪은 뒤에, 나는 마침내 더는 상처와 분노를 피하지 않기로 결심했다. 치료에 관해 많이 알고 있는 남자들과 여자들의 지원과 도움을 받아 나는 내 상처 입은 마음이라는 두려운 영역을 탐험하기 시작했다. 그리고 과거의 상실과 애착을 슬퍼하기 시작했다." 한 남자가 애통해할 수 있는 감정적 능력을 억제해야 할 때, 그는 시간 속에 갇혀 성장 과정을 완성하지 못할 가능성이 크다. 남성들이 변화하고 완전하게 바뀌려 한다면 예전의 자아를 애통해하고 새로운 자아가 태어날 수 있는 공간을 만들어야 한다.

만일 한 남자가 그에게 절대 변하면 안 된다고 말하는—다른 사람, 특히 여성을 만족시키기 위해—가부장적 규칙을 깨려 하지 않는다면, 그는 사랑받기보다 올바르게 되기를 선택하는 것이다. 그는 사랑하는 사람들을 외면하고 자신의 인간성보다는 남자다움, 연결보다는 고립을 선택하는 것이다. 치료사 조지 에드먼드 스미스George Edmond Smith는 남성은 스스로 통제가 되지 않는다거나 혹은 실수를 하고 있다고 생각되면 분노와 거부로 반응한다는 사실을 일찍이 배웠다고 회상한다.

또한 어린 시절에 내가 아버지에게 아버지가 답을 모르는 질문을 하면 마치 "얘야, 내가 네 질문의 답을 모르니까 너를 혼내주겠다!"라고 말하듯 화를 내던 모습이 기억난다. 물론, 나는 이것을 얼마 안 가 알아차렸고 아버지에게 더는 대답을 기대하지 않았다. 아버지가 시간을 갖고 "아들아, 그 질문의 답이 뭔지 모르겠구나. 함께 답을 찾고 알아보자"라고 말해줬더라면 어땠을까.

완전해질 수 있는 아버지만이 권위가 떨어지지 않고도 아들에게 자신의 무지를 인정하는 온전함을 지닐 수 있다.

완전한 남성들은 수치심을 느끼지 않고도 자신의 두려움을 말할 수 있다. 그들은 두려움을 느끼지 않는 척 거짓 가면을 쓸 필요가 없다. 아버지들은 자신이 두려워한다는 말을 아들에게 할 수가 없었다. 그들은 아들의 기대에 부응하지 못할까 봐 두려워한다. 그들은 아직 느낌이 단절되지 않고 감정이 차단되지 않은 아들에 대한 질투와 부러움을 아들이 알게 될까 봐 두려워한다. 어린 시절에 관한 글에서 닐 룬드그렌은 이렇게 회상한다. "나는 아버지를 경외했으며, 아버지가 나를 두려워한다는 걸 종종 감지했던 것 같다. 아마도 아버지는 어렸을 적 아버지의 심장과 같은 내 심장—크고, 충만하고, 열려 있고, 강하고, 다정한—에 겁을 먹었던 것 같다."

느낌을 인정하지 못하는 탓에 아버지들은 종종 그 느낌을 분노로 가리며 아들에 대한 자신의 애착을 잔인하게 절단하고 자신의 사랑과 감탄을 거부한다. 가부장제의 경쟁적 성과 모델은 아버지가 되는 남성들에게 아들은 아버지의 적수이거나 앞으로 적수가 될 것이고 아버지는 아들에게 자신의 영광을 도둑맞을까 봐 두려워해야 한다고 가르친다. 우리의 신화와 종교에서는 아들을 아버지의 적, 아버지의 힘을 훔칠 준비가 된 적으로 묘사되는 이야기들로 가득하다. 이 잘못된 모델은 폭력과 죽음을 통해서만 분리가 이루어질 수 있다고 남성들에게 주장한다. 건강한 모델—아들을 감싸고 보호하고 보살피는 아버지의 모습, 온전한 성인 남성, 안내자—을 선택하는 남성만이 자율성을 요구하는 아들의 건강한 주장에 너그럽게 관심을 기울여줄 수 있다.

남자다움이 만드는 이상한 거리감

건강한 모습의 아버지들은 놓아주어야 할 때를 안다. 그들은 성장 과정의 단계마다 아들을 지지해줄 수 있다. 토머스 무어는 자신의 어린 시절에 관한 글 〈어린 소년을 찾다〉에서 이렇게 말한다. "아버지들이 우리와 이야기를 한다면, 우리는 우리의 귀중한 영혼을 지킬 수 있다. (……) 아버지와 아들은 서로를 필요로 하는데, 그들은 서로를 생존하게 하기 때문이다. 우리는 우리의 아버지들이 더디게 자라도록 해야 한다. (……) 그들은 우리의 어린애다운 어리석음을 진지하게 받아들여야 하며, 그 어리석음을 위해 모든 걸 바쳐야 하고, 그래서 태양 아래 우리의 자리에서 우리 자신이 아버지가 될 수 있도록 해야 한다." 대담한 힘과 온전함을 지니고 배려심이 있는 아버지들은 아들의 다정하고 열린 심장을 지켜주며 아들을 가부장제의 냉혹한 공격으로부터 보호한다.

온전함을 실천할 때 남성들은 완전해지는 일에는 융통성을 배우는 것, 타협하는 법과 사고와 행동의 변화를 받아들이는 법을 배우는 것도 포함된다는 사실을 받아들인다. 스스로를 비판하고 변화시키며 다른 사람의 비판을 듣는 능력은 우리가 책임감 있는 사람이 되기 위한 조건이다.

가족과 친구들에게 대응할 수 있기 위해 남성들은 책임지는 연습을 해야 한다. 이것은 건강한 자존감의 또 다른 요소다. 너새니얼 브랜든은 책임지는 우리의 능력을 즐거움을 경험하는 능력, 그리고 개인적으로 힘을 갖추는 능력과 동일시한다. 이처럼 자신의 주체성을 인식할 때 우리는 우리에게 부여된 성 역할에서 벗어난다. 이것은 진정한 자유와 독립이다.

내게는 내 삶의 근거가 되는 가치를 받아들이고 선택할 책임이 있다. 내가 아무 생각 없이 수동적으로 받아들이고 적용한 가치들에 근거해 살아간다면, 그 가치들이 그저 '내 본성', 그저 '나라는 존재'라고 생각하면서 여기에 내 선택이 관련되어 있다는 사실을 인정하지 않으려 하기 쉽다. 가치를 적용할 때 내 선택과 결정이 중요함을 기꺼이 인정하려 한다면, 그때 비로소 나는 내 가치를 새로운 시각으로 보고 그 가치에 의문을 제기할 수 있으며 필요하다면 그 가치들을 수정할 수 있다. 다시 한 번 말하지만, 자유로워진다는 것은 책임을 진다는 것이다.

항상 통제된 상태로 있어야 한다고 남성들에게 말하는 가부장적 모델은 책임감을 갖는 능력을 키우는 것과 맞지 않는데, 이 능력을 키우기 위해서는 언제 통제해야 하고 언제 포기하고 놓아줘야 하는지 알아야 하기 때문이다.

책임감 있는 남성들은 자기비판을 할 수 있어야 한다. 더 많은 남성들이 자기비판을 할 수 있다면, 그들은 다른 사람들에게, 특히 친밀하게 지내는 여성들에게 비판받을 때 상처받거나 마음 아파하거나 억울해하지 않을 것이다. 자기비판을 할 수 있을 때 책임감 있는 남성들은 자신의 실수도 인정할 수 있다. 그들은 다른 사람들에게 잘못했을 때 기꺼이 잘못을 인정하고 그것에 대해 보상을 한다. 그리고 다른 사람들이 자신에게 잘못했을 때 용서할 수 있다. 용서하는 능력은 완벽주의를 놓아버리고 나약함을 받아들이는 일의 한 부분이다.

또한 건설적인 비판은 그것이 지지의 과정과 연결되어 있을 때에만 효과가 있다. 지지를 한다는 것은 감정을 보살피는 것이다. 상처 입은 남성들은 흔히 긍정적인 말을 전혀 하지 못한다. 그들은 심술을 부리고 투덜거린다. 그들은 냉소 속에 숨은 채 자신과 다른 사람들로부터 감정적으로 떨어져 있다. 지지할 때 우리는 더 가까워진다. 지지는 다른 이들에 대한 연민과 공감을 가장 높은 수준으로 실현하는 태도다. 반남성 페미니스트들이 남성성에 가하는 비판의 부정적인 측면 중 하나는 남성이라는 존재에서 긍정적이거나 긍정적으로 발전할 수 있는 요소를 전혀 지지하지 않는다는 것이다. 나를 비롯해 여러 사람이 남성들을 지지하고 함께 싸우는 전우로 생각해야 한다는 글을 썼을 때, 우리에게는 남성의 편에 서는 사람들이라는 이름표가 붙곤 했다. 우리를 공격하는 여성들은 남성을 증오하지 않으면서도 가부장제를 비판하는 일이 가능하다는 것을 이해하지 못했다. 실제로, 남성들이 가부장제에 희생당해온(그들이 보상을 받았다고 해도) 모든 방식을 인정하는 것은 페미니스트 운동에 남성도 참여하게 하고 그들을 기꺼이 받아들이며 그들의 기여를 존중하는 한 가지 방법이다.

비판적인 분석이 상대의 성장을 촉진하는 데 도움이 되긴 하지만 그것만으로는 절대 충분하지 않다. 지지를 보낼 때 우리는 결속할 수 있다. 남성들이 영혼을 돌보면서 자신과 다른 이들을 지지하는 법을 배울 때, 그들은 비로소 완전함으로 가는 길에 들어선다. 남성들이 다른 이들을 위해 작지만 좋은 일들을 할 수 있을 때, 그들은 상대를 지배할 필요 없이 교감할 수 있다. 그들은 더는 분리되거나 멀어지지 않으며, 완전한 존재가 되어 다른 완전한 이들과 한데 어울릴 수 있다. 그것은 어울려 존재하는 상태다.

그들은 완전한 사람으로서 즐거움을 경험할 수 있다. 행복과 달리 즐거움은 우리가 원하는 대로 되지 않을 때라도 한결같이 지속될 수 있는 상태다. 〈삶을 기념하기〉라는 글에서 예수회 사제인 헨리 나우웬Henri Nouwen은 "즐거움이 있는 곳에 삶이 있다"고 말한다. 나우웬은 아이비리그 대학의 명망 있는 교

남자다움이 만드는 이상한 거리감

수직을 떠나 정신 장애가 있는 사람들을 위한 공동체에서 일했다. 영적 지도자이면서 자신의 몸을 움직여 다른 이들을 돌보았던 나우웬은 타인에게 봉사하는 행동을 통해 자신의 온전함이 확인된다는 것을 알았다. 《워킹 프라우드Walking Proud: Black Men Living beyond the Stereotypes》에서 치료사 조지 에드먼드 스미스는 그가 '이기적이지 않은 아주 간단한 일들을 하기' 시작했을 때 심리적으로 한층 성장했다고 증언한다. 그는 남성들이 "모든 깨어 있는 순간 동안 악하지 않고 선한 일에 헌신한다면, 그들의 삶은 완전히 변할 것이다"라고 독자들에게 말한다.

온전한 남성들은 봉사하는 것을 부끄러워하지 않는다. 그들은 돌보는 사람들이고 안내자들이며, 불길이 타오르게 하는 사람들이다. 그들은 즐거움을 알고 있다. 성장기 이야기를 담은 《본 블랙》에서 나는 어릴 적 나를 언제나 무조건적으로 사랑해주신 할아버지를 기리며 이렇게 썼다. "그의 냄새가 내 코를 행복의 향기로 채웠다. 그와 함께 있으면 내 심장의 모든 조각들이 다시 합쳐졌다." 상처는 회복될 수 있으며 우리는 다시 완전해질 수 있음을 알고 실천하는 것이 재통합의 진정한 의미다. 이것은 남성들이 가부장제에 용감하게 도전하고 그것을 변화시킬 때 비로소 실현될 수 있다.

11

남자들을 사랑하기

성장기에 나는 아버지가 말이 없고 감정을 내보이지 않으며 자신의 시간이나 관심을 내주지 않는 강한 남자라고 생각했다. 그는 부양자, 보호자, 문을 지키는 전사였다. 집에서 타인이었다. 우리에게는 아버지를 알고, 아버지의 어린 시절 이야기를 듣고, 아버지의 옛 기억에 흠뻑 빠지는 일이 허락되지 않았다. 아버지의 삶은 수수께끼로 덮여 있었다. 우리는 아버지의 모습을 찾았다. 젊은 병사일 때의 아버지, 권투 선수일 때의 아버지, 전성기 시절 당구장에 있는 아버지, 농구 코트 위에 있는 아버지가 찍힌 사진 앞에 서서 그를 찾았다. 우리는 2차 세계 대전 동안 아버지가 복무했던 흑인 보병 부대 사진 앞에 서 있었다. 우리가 어린 시절에 좋아했던 놀이는 사진에서 아빠, 우리 아버지, 전형적인 가장—전쟁을 위해 키워진, 그 시대의 남자—을 찾는 것이었다.

남성과 사랑에 관한 글을 쓰기 위해 나는 전쟁에 대해 말해야 한다. 남성들이 사랑을 하면 문명은 살아남지 못하는데 이는 남성들이 사랑을 하면 명령에 따라 살인을 하지 못하기 때문이라는 이야기를 우리는 반복하고 반복해서 들었다. 하지만 남성들이 타고난 살인자라면, 생물학과 운명에 의해 다른 사람을 죽이는 존재로 처음부터 만들어졌다면, 가부장제에서 그들을 살인자로 만드는 사회화는 필요 없을 것이다. 그 전사의 길은 남자아이들과 남성들에게 상처를 입힌다. 그것은 그들의 심장에 박힌 화살이었다. 전사의 길은 남성들을 영혼의 빈곤함으로 이끌었는데, 그 영혼의 빈곤이 너무 심각해서 지구상의 모든 생명을 위협할 정도다.

어린 시절과 전사의 길을 이야기한 〈나의 전쟁 이야기〉라는 글에서 셰퍼드 블리스Shepherd Bliss는 자신이 "트라우마를 가진 아이, 더 자세히 말하면 군대 트라우마, 전쟁 트라우마를 가진 아이"라고 솔직하게 고백한다. 군대에서 성장하고, 군인이 되고, 평화의 옹호자로 성장하고 나서 블리스는 전쟁과 전사의 길에 반대하는 입장을 취한다.

남자다움이 만드는 이상한 거리감

전사 윤리는 우리를 훼손했다. 21세기를 향해 가는 지금 우리는 전쟁과 전사에서 벗어나 더 성숙해져야 한다. 나는 전사를 극구 찬양하는 남성 운동 작가들과 활동가들에 동의하지 않는다. 나는 전사의 특징들 중 일부—용기, 협동심, 충성심—를 인정하지만 전사의 원형 자체는 역사의 이 시점에서 무너진다. 우리에게는 분명히 보호자, 경계를 설정하는 사람, 농부, 시민이 필요하다. 전쟁과 전사들에게 그토록 위협받은 이 지구상에서 살아가려고 한다면, 우리는 전사라는 한물간 원형에서 벗어나야 하며 중재자, 파트너, 그리고 땅과 동물을 보살피는 농부 같은 모습을 존중해야 한다.

전쟁이 삶을 유지하고 안전을 지키는 전략으로 실패하고 있는데도 국가 지도자들은 우리를 전쟁으로 밀어 넣으면서 죽어가는 가부장제에 새 생명을 불어넣는다.

아주 초기 형태의 전쟁에는 여성과 남성 모두가 참여했다. 바버라 에런라이크는 《피의 의식Blood Rites》에서 전쟁의 역사를 자세히 기술하며 이렇게 말한다. "승리를 거둔 포식자 지위를 남성에게만 줌으로써, 인간들은 그들이, 그러니까 남성과 여성이 더 크고 더 힘이 센 동물의 먹이였던 악몽 같은 선사시대를 스스로 '잊게' 했다. (……) 다시 말하면, 성은 우리가 함께 지닌 과거, 그러니까 우리가 먹이였던 과거를 지우는 동시에 포식자라는 우리의 지위가 타고난 것이며 '자연스러운' 것—적어도 남성에게는—이라고 이야기하는 개념이다." 전쟁이 단지 남성이 하는 일이었다기보다는 주로 '남자다움 그 자체를 정의하는 역할을 했던 활동'이었다는 사실을 강조하면서 에런라이크는 '전쟁과 공격적 남성성'은 서로를 강화한다고 주장한다. 성의 특징을 반영한 전쟁의 본질은 남성을 포식자로, 여성을 먹이로 만든다. 전쟁, 그리고 전쟁을 가능하게 하는 모든 생각을 끝낼 필요성에 대해 말하지 않고 남성과 사랑, 남녀 사이의 사랑을 말할 수는 없다.

"전쟁이 아닌 사랑을 하자Make love not war"라는 슬로건은 미국 역사에서 개개의 남성들이 가부장적 남성성에 저항할 필요성을 가장 명확하게 인식하던 시점에 유행했다. 반전 활동으로 수감 생활을 했던 대니얼 베리건Daniel Berrigan이 틱낫한과 함께 결속의 필요성, 모든 사람이 공동체를 만드는 방법을 배울 필요성을 이야기했던 것은 우연이 아니다. 《뗏목은 해변이 아니다The Raft Is Not the Shore》에서 이 온전함을 지닌 두 남자는 저항의 공동체가 존재해야 할 필요성을 함께 이야기한다. 틱낫한은 이렇게 말한다.

근본적으로, 저항은 분명 전쟁에 대한 저항 이상을 의미한다고 나는 생각한다. 그것은 전쟁과 같은 모든 종류의 것에 대한 저항이다. 현대 사회에 살고 있기 때문에 사람은 자신이 온전함, 완전함을 여간해서는 지닐 수 없다고 느낀다. 사람은 인간성, 자기 자신이 되는 능력을 영원히 박탈당한다. (……) 그러므로 아마도 저항은 무엇보다 그 시스템에 침범당하는 것, 점령당하는 것, 공격당하는 것, 파괴당하는 것에 대한 반대를 의미한다. 여기에서, 저항의 목표는 명확히 볼 수 있기 위해 스스로를 치유하고자 하는 것이다. (……) 저항의 공동체는 사람들이 더 쉽게 그들 자신에게 돌아갈 수 있는 장소, 자신을 치유하고 완전함을 회복할 수 있는 조건을 갖춘 장소가 되어야 한다.

베리건은 관계, 헌신적인 파트너십이 저항의 공동체에서 가장 중요한 요소로 여겨져야 한다고 주장한다.

지배자 문화에서 대부분의 가정은 안전한 장소가 아니다. 친밀한 관계에서 일어나는 테러리즘과 폭력으로 제 역할을 하지 못하는 가정은 전쟁을 키우는 온상이 된다. 우리는 가부장 문화를 끝내야 하며, 지배를 끝내기 위한 우리의 투쟁은 우리가 살고 있는 곳, 우리가 가정이라고 부르는 공동체에서 시작되어야 한다. 가정은 우리가 인생을 바꾸는 변화를 이루는 힘,

즉 혁명을 일으키는 우리의 힘을 경험하는 곳이다. 남성들이 계속해서 가부장제를 고집할 필요가 없음을 우리는 이미 알고 있다. 개개의 남성들은 다른 주장을 계속 반복하면서 삶과 사랑에 대한 자신들의 권리를 주장한다. 그들은 남성이 사랑할 수 있다는 진실을 그대로 보여주는 희망의 불빛이다.

모든 남성이 사랑하는 법을 배울 수 있는 문화를 만들려면 먼저 저항의 장소로서 온갖 다양한 형태의 가정을 재구상해보아야 한다. 우리는 남성의 어린 시절을 다른 시각으로 보려해야 한다. 그 시절을 폭력과 죽음이 남자다운 거라고 주입받는 시기가 아니라 다른 사람들과의 연결, 즉 인간의 본질적 갈망인 친밀함이 주는 즐거움과 흥청거림을 기뻐하는 법을 배우는 시기로 봐야 한다. 가부장제에서 벗어나 남자아이를 소중히 여겨야 한다고 주장하는 토머스 무어의 지혜를 우리는 새겨들어야 한다.

남자아이라는 존재는 그야말로 수수께끼다. 그 존재는 죽음과 탄생에 가까우며 아직 아무것도 배우지 못해 신선하고 냉소적이지 않다. 우리는 남자아이, 우리 자신의 미성숙, 우리의 더딘 성장, 우리가 아름다움을 보며 느끼는 순전한 기쁨, 태양에 대한 우리의 사랑, 우리의 위계 성향, 우리의 방랑과 큰 실패를 더는 비난

남자다움이 만드는 이상한 거리감

하지 말아야 한다. (……) 우리는 어디—우리의 친구들과 학생들, 우리의 제도, 우리 자신의 심장—에서든 남자아이를 보면 그 아이에게 격려의 말을 해줄 수 있다. 우리가 그렇게 말하지 않는다면, 그 아이는 길을 잃을 것이며 우리는 그 아이에게서 더는 상냥함과 우아함을 보지 못할 것이다.

남자아이들이 사랑할 수 있게 하는 문화를 만들기 위해 우리는 가족의 가장 중요한 역할을 사랑을 주는 것으로 보아야 한다(음식과 주거지를 제공하는 것은 사랑이 담긴 행동이다). 가족과 지내면서 사랑하는 법을 배울 때 남자아이들(그리고 여자아이들)은 가정과 세상에서 공동체를 만드는 데 필요한 관계의 기술을 배울수 있다. 시인 웬델 베리는 모든 존재가 타고난 신성함을 다시 존중하기 같은 운동에 대해 말한다.

운이 좋아서 어린 시절에 주변의 모든 어른에게 사랑을 받았다면, 우리는 자기 내면의 완전함을 인식할 뿐만 아니라 자신이 다른 사람, 그리고 그들과 함께 있는 장소에 속해 있다는 사실도 인식할 것이다. 공동체, 다른 사람들과 함께 존재하는 공동체를 무의식적으로 인식하는 것이다. 개인의 온전함과 공동체에 속해 있음을 모두 인식하는 이 이중의 감각은 우리가 살아가는 동안 건

남자들을 사랑하기

강함에 적용하는 개인적 기준이 될 것이며 (……) 우리는 건강이 분리될 수 없음을 본능적으로 아는 것 같다.

우리의 가정이 제 역할을 하고 지배자 모델과 그 결과로 나타나는 가부장적 사고로 형성되지 않을 때, 베리가 설명하는 건강함의 모습이 규범이 될 것이다.

그런 세상에서 남자아이들은 고통을 일으키고 죽음을 만드는 일에 몰두하지 않고 실제로 삶과 완전함을 귀중히 여기는 놀이 형태가 되는 게임을 생각할 것이다. 그리고 남자아이들 사이에서, 남자아이와 여자아이 사이에서 나타나는 개인적인 차이를 한 사람이 다른 사람을 다스리는 지배의 원인으로 해석할 필요는 없을 것이며, 그 차이를 함께 탐구하고 난 뒤 알게 된 내용을 공유해 우리가 살아가는 새로운 방식을 만들어낼 수 있을 것이다. 다정한 부모들은 남자아이들이 고정된 성역할을 억지로 떠맡지 않는다면 자신의 열정과 갈망, 재능과 관련지어 자아를 결정할 것임을 이미 알고 있다. 가부장제를 끝내지 않는다면, 우리는 남자아이들이 감정에 충실하게 살도록 보호하면서 그들을 존중하는 일을 제대로 할 수가 없다. 그렇지 않은 척하는 것은 남자아이들을 남자로 만든다는 이름으로 행해지는 지속적인 영혼 살인에 공모하는 것이다.

신체적 힘이 필요하고 위험 요소가 있는 난폭한 행위를 선택하는 남자아이들이 언제나 있다는 것은 의심할 여지가 없다. 하지만 좀 더 고요한 기쁨을 찾고 위험을 피하려는 남자아이들도 있다. 성격이 이 두 패러다임 사이의 어디쯤에 속하는 남자아이들도 있다. 남자아이들이 다른 이들에게 공감하고, 강하며 자주적이고 다른 이들과 연결되고, 자신과 가족과 친구들과 사회에 책임감을 가지며, 어울려 존재해야 한다는 인식에 뿌리를 둔 공동체를 만드는 사람으로 자란다면, 단단한 토대가 마련되고 아이들은 사랑할 수 있게 될 것이다.

　　이 단단한 토대를 만들기 위해서, 남성들은 용감하게 치유하고 관계 회복이라는 작업을 용기 있게 행하며 모범을 보여야 한다. 자신의 성적 선호와 관계없이, 자기 회복 과정에 있는 남성들은 대개 어린 시절로 돌아가 자신이 남성성에 관해 배운 내용과 그것을 배운 방식을 평가하기 시작한다. 많은 남성들은 자신이 누구인지, 무엇을 느꼈는지 깨달았다가 그것이 다른 사람들을 불쾌하게 하기 때문에 그것을 안다는 사실을 억눌렀던 순간을 정확히 기억해내는 것이 도움이 된다는 걸 알게 된다. 남성이 느끼는 불편함의 뿌리를 이해하는 것은 많은 남성들이 손상된 자아를 회복하는 일을 시작하는 데 도움이 된다. 미국에서 진보적인 개별 동성애자 남성들, 특히 가부장적 사고에 저항해온 남성들(감정을 인식한다는 이유로 종종 '여성적'이라고 분류되는 사람들)은 관계 회복의 선두에 있어왔다. 이성애자 남성들과 가부장적 동성애자 남성들은 그들에게 배울 수 있다.

남성들이 감정을 인식하기로 선택할 때, 그들은 사랑으로 가는 길에 들어선 것이다. 주커브와 프랜시스는 이것을 하나의 과정으로 본다. "감정을 인식하는 것은 여러 기법을 이런저런 상황에 적용해보는 것 이상이다. 그것은 손을 뻗으면 닿을 수 있는 당신 자신의 한 부분, 가장 고귀하고 성취감을 주며 기쁨과 힘을 주는 그 부분을 향해 관심을 돌리는 태도가 자연스럽게 표현되는 것이다. 그것은 당신의 영혼이다." 여성들은 남성들이 감정을 더 인식하기를 바란다. 남성들과 다정한 파트너십 관계에 있고 싶어 하는 여성들은 특히 더 그렇다. 하지만 남성들에게 위기가 있듯, 여성들도 남성들에 대한 신뢰에서 위기를 겪는다. 그 위기는 건설적인 변화를 이루고 감정적으로 성숙하고 성장하는 남성들의 능력에 대해 절망하는 형태로 나타난다.

레즈비언 여성들이 반남성적이라는 생각은 여성 집단이 모여 남성에 대해 말할 때면 언제나 거짓으로 증명된다. 언제나 가장 험악하게 남성혐오 이야기를 하는 사람들은 남성들과 함께 지내며 그들과 여생을 보낼 계획이 있는 여성들이다. 내 어머니는 49년이나 결혼생활을 하고 난 뒤에 아버지에게 화를 낸다. 그동안 철저하게 복종하며 살아오다가 두 분 다 나이가 일흔이 넘은 지금에 와서 엄마는 남편이 감정을 더 내주지 않는다며 서운해한다. 엄마는 페미니스트가 아니므로 그 구시대의 가장이 어느 날 갑자기 아내에게 사랑을 주길 기대하는 것이 모순이라는 사실을 알지 못한다. 엄마의 분노는 아버지를 놀라게 하고 분개하게 한다. 엄마의 그 분노는 남편의 마음에 들고 싶어 평생 동안 노력했지만 그에게서 사랑받는다는 느낌을 한 번도 가져보지 못한 채 이제 죽음을 눈앞에 두고 있다는 두려움을 가리는 것이다. 가부장제의 약속이 실현되지 않았다고 느끼는 남성들처럼, 엄마도 좋은 여성이라면 당연히 남편에게 복종해야 한다고 배운 그대로 실천했는데 그 보상은 받지 못한 채 자신에게 남은 건 깨진 약속뿐이라고 느낀다.

페미니스트가 아닌 여성, 가부장제를 지지하는 여성, 성차별주의에 문제를 느끼지 않는 여성도 성차별에 반대하는 페미니스트 여성과 마찬가지로 남성들이 더 다정하기를 바란다. 셰어 하이트Shere Hite는 그녀의 방대한 저서 《여성과 사랑Women and Love: A Cultural Revolution in Progress》에서 이런 갈망을 기록했다. 〈역사상 이 시대의 다정한 남자들〉이라는 글은 "이상하게도, 계속하고 계속해서, 이 연구에 등장하는 대부분의 여성들은—결혼했든, 독신이든, 이혼했든, 나이가 몇 살이든—자신이 바라는 사랑을 아직 찾지 못했다고 이야기한다"라는 말로 시작된다. 여성이 남성과의 관계에서 바라는 사랑은 파트너십의 상호성에 근거하는 사랑이다. 상호성은 평등과 다르다.

한때 여성들은 자신이 남성과 평등하다는 것을 보여주면 남성이 여성을 더 존중할 거라고 믿었다. 성불평등이 대부분 사람들에게 용인되는 규범인 세상에서 남성은 여성에게 존중을 보이지 않는다. '존중'이라는 단어의 뿌리는 '보다'를 의미한다. 여성들은 살아가면서 남성들이 자신을 알아차리고 봐주고 관심을 가져주기를 바란다. 모든 영역에서 성평등이 존재하든 아니든 존중을 바란다. 한 여성과 남성이 서로를 사랑하고 지지하며 서로를 알아봐주고 서로에게 배려와 헌신과 존중과 책임감과 신뢰를 보이기로 약속했을 때, 그 관계에 불평등한 면이 있다 해도 둘 중 누구도 상대를 더 지배하기 위해 그 차이를 이용하지 않는다. 사랑은 지배와 공존할 수 없다. 사랑은 평등이 시대 풍조가 아닌 상황에서도 존재할 수 있다. 불평등, 그 자체가 지배를 야기하지는 않는다. 불평등한 상황에서 더 다정해야 한다는 인식이 더욱 강해질 수도 있다.

많은 여성들이 결국 남성은 다정한 파트너가 되는 것보다 지배자가 되는 데 더 관심이 있다고 믿기 때문에 그들에게 절망한다. 여성들이 그렇게 믿는 이유는 그처럼 많은 남성들이 서로 사랑할 수 있도록 변화하기를 거부하기 때문이다. 여성들은 자신이 함께 사랑을 알아가고픈 남성들을 대신해 가부장제에 도전할 정도로 남성들의 심장, 그들의 감정적 평안에 관심을 가지고 있음을 증명한 적이 없다. 우리가 읽는 자기계발서에는 우리가 다른 누군가를 변화시킬 수는 없다는 이야기가 늘 실려 있고, 그것은 유용한 진리다. 하지만 우리가 상대에게 당신이 내가 원하는 걸 준다면 나도 당신이 원하는 걸 주겠다는 감정의 교환이 아닌, 진심 어린 배려와 헌신, 앎, 책임감, 존중, 신뢰와 같은 진정한 사랑을 줄 때, 그 사랑이 변화를 일으키는 아주 괜찮은 촉매제 역할을 할 수 있다는 것 역시 똑같이 진리다. 가부장제를 지지하면서 자기 삶의 남성들을 사랑한다고 주장하거나 혹은 그 남성들이 자신을 사랑하지 않아서 절망스럽다고 주장하는 여성이라면 그 여성은 상대를 부인하는 것이다.

남성들이 사랑하기를 바라는 여성들은 남성들이 가부장적 사고와 행동을 멈추는 의식의 혁명 없이 그런 일은 진정으로 일어날 수 없음을 알고 있다. 성차별적 역할로 인해 언제나 여성은 감정을 발달시킬 수 있었기 때문에 사랑하는 나름의 방법을 더 수월하게 찾을 수 있었다. 우리 여성들이 남성들보다 더 잘 혹은 더 많이 사랑하는 건 아니지만 그들에 비해 자신의 느낌에 더 쉽게 닿는데, 가부장 사회에서도 우리 내면의 이런 특징들을 지지하기 때문이다. 가부장 문화에서 남성들은 감정을 발달시킬 수 있는 지지를 절대 받지 못한다. 하지만 현실을 정확히 인식하는 우리 여성들이 이 모든 과정을 지켜보면서 사랑하는 남성들(아버지, 형제, 연인, 친구, 동료들)에게 변할 수 있다는 확신을 주고 그들이 변하면 우리가 그들을 받아들일 거라고 약속한다면, 그 변화가 위험해 보이지 않을 것이다.

개개의 남성들이 그들 삶에 사랑이 없다는 걸 더 명확히 인식하면서 자신에게 사랑에 대한 갈망이 있다는 것도 깨달았다. 하지만 남성들이 그걸 깨달았다고 해서 어떻게 해야 할지 안다는 의미는 아니다. 중요한 점은 남성들이 사랑할 때 이런 깨달음으로 그들이 섹스에 대해 생각하는 방식과 성적으로 행동하는 방식이 변한다는 것, 즉 그들 성생활의 본질이 변한다는 것이다. 많은 남성들이 사랑하는 법을 배우기를 두려워하는데 가부장적 모델을 벗어난 성생활을 상상할 수 없기 때문이다. 남성들이 사랑하는 세상에서, 에로스와 에로티시즘에 초점을 맞추는 것은 섹스에 대한 남성의 집착을 자연스럽게 대체할 것이다. 모든 남성이 건강한 에로티시즘을 배운다면, 그들은 지배 판타지의 대체물 혹은 자아 대신 남자다움을 주장하는 수단으로서가 아닌 성적 쾌락(여기에는 성적 판타지도 포함된다) 자체를 즐길 기회를 가질 수 있을 것이다.

흔히 남성들은 우울증과 슬픔을 숨기는 장소로 비뚤어진 성적 판타지(특히 가부장적 포르노물의 소비)를 이용한다. 가부장적 포르노물은 남성들이 가부장제에서 약속받은 힘이 언제나 실현되는 척할 수 있는 장소다. 마이클 키멀은 〈판타지를 키우는 것〉에서 남성이 가진 욕망의 이런 면을 탐구한다. "포르노라는 유토피아는 풍요, 방종, 자율성의 세상—간단하게 말해서 우리가 사는 세상과 완전히 다른 세상—이다. (……) 대부분의 남성들은 '조용한 절망'의 삶을 살면서 스스로에 대해 특별히 좋은 기분을 느끼지 못한다. (……) 포르노물이라는 판타지는 남성들이 사는 실제 세상에 대한 복수다. 그런 판타지를 바꾸려면 우리는 또한 그 현실을 바꿔야 한다." 남성들이 사는 실제 세상을 바꾸려면, 남성의 몸과 존재를 아름다움, 기쁨, 갈망, 인간의 가능성이 있는 장소로 새롭게 꿈꾸려는 여성들의 집단 의지가 필요하다. 제임스 힐먼은 《섹스의 영혼The Soul of Sex》에서 이렇게 말한다.

몸과 영혼의 화해, 깊이 있고 영혼을 충만하게 하는 성생활을 위한 전제 조건인 이 화해를 위해 가장 먼저 이루어져야 하는 일 하나는 몸의 에로티시즘이라는 선과 가치를 재발견하는 것이다. (……) 섹스의 영혼을 발견하기 위해 우리는 현대 철학을 이용해 만들어낸 물질주의적이고 기계론적인 몸에서 그것을 떼어내 오묘하고 판타지로 가득하며 신화로 해석되는 상상 속의 몸과 재결합하게 해야 한다.

자유롭게 상상할 수 있는 그 열린 공간에서 상처를 입고 나면, 남성들은 상상할 수 있는 의지를 되찾으며 치유하는 과정을 치러야 한다. 그런 다음에야 비로소 절대 충족감을 못 느끼게 하면서 중독을 야기하는 성생활 모델과 단절할 수 있다.

스티브 비어만은 〈왜 남자들은 섹스에 그처럼 집착하는가〉라는 글에서 섹스에 대한 남성의 충동이 중단된 에로스 때문이라고 설명한다. 가부장제는 가슴 저밀 만큼 좋은 기억을 떠올리게 하는 성생활을 약속했지만, 그것은 결국 절대 지켜질 수 없는 약속이다. 그 약속을 믿는 남성들과 남자아이들은 언제까지나 동경하고 언제까지나 결핍 상태에 있어야 하는 운명일 수밖에 없다. 비어만은 남성들이 가부장적 훈련을 통해 섹스에 집착하도록 배우고 난 뒤에 "관능성을 억압하고 느낌을 없애며 자신의 몸을 무시하고, 그런 다음 사람들과 가까워지려는 자연스러운 본성에서 분리되도록 지속적으로 훈련받는다"고 강조한다. 그는 또 이렇게 말한다. "우리는 이 모든 인간의 욕구가 섹스와 성생활의 방식으로 충족될 수 있다는 약속을 받는다. (……) 하지만 섹스로는 절대 이 욕구들을 완전하게 충족하지 못한다. 이 욕구들은 남성이 훈련으로 받은 영향이 치유되고 우리 삶의 모든 영역에 친밀한 관계와 생명력이 퍼질 때 비로소 충족될 수 있다." 비어만은 남성들이 억압에 저항하고 열정을 선택할 때 느낌이 있는 삶을 되찾는다고 주장한다. 그러면서 열정을 남성들이 자신의 완전한 인간성을 해방하려고 노력할 때 선택할 수 있는 '가장 훌륭한 협력자'로 여긴다.

열정을 뜻하는 영어 단어 passion은 라틴어 patior에서 나왔다. 이 patior의 기본 의미는 '고통을 견디다'이다. 열정을 되찾기 위해 남성들은 고통을 받아들이고 괴로움을 느끼며 그 과정을 통과해 다음에 기다리고 있는 기쁨의 세계로 나아가야 한다. 이것은 우리 시대의 남성들이 지나야 할 용감한 여정이다. 이것은 정복과 지배, 삶의 단절과 차단으로 가는 여정이 아니다. 자아의 여러 부분이 발견되고 다시 합쳐져 완전해지는 교정의 여정이다.

남성들이 완전해지려고 노력할 때, 섹스는 여러 기쁨들 가운데 하나의 기쁨으로 정당한 자리를 맡는다. 중독성 있고 가부장적인 섹스와 달리, 삶의 긍정적인 면을 강조하는 에로틱한 정신에 근거하는 열정은 사람들을 감정적으로 더 단단하게 연결해준다. 이에 대해 주커브와 프랜시스는 이렇게 말한다.

남자들을 사랑하기

사랑이 담긴 성적 친밀함은 (······) 배려와 감사를 표현한다. 이 친밀함은 서로에게서 받는 것이 아니라 서로에게 주는 것이다. 이 관계에서는 각자가 서로를 이용하기보다 보살핀다. 사랑이 담긴 성적 친밀함에서 성적 파트너들은 대체될 수 없다. 두 사람은 그들만의 역사와 적성, 갈등, 즐거움을 가지고 있다. 그들은 서로를 알고 서로를 보살핀다. 그들은 서로에게 공감한다. 그들은 서로에게 관심을 갖는다. 그들은 감정적 친밀함이 더 깊어지도록 신체적 친밀함을 이용한다. (······) 그들은 함께 성장하기 위해 노력한다.

에로틱한 감각을 되찾고 다시 에로스에서 생명력을 얻을 수 있게 된 개개의 남성들은 자신이 받은 축복을 다른 남성들에게도 나누어 주어야 한다. 비어만은 이렇게 말한다.

내가 생각하는 나를 비롯한 모든 남성들의 미래 모습은 우리가 부정하도록 훈련받아온 인간성의 모든 부분을 되찾는 것이다. 섹스에 대한 집착이 치유될 수 있으려면, 굳이 없어도 어떻게든 지낼 수 있다고 우리가 지금까지 배워온 인간 경험의 본질적인 면을 되찾아야 한다. 서로에 대한 친밀감, 나이와 배경과 성을 막론하고 상대를 배려하고 그들에게 연결되는 것, 자신의 몸으로 느끼는 감각적인 즐거움, 열정적인 자기표현, 마음을 들뜨게 하는

남자다움이 만드는 이상한 거리감

갈망, 자신과 또 다른 사람에 대한 다정한 사랑, 나약함, 어려울 때 받는 도움, 편안한 휴식, 많은 사람들과 많은 종류의 관계를 맺고 가까이 지내는 것 등이 모두 여기에 속한다.

남성들을 사랑하는 여성들 또한 이런 미래의 모습을 그린다. 여성들은 남자아이들과 남성들이 자기애로 향하는 길을 찾기를 간절히 바란다. 또 우리 여성들은 남자아이들과 남성들이 자기애에서 더 나아가 서로에 대한 유대감으로 치유받기를 간절히 바란다. 자기 삶의 열정을 되찾는 남성이라면 다른 남성들이 가진 열정을 두려워하지 않는다. 그런 남성은 동성애를 혐오하지 않는다. 동성애를 혐오한다는 것은 자존감의 형성과 유지에 꼭 필요한 자기 인정과 사람들에 대한 인정을 거부하는 것이기 때문이다. 모든 남성이 애초의 긍정적인 열정을 그대로 느낀다면 동성애와 이성애의 범주는 그렇게 중요한 의미를 갖지 못한다.

《퀴어 지오그래피Queer Geography》에서 프랭크 브라우닝Frank Browning은 게이 정체성 정책들을 에로스와 에로티시즘에 마음을 쏟는 행위와 적절하게 구분하는데, 전자는 주로 상대와의 연결을 차단하는 반면 후자는 상대와 더 폭넓게 연결되도록 한다.

에로틱이라고 말할 때, 나는 우리가 가질 수 있는 모든 강렬한 매력을 의미한다. 조언을 주고받기, 실현 불가능한 연애, 지적 경쾌함, 땀에 젖어 함께 일하거나 노는 우정, 영적 황홀감, 고요한 슬픔에 잠긴 모습, 공동의 적에게 느끼는 폭발할 듯한 분노, 우정이라는 숭고한 사랑, 이 모든 것에 강렬한 매력이 있다. 내가 대개 남자들과 섹스를 한다는 사실에는 이 모든 방식의 사랑이 모두 연관될 수도 있고 어떤 것도 연관되지 않을 수도 있다. 이런 사랑들 모두는 내 인생의 남자들과 여자들 모두에게 일어날 수 있고, 일어나기 때문이다.

가부장제는 에로틱한 열정을 억압하고 길들이려고 했다. 그 이유는 바로 이 에로틱한 열정의 힘으로 우리가 자기 자신, 가장 친밀하게 알고 있는 사람들, 그리고 낯선 사람과도 점점 더 폭넓은 교감을 할 수 있기 때문이다.

페미니즘은 모든 사람에게 상호성이 바탕이 되는 관계의 모습, 한 사람이 다른 사람을 지배하지 않는 파트너십의 모습을 제시함으로써 여성과 남성의 친밀한 삶을 변화시켰다. 이 매혹적인 약속이 실현되려면 여성과 남성, 여자아이와 남자아이의 의식이 더는 가부장적 사고에 지배당하지 않아야 한다. 가부장제로 생긴 상처를 치료하려 할 때, 우리는 그 상처의 근

남자다움이 만드는 이상한 거리감

원으로 가야 한다. 남성들을 직접 마주 대하고는 그들이 가치의 혁명을 이루어야 할 때가 왔다는 진실을 말해야 한다. 우리여성들이 남자아이들과 남성들을 마음으로 외면한 상태에서는 어째서 전쟁이라는 정책이 여전히 우리의 국가 정책과 우리의 친밀하고 낭만적인 삶을 형성하는지 곰곰이 생각해볼 수가 없다.

이 나라에는 남성과 여성 사이에, 즉 자신이 포식자가 될 운명이라고 믿는 사람들과 자신을 먹잇감으로 여기는 사람들 사이에 전쟁이 있다. 성의 지배에 대한 저항으로 이 전쟁은 더 격렬해졌다. 페미니스트 사고와 실천이 눈에 보이지 않으므로 많은 여성들이 가부장제를 자신의 구원으로 여긴다. 지금 여성들은 가부장제라는 가면을 쓰고 남성들이 그러는 것만큼이나 자신의 감정적 자아를 깊숙이 묻으라는 독려를 이 나라 역사를 통틀어 그 어느 때보다 강하게 받는다. 여성들은 남성들이 지배당하는 것보다 지배자로 있는 것이 더 좋다고 느끼기 때문에 이런 패러다임을 받아들인다. 하지만 이것은 성평등에 대한 비뚤어진 모습이며, 여성들이 얻는 것은 죽은 사람의 집에 들어갈 동등한 기회일 뿐이다. 그 집에는 사랑이 없다.

대부분의 여성들은 선구적인 사상가들—여성들과 남성들이지만 특히 페미니스트들—이 우리의 상처 입은 심장과 고통받는 지구를 치유하기 위해 대안으로 제시한 이론과 실천 방식을 받아들여야 한다. 대다수 남성들과 달리 대다수 여성들은 관계의 기술을 배운다. 하지만 대개 여성들은 그 기술을 자유나 사랑을 추구하는 데 사용하는 게 아니라 지배, 즉 가부장제에 도움이 되도록 사용했다. 이런 사실을 인정하므로 우리는 한 집단으로 볼 때 대부분의 여성들이 남성들에 비해 조금도 더 진보되지 않았음을 알고 있다. 양쪽 집단에서 개인들은 구원을 찾고 완전함을 추구하며 용기를 내어 급진적이고 혁명적인 행동을 하려 하지만, 대체로 대다수 사람들은 성전쟁을 끝내고 사랑을 가능하게 하는 길로 나아가는 것에 여전히 확신을 갖지 못한다. 확실히 많은 남성들의 경우 자기 회복에 이르는 길을 탐험하고 따르려는 의지가 여성들에 비해 부족한데, 남성들이 뒤에 처진다면 여성들은 멀리까지 여행할 수가 없다. 남성들은 너무 많은 힘을 휘두르기 때문에 그들을 간단히 무시하거나 잊어버릴 수가 없다. 남성들을 사랑하는 우리는 그들 없이 여행을 계속하길 원치 않는다. 여성들은 남성들을 사랑하기 때문에 그들을 곁에 두어야 한다.

　　나 역시 테렌스 리얼처럼 관계 회복의 모습을 그려본다. 그 모습은 사랑의 경계 밖에 있는 남성들에게 돌아오라고 요청하는 것이다. 가부장 문화에서 남성들이 사랑으로 가는 여정은 절대 쉽거나 간단하지 않다. 어려운 지형을 헤쳐 나가 마음을 열고 사랑을 찾을 수 있게 된 여성들처럼, 남성들에게도 의식의 고양, 지지 집단, 치료, 교육이 필요하다. 감정이 결핍되고 차단된 남성들, 사랑이 없다는 고통에 아픈 남성들에게는 곁에 사랑하는 사람이 있어서 약물 중독이 문제일 때 해야 한다고들 하는 것과 같은 긍정적인 중재를 해줘야 한다. 리얼은 이렇게 말한다. "그곳에 있는 것은 관계가 단절된 세상이다. 예전의 조건들은 아주 오랫동안 우리와 함께 있어왔다. 우리는 때로 그것들에 휩쓸려 길을 잃을 것을 예상해야 한다. 바로 그때 우리를 알고 사랑하는 사람들의 도움이 꼭 필요하다." 도움을 구하는 남성들은 자신을 지지해줄 사람을 찾기가 어렵다는 것을 종종 알게 된다. 우리 여성들은 그들을 지지하고 도울 수 있는 변화의 문화를 만들지도 않은 채 그들에게 변하라고 요구한다.

내가 변하지 않는 남성 파트너와 사랑을 이루려고 애쓸 때 그를 포기하고 버리라는 말을 수도 없이 들었다. 사람들은 내가 시간낭비만 하는 거라고 했다. 그 모든 부정적인 반응을 보면서 나는 상처 입은 남성들이, 특히 긍정적인 변화가 빠르게 혹은 생각만큼 빠르게 일어나지 않을 때, 찾아가서 외면당하지 않고 치유받을 곳이 과연 존재하는지 곰곰이 생각하게 되었다. 남성들에게 희생당하며 계속 상처를 받아온 여성들은 남성들의 치유를 도우려고 자신의 에너지를 쏟는 일에 자연히 신중하고 조심스러워진다. 하지만 남성들에게 상처를 입은 동시에 도움을 받은 여성들이 많이 있다. 케이 리 헤이건은 살면서 만난 좋은 남성들이 그녀의 남성혐오를 무너뜨렸다고 증언한다.

> 좋은 남성이 주위에 있는 것은 남녀 모두에게 얼마간 불편한 일일 수 있다. 그들이 대체로 전형적인 남성들과는 다르게 행동하기 때문이다. 그들은 말하기보다 더 많이 듣는다. 그들은 자신의 행동과 동기를 반성하며, 여성들의 문화를 알아보고 여성들의 말을 들으면서 여성들의 현실을 적극적으로 배운다. (……) 그들은 감정적인 표현을 대신 해주는 수단으로 여성들을 이용하지 않는다. (……) 그들이 실수를 할 때면—그리고 그들은 실수를 한다—여성들에게 안내를 구하고 비판을 감사하게 받아들인다. 그들은 통제하고 학대하는 태도에 대해 전에는 생각지 못했던 대안들이 나타나 삶이 새롭게 바뀌길 기다리면서 불확실한 상황을 견딘다. 그들은 여성들이 그 자리에 없을 때라도 다른 남성들이 여성혐오 태도를 보이면 개입하며, 자신을 인식하고 자신에게 도전하기 위해 열심히 노력한다. 아마도 가장 놀라운 점이라면, 좋은 남성들은 페미니즘의 실천이 자신을 위해 가치가 있다는 사실을 인식한다는 것이다. 그들이 페미니스트를 옹호하는 이유는 그렇

남자다움이 만드는 이상한 거리감

게 하는 것이 정치적으로 옳다고 생각하거나 여성들의 사랑을 받고 싶어서가 아니며, 심지어 여성이 남성과 평등해지기를 바라서도 아니다. 다만 남성이 가진 특권은 그들이 완전하고 진정한 인간이 될 때뿐만 아니라 세상에 대한 진실을 아는 데에도 방해가 된다는 사실을 이해하기 때문이다. (……) 그들은 남성들이 변할 수 있다는 증거를 보여준다.

이런 남성들은 투쟁에서 우리의 진정한 동지다. 내 인생에 그들이 존재하므로 나는 희망을 잃지 않는다.

고통과 위기 속에 있는 남성들은 소리치고 있다. 만일 그들이 소리치고 있지 않다면 우리 여성들은 그들이 괴로워하고 있다는 사실을 모를 것이다. 그들과 이야기를 나눌 때 우리는 그들이 잘 살아가기를 원하지만 어떻게 해야 하는지 모른다는 말을 듣게 된다. 실화를 다룬 영화 〈앤트원 피셔〉는 치유의 길을 찾는 한 남자의 이야기를 들려준다. 피셔의 시 〈누가 그 어린아이를 위해 울 것인가〉에서는 상처 입은 남자가 더는 감추지 못하고 괴로움을 토로한다. 우리 여성들은 괴로워하는 남성들의 상처, 그리고 그들과 함께 과정을 지켜보는 우리의 상처를 치유하기 위해 노력하는 것으로 남성다움과 남성들에 대한 우리의 사랑을 보여준다. 우리 여성들 중 다수는 치유의 방법을 찾고 계속 치유를 하는 것보다 어떤 식으로 상처받는지를 아는 것이 대개는 더 간단한 과정이라는 진실을 실제로 경험했다. 우리는 남성들이 파괴라는 행동을 해도 여성들이 진심으로 그들을 지지하는 것이 용인되고 심지어 조장되어온 문화에서 살고 있다. 하지만 우리는 남성이 치유되려 할 때, 그가 회복하려 할 때, 그가 창조자가 되려 할 때, 그를 지지하도록 우리에게 요구하는 세상을 만들어야 한다.

관계를 회복하고 다른 이들과 다시 연결되고 친밀함을 형성하고 공동체를 만드는 일은 절대 남성 혼자 해낼 수 없다. 남자아이들과 남성들이 매일 그들의 길을 잃는 세상에서, 우리는 안내를 하고 표지판을 세우고 새로운 길을 만들어야 한다. 남성들에게 변화할 힘을 주는 치유의 문화가 만들어지고 있다. 치유는 어느 한 사람만의 힘으로 이루어지지 않는다. 사랑하는 남성들과 사랑하기를 갈망하는 남성들은 이 사실을 알고 있다. 우리 여성들은 열린 마음과 열린 품으로 그들을 지지해야 한다. 그들이 집으로 돌아오는 길을 찾으려 할 때, 그들이 변화하려는 의지를 발휘할 때, 우리는 그들의 상처받은 영혼을 보호할 수 있는 사랑을 보여주면서 그들을 받아들일 준비를 해야 한다.

지금 우리에게 이 책이 필요한 이유

여성학자 김고연주

2004년에 미국에서 출간된 이 책이 13년 만에 한국 독자들을 만난다. 벨 훅스는 세계적 대안 언론 〈유튼 리더〉가 선정한 '당신의 삶을 바꿀 100명의 지성'이며 국내에도 여러 저서가 출간된 익숙한 저자다. 그렇지만 이 책의 출간은 유독 반갑다. 무엇보다 근래 한국 사회에서 점점 더 심해지고 있는 여성혐오 때문이다.

2016년 강남역 여성 살해 사건을 기점으로 페미니즘에 대한 여성들의 관심이 증폭되었다. 여성들이 이 사건을 한국 사회가 묵인해온 여성혐오의 결과물로 인지하면서 슬픔, 참회, 분노의 목소리를 내기 시작한 것이다. 포스트잇으로 시작된 목소리에 수많은 여성들이 응답하면서 거대한 함성이 되었다. 물론 여기에는 일부 남성들도 동참했다. "여자라서 죽었고 남자라서 살았다", "살女주세요", "살아男았다" 등의 문구들은 한국 사회의 비극적 현실을 더 이상 외면할 수 없었던 남성들의 고백이기도 했다.

그렇다면 이 비극을 계기로 한국 사회가 바뀌었는가? 많은 여성들과 일부 남성들의 움직임으로 한국 사회의 여성혐오가 약해지고 있는가? 안타깝지만 강남역 여성 살해 사건조차 한국 사회의 여성혐오를 경감시키지 못했다. 오히려 여성혐오는 심화되고 있다. 젠더 폭력에 대한 여성들의 체감과 각종 통계 수치가 이를 명증한다. 온라인, 오프라인을 가리지 않는 젠더 폭력의 빈도와 수위는 유례가 없을 정도로 심각한 상황이다.

더 이상 비극적일 수 없는 사건의 발생과 이를 계기로 한 페미니즘의 급부상에도 한국 사회의 여성혐오가 줄어들기는커녕 강화되는 현실을 어떻게 설명할 수 있을 것인가? 강남역 여성 살해 사건이 발생한 지 일 년이 갓 지난 2017년 7월 왁싱숍에서 일하던 여성이 또다시 여성이라는 이유로 살해당했다. 분노를 넘어 절망스러울 정도다. 도대체 어떻게 해야 여성혐오를 경감시킬 수 있을 것인가? 이것이 오늘의 한국 사회가 맞닥뜨린 풀리지 않는 난제다. 그리고 이 책에서 이에 대한 답을 찾을 수 있을 것으로 기대된다. 벨 훅스는 페미니스트 저항에 남성도 함께 깊숙이 참여하지 않는 한 성차별, 성착취, 성적 억압은 달라지지 않는다고 주장하기 때문이다.

이 책은 지금까지 페미니즘이 여성의, 여성에 의한, 여성을 위한 것이라는 인식이 일정 부분 편견이기도 하지만 상당 부분 사실이기도 하다는 입장에서 출발하고 있다. 벨 훅스는 페미니즘이 여성들의 삶에 엄청난 영향을 미친 것과는 달리 '남성다움'에 대해서는 제대로 된 관심을 보이지 않았다고 진단한다. 페미니즘으로 남성에게 무관심해지고, 남성에게 에너지를 쏟지 않으며, 그들의 요구를 거절할 수 있게 된 여성들은 페미니스트 논의의 중심에 여성들이 있어야 한다고 주장했다. 반면에 페미니스트 논의에 남성들도 참여시키고 싶어 한 소수의 페미니스트들은 남성의 편을 든다는 이유로 비난받거나 무시당했다.

벨 훅스는 남성에 대한 무관심 또는 의도적 배제가 여성들에게도 부정적인 결과를 초래했다고 분석한다. 여성들이 남성에 대해 잘 모를 뿐 아니라, 안다 하더라도 남성이 가하는 폭력에 관해서만 알고 있다는 것이다. 여성들은 남성지배에 고통스러워하면서 남성을 두려워하고 증오하며 남성이 죽거나 사라지길 바란다. 그러나 이러한 태도는 현실을 전혀 변화시키지 못한다. 무엇보다 여성들이 남성들을 필요로 하고, 남성들이 변하길 바라며, 남성들의 사랑을 원하는 것이 진실이기 때문이다.

이것이 여성들이 인정해야 하는 진실이라면 남성들이 인정해야 하는 진실 역시 존재한다. 가부장제가 남성에게 유익한 것만은 아니라는 진실이다. 벨 훅스는 가부장제를 다음과 같이 정의한다. "가부장제는 남성이 특히 여성보다 선천적으로 우월하고, 약하다고 여겨지는 모든 존재들을 지배하고 통치할 수 있는 권리와 여러 다양한 형태의 심리적 테러리즘과 폭력을 통해 그 지배를 유지할 권리를 태어날 때부터 부여받았다고 주장하는 정치사회 시스템이다." 이 정의에 따르면 가부장제 하에서 남성들은 섹스에 기반을 둔 선천적 권리를 지닌다. 그러나 페미니즘은 '젠더'라는 개념을 통해 이러한 믿음에 도전해왔다. 만일 남성들의 권력이 본질적이라면 남성으로의 사회화는 불필요할 것이다. 그러나 가부장제는 필사적이고 끈질기게 남자들을 남성으로 만들어왔다. 벨 훅스는 이러한 젠더화의 핵심에 '감정의 박탈'이 존재한다고 강조한다.

벨 훅스의 진단은 한국 사회의 여성혐오 현실을 상당 부분 설명해준다. 여성이라는 이유로 맞고 성관계 동영상이 유포되고 심지어 죽임을 당하는 면면을 보고도, 성관계 동영상을 보지 말고 죽이지 말라는 외침을 듣고도 많은 남성들이 여성혐

남자다움이 만드는 이상한 거리감

오를 멈추지 않고 있다. 이는 가부장제가 남성에게 '공감'이라는 감정을 허락하지 않기 때문이다. 보다 근본적으로는 가부장제가 여성에 대한 두려움과 증오를 조장하기 때문이다. 가부장적 남성성을 따르는 남성은 여성적이고 부드럽다고 간주되는 모든 것을 두려워하고 동시에 증오한다. 또한 가부장제는 불경기로 인해 빼앗긴 남자다움이라는 특권을 성의 영역에서 여성을 지배하는 것으로 만회할 수 있다는 타협점을 제시한다. 남성들은 여전히 일과 급여에서 가장 좋은 몫을 차지하고 있으면서도 여성들이 자신의 일자리를 빼앗았다고 분노하고 이를 여성혐오의 타당한 근거로 삼는다. 이것이 가부장제가 여성혐오를 추동하는 방식이다.

가부장제는 여성을 남성과 동등하지 못한 열등한 존재로 규정함으로써 여성을 '남성이라는 인간의 타자'로 간주해왔다. 그러나 벨 훅스는 남성도 감정 박탈에 의해 '온전한 인간'이 되지 못하는 현실을 직시해야 한다고 강조한다. 결국 가부장제 하에서는 여성도 남성도 '인간'이 되지 못하는 것은 마찬가지다.

그런데 여성들은 이러한 현실에 대해 문제를 제기하고 도전해온 반면 남성들은 이러한 현실을 수용하거나 부정해왔다는 차이가 있다. 남성들은 가부장제에 의해 자신의 감정을 있는 그대로 느낄 권리를 박탈당함으로써 자신이 어떤 사람인

지조차 제대로 알지 못한다. 그럼에도 불구하고 남성들은 이에 대해 알아볼 생각도 하지 않는다. 자신이 가부장제에서 무엇을 얻었고 무엇을 잃었는지를 진지하게 생각해보지 않은 채 막연히 변화를 두려워하기 때문이다. 사실 가부장제에서 얻은 것이라고는 여성과 아이로 대표되는 약자들에 대한 지배임에도 불구하고 말이다. 하지만 잃은 것은 무엇인가? 가부장제에서 남성들에게는 분노라는 감정만을 표현하는 것이 허용되기 때문에 남성들은 사랑을 느끼지도 표현하지도 못한다. 여성과 아이들은 남성들에게 사랑을 갈구하거나 남성들을 두려워하거나 증오할 뿐이다. 자신의 감정으로부터 스스로 소외되고, 사람들과 사랑의 관계를 맺지 못하기 때문에 남성의 내면 깊은 곳에 고통이 자리 잡고 있다. 벨 훅스는 이러한 분석을 바탕으로 남성들이 가면을 쓰고 있다고 말한다. 사랑을 갈망하고 거짓에서 구조되기를 바라며 진실을 그리워하지만 이를 인지하지도, 드러내지도 못한 채 가부장제에 복종하고 있다는 것이다.

어쩌면 많은 남성들이 벨 훅스의 진단에 동의하지 못할 것이다. 자신들도 스스로를, 여성을, 아이를, 동료를, 친구를 사랑하고 있고 그 사랑을 표현하고 있는데 억울하다고 느낄지도 모른다. 남성들이 사랑의 감정을 느끼지 못하는 건 결코 아니다. 문제는 그 사랑의 감정을 표현하는 방식이다. 사랑의 감정

남자다움이 만드는 이상한 거리감

은 상대방이 원하는 방식으로, 많이 양보한다면 적어도 상호 합의된 방식으로 표현해야 전달된다. 사랑의 감정을 표현하지 않거나 자신만의 방식으로 표현하거나 심지어 왜곡된 방식으로 표현한다면, 상대방은 사랑받고 있다고 느끼지 못한다. 이것이 사랑의 상호성이고 사랑이 어려운 이유다. 벨 훅스가 개입하고자 하는 바가 바로 이 지점이다. '사랑'으로 대표되는 감정을 둘러싼 여성과 남성의 생각 차이, 그리고 남성 스스로의 소외 말이다.

　　그렇다면 이러한 남성들의 비인간화를 어떻게 치유할 수 있을 것인가? 벨 훅스는 남성들이 감정을 박탈당한 상태를 유지하려고 하는 것에 여성들도 책임이 있다고 말한다. 가부장적 남성성에 여성들도 공모하고 있다는 것이다. 여성들도 감정을 억누르고 피하고 거부하는 남성다움이 남자답다고 생각해 감정을 토로하는 남성들을 어색해하고 남자아이들을 감정적으로 방치하는 방식으로 양육한다. 또한 여성들이 사랑하는 관계에서 나타나는 남성 폭력을 용인―그 용인이 분노나 두려움 혹은 완전한 공포를 숨기기 위한 것이라 해도―하는 경향 때문에 남성 폭력에 도전하고 그것을 바꾸는 일이 어려워진다고도 진단한다. 한편 남성들은 자신들이 느끼는 고통의 깊이를 인정하지 못하기 때문에 가부장적 남성성에 도전하고 이를 바꾸는 것이 어렵다. 또한 남성다움에서 벗어났을 때 심한 처벌을 받는 경우가 많아 젊든, 나이 들었든 가부장적 남성성의 규칙을 거부하기란 쉽지 않다.

따라서 여성들에게는 남성들을 도와주어야 할 의무도 있고 능력도 있다. 여성들은 길을 인도하고 지도하고 지켜보고 정보와 기술을 알려줄 수 있다. 그러나 여성들은 조력자이자 안내자의 역할을 할 뿐이다. 가면을 벗기고 남성을 구원해주어야 할 책임은 남성 스스로에게 있다. 결국 여성뿐 아니라 남성도 자유로워지기 위해서는 가부장제를 끝내야 한다.

벨 훅스는 변화를 두려워하는 남성들에게 다른 존재 방식을 제시한다. 바로 '페미니스트 남성성'이라는 개념이다. 가부장적 남성성이 유일하고 유용한 모델이 아니라는 것이다. 페미니스트 남성성은 지배자 모델을 대체하는 파트너십 모델로, 남성이라는 존재의 본질적 선함에 기반을 둔다. 남성들이 공격 의지를 가지고 태어나는 것이 아니라, 본래 관계를 맺으려는 내재적 의지를 가지고 있다고 믿는다. 페미니즘 남성성의 구성 요소는 상대에게 감정이입을 하고 자주적으로 행동하며 상대와 감정적으로 연결되는 능력을 비롯해 온전함, 자기애, 감정 인식, 자기주장, 관계의 기술이다. 결국 벨 훅스는 여성과 남성은 서로의 적이 아니라 인생이라는 여행길을 함께 가는 동료라고 규

정한다. 이를 위해 여성과 남성 모두 각각의 역할이 있고 함께
노력해야 한다.

　　벨 훅스가 제시하는 페미니스트 남성성은 사실 원론적
이고 이상적일 수 있다. 신뢰, 공감, 소통, 존중에 기반을 둔 관
계 맺기는 너무나 어렵다. 무엇보다 여성혐오가 만연한 작금의
현실에서 이 개념은 혁명에 가까울 정도로 거리감이 존재한다.
게다가 벨 훅스는 페미니스트 남성성이라는 이상적인 개념을
제시할 뿐 그것을 구현할 방법은 말하지 않고 있다(벨 훅스가 제시
한 '남자의 육아 참여'는 육아를 도맡아 하는 여성이 어떻게 가부장제를 재생산하는
지를 설명하는 부분과 모순된다). 아마도 벨 훅스는 말하지 않은 것이
아니라 못한 것일지도 모른다. 실현 방법은 너무나 어렵기 때문
에 누구도 말할 수 없을 것이다. 그렇지만 벨 훅스의 페미니스
트 남성성이라는 개념은 여성과 남성 모두에게 이런 질문을 던
진다. "어떻게 페미니스트가 되지 않을 수 있는가?" 결국 페미
니즘을 통해 모두가 행복해지고 자유로워지는 방법을 찾을 수
있고, 그것은 우리 모두의 몫이다. 이것이 지금 한국 사회에서
이 책이, 그리고 페미니즘이 필요한 이유다.

남자다움이 만드는
이상한 거리감

ⓒ 벨 훅스

초판 1쇄 펴낸날 2017년 10월 10일
초판 2쇄 펴낸날 2017년 12월 22일

지은이 벨 훅스
옮긴이 이순영
해제 김고연주
펴낸이 최만영
책임편집 김민정
디자인 최성수, 이이환
마케팅 박영준, 신희용
영업관리 김효순
제작 강명주

펴낸곳 주식회사 한솔수북
출판등록 제2013-000276호
주소 03996 서울시 마포구 월드컵로 96 영훈빌딩 5층
전화 02-2001-5819(편집) 02-2001-5828(영업)
팩스 02-2060-0108
전자우편 chaekdam@gmail.com
책담 페이스북 https://www.facebook.com/chaekdam

ISBN 979-11-7028-171-9 03330

* 무단 전재와 복제를 금합니다.
* 이 도서의 국립중앙도서관 출판예정도서목록(CIP)은 서지정보유통지원시스템 홈페이지
 (http://seoji.nl.go.kr)와 국가자료공동목록시스템(http://www.nl.go.kr/kolisnet)에서
 이용하실 수 있습니다.(CIP제어번호: CIP2017023429)
* 책담은 (주)한솔수북의 인문교양 임프린트입니다.
* 책값은 뒤표지에 있습니다.

책담 다른 내일을 만드는 상상